汽车新技术应用
（第2版）

主 编 包科杰 周 贺

参 编 王酉方 陈 霞 姬东霞 信建杰

书籍码 483BGAVVZ

扫码免费看资源
景格科技提供技术支持

北京理工大学出版社
BEIJING INSTITUTE OF TECHNOLOGY PRESS

版权专有 侵权必究

图书在版编目（CIP）数据

汽车新技术应用 / 包科杰, 周贺主编. —2版. —北京：北京理工大学出版社, 2019.11
ISBN 978-7-5682-7950-5

Ⅰ. ①汽⋯　Ⅱ. ①包⋯　②周⋯　Ⅲ. ①汽车工程—新技术应用—高等学校—教材　Ⅳ. ①U46-39

中国版本图书馆CIP数据核字（2019）第253329号

出版发行 / 北京理工大学出版社有限责任公司
社　　址 / 北京市海淀区中关村南大街5号
邮　　编 / 100081
电　　话 /（010）68914775（总编室）
　　　　　（010）82562903（教材售后服务热线）
　　　　　（010）68948351（其他图书服务热线）
网　　址 / http://www.bitpress.com.cn
经　　销 / 全国各地新华书店
印　　刷 / 三河市天利华印刷装订有限公司
开　　本 / 787毫米×1092毫米　1/16
印　　张 / 15　　　　　　　　　　　　　　　　　　　责任编辑 / 多海鹏
字　　数 / 352千字　　　　　　　　　　　　　　　　文案编辑 / 多海鹏
版　　次 / 2019年11月第2版　2019年11月第1次印刷　　责任校对 / 周瑞红
定　　价 / 75.00元　　　　　　　　　　　　　　　　责任印制 / 李志强

图书出现印装质量问题，请拨打售后服务热线，本社负责调换

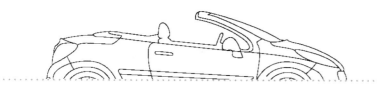 

随着汽车工业的迅速发展，为了能够满足人们各种需求，汽车厂商研发了大量与汽车息息相关的新技术、新材料、新工艺和新结构，这些新技术、材料和工艺等从各个方面改变着人们的生活。随着国内汽车市场的迅猛发展及汽车产量和普及率的迅速提高，汽车在国民经济和家庭生活中的作用也越来越大，与之配套的汽车后市场需要更多的从事汽车维护和修理、汽车市场营销、汽车配件采购及销售的专业人才。而从目前的行业状况来看，这些从业人员的专业素质参差不齐。为了适应汽车行业对人才培养的需求，努力提高高等院校汽车维修专业、汽车营销专业学生的理论水平，作者编写了本书。本书就是要向国内汽车相关专业的学生和汽车行业的从业人员介绍最新的汽车技术，这些较新的技术能够给学生带来新的启发，帮助学生扩展视野、提高专业兴趣、增强就业信心。另外本书中介绍的一些汽车新技术虽然尚未在汽车上得到广泛应用，有的还只停留在试验阶段，但我们不能因此否认这些新技术对未来汽车发展的促进作用。作为汽车专业的学生和汽车行业的从业人员，了解和学习这些汽车新技术是很有必要的。

本书按照汽车构造的顺序编排章节，更符合本专业学生的学习习惯。本书主要从汽车新技术、新材料、新工艺以及新能源汽车等方面出发，系统介绍了现代汽车的各项新发展。本书共10章，分别介绍了汽车发动机新技术、汽车传动系统新技术、汽车四轮驱动技术（4WD）、汽车转向新技术、汽车悬架系统新技术、汽车制动系统新技术、汽车安全新技术、汽车电子与电气新技术、汽车新材料与轻量化和新能源汽车技术等。

本书由包科杰、周贺主编并统稿，参与本书编写的有王西方、陈霞、姬东霞、信建杰。

由于编者的水平和能力有限，书中难免有错误之处，恳请广大读者批评指正。

编　者

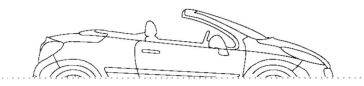

目录 CONTENTS

第1章 汽车发动机新技术 ……………………………………………… 001

1.1 发动机进排气技术 …………………………………………………… 001
- 1.1.1 可变气门正时系统 ………………………………………………… 001
- 1.1.2 可变气门升程技术 ………………………………………………… 003
- 1.1.3 可变进气歧管技术 ………………………………………………… 007
- 1.1.4 电子节气门技术 …………………………………………………… 009
- 1.1.5 汽车燃油蒸发排放控制系统（Evaporative，EVAP） …………… 011
- 1.1.6 废气再循环控制系统（Exhaust Gas Recycle，EGR） …………… 011
- 1.1.7 曲轴箱通风控制系统 ……………………………………………… 013
- 1.1.8 二次空气喷射系统 ………………………………………………… 014

1.2 燃油缸内直喷技术 …………………………………………………… 014
- 1.2.1 汽油发动机的发展进程 …………………………………………… 015
- 1.2.2 燃油缸内直喷技术原理和控制策略 ……………………………… 015
- 1.2.3 燃油缸内直喷技术优点及存在的问题 …………………………… 018

1.3 发动机均质燃烧技术 ………………………………………………… 019

1.4 复合火花点火发动机 ………………………………………………… 020
- 1.4.1 本田飞度 1.3L I-DSI 发动机 ……………………………………… 021
- 1.4.2 克莱斯勒 300C 5.7L HEMI 发动机 ……………………………… 021

1.5 双喷油系统 …………………………………………………………… 022

1.6 发动机可变气缸技术 ………………………………………………… 023

1.7 可变压缩比技术 ……………………………………………………… 024

1.8 转子发动机 …………………………………………………………… 025
- 1.8.1 转子发动机的发展历史 …………………………………………… 025
- 1.8.2 转子发动机的结构和工作原理 …………………………………… 026
- 1.8.3 转子发动机的优缺点 ……………………………………………… 026

1.9 对置式发动机 ………………………………………………………… 027

1.10 柴油机喷射技术	029
1.10.1 单体泵技术	029
1.10.2 泵喷嘴技术	031
1.10.3 共轨技术	031
1.11 发动机增压技术	033
1.11.1 发动机增压系统的特性和种类	033
1.11.2 机械增压器的结构和工作原理	035
1.11.3 涡轮增压器的结构和工作原理	035
1.11.4 发动机双增压技术	039
1.11.5 增压中冷技术	041

第2章 汽车传动系统新技术 043

2.1 自动变速技术的种类和现状	043
2.1.1 无级变速器的类型	044
2.1.2 无级变速器的特点	045
2.1.3 机械式无级变速器的结构和原理	046
2.1.4 奥迪01J无极变速器	048
2.2 双质量飞轮	051
2.2.1 概述	051
2.2.2 双质量飞轮扭转减震器的基本原理和性能	052
2.3 汽车双离合器变速器技术	053
2.3.1 概况	053
2.3.2 双离合器变速器的结构	054
2.3.3 双离合器变速器的工作过程	055
2.3.4 双离合器变速器的应用和特点性能	056
2.4 驱动防滑技术	057
2.4.1 驱动防滑系统的理论基础	057
2.4.2 驱动防滑系统的控制方式	058
2.4.3 防滑转控制系统的控制过程	059
2.5 宝马SMG变速器	060
2.6 KRG锥环自动变速器	062

第3章 汽车四轮驱动技术（4WD） 065

3.1 概述	065
3.2 分时四驱系统	066
3.3 适时四驱	067
3.4 全时四驱	070
3.5 四轮驱动的固有问题	071
3.6 典型车型的四轮驱动技术	071

	3.6.1	奥迪 Quattro 全时四轮驱动技术 ·················	071
	3.6.2	斯巴鲁左右对称全时四驱系统 ···················	074
	3.6.3	奔驰 4MATIC 全时四驱系统 ·················	076
	3.6.4	宝马 X-Drive 全时四驱系统 ················	078
	3.6.5	大众 4Motion 全时四驱系统 ················	079

第 4 章 汽车转向新技术 ················ 081

4.1	电动转向技术 ·····································		081
	4.1.1	电动转向概述 ································	081
	4.1.2	EPS 的结构与特点分析 ·······················	081
	4.1.3	EPS 的优势和劣势 ···························	085
	4.1.4	奥迪动态转向系统 ·····························	086
4.2	四轮转向和后轮转向 ·······························		090
	4.2.1	四轮转向概述 ································	090
	4.2.2	大陆公司的后轮转向技术 ······················	090
	4.2.3	标致后轮随动转向技术 ························	091
	4.2.4	宝马后轮主动转向技术 ························	092

第 5 章 汽车悬架系统新技术 ················ 094

5.1	空气悬架 ···		094
	5.1.1	空气悬架结构及其工作原理 ···················	094
	5.1.2	空气弹簧的布置方式 ··························	096
5.2	可调阻尼减震器 ···································		097
	5.2.1	阻尼连续可调减震器 ··························	097
	5.2.2	电磁减震器 ···································	099
5.3	主动悬架 ···		099
	5.3.1	全主动悬架 ···································	100
	5.3.2	半主动悬架 ···································	102
5.4	多连杆悬架和双叉臂悬架 ·························		102
	5.4.1	双叉臂悬架 ···································	103
	5.4.2	多连杆悬架 ···································	104

第 6 章 汽车制动系统新技术 ················ 106

6.1	制动盘新技术 ·····································		106
	6.1.1	通风盘式制动盘 ······························	106
	6.1.2	陶瓷制动盘 ···································	106
	6.1.3	全接触式制动盘 ······························	108
6.2	制动辅助系统 ·····································		108
	6.2.1	电子制动力分配系统 EBD ····················	108

6.2.2　电控辅助制动系统 EBA/EVA ································· 109
6.3　制动能量回收系统 ··· 110

第 7 章　汽车安全新技术　112

7.1　汽车安全技术概述 ··· 112
7.2　世界各国各地区汽车安全评价体系 ······························ 113
7.2.1　欧洲新车安全评价体系 ·· 113
7.2.2　中国新车安全评价体系 ·· 116
7.2.3　美国 IIHS 标准 ·· 118
7.3　汽车行驶稳定性控制系统 ·· 119
7.3.1　ESP 电子稳定程序 ·· 119
7.3.2　ESP 的结构与原理 ·· 120
7.3.3　DSC 动态控制 ·· 125
7.4　防撞安全新技术 ·· 126
7.4.1　防撞控制系统（主动预防碰撞系统） ······················ 126
7.4.2　几种典型的汽车主动预防碰撞系统 ························· 127
7.5　乘员和行人安全保护 ··· 129
7.5.1　发动机罩机械系统（弹升技术） ····························· 129
7.5.2　行人安全气囊系统 ·· 130
7.5.3　车辆智能安全保障系统 ··· 131
7.5.4　防撞杆 ··· 131
7.5.5　主动头部保护系统 ·· 132
7.5.6　儿童乘员保护技术 ·· 133
7.5.7　蓄电池线路切断安全装置 ·· 134
7.6　安全气囊新技术 ·· 134
7.6.1　机械逼近安全气囊 ·· 134
7.6.2　爆震式安全带 ··· 135
7.6.3　膨胀式安全带 ··· 135
7.6.4　预紧式安全带 ··· 136
7.7　轿车安全车身结构技术 ·· 137
7.7.1　高强度车身 ·· 137
7.7.2　高强度激光焊接车身 ··· 138
7.7.3　丰田 GOA 车身 ··· 139
7.7.4　马自达创驰蓝天车身技术（SKYACTIV-BODY） ······ 140
7.7.5　全铝车身 ··· 141
7.7.6　沃尔沃车身结构 ·· 142
7.7.7　钢管式车架 ·· 142
7.8　报警系统 ·· 143
7.8.1　盲点监测系统 ··· 143

7.8.2	车道偏离预警系统 ··	144
7.8.3	疲劳监测系统 ··	145
7.8.4	警告灯自动点亮技术 ··	147
7.9	轮胎安全技术 ··	148
7.9.1	轮胎气压自动监测系统 ····································	148
7.9.2	防爆胎 ··	149
7.9.3	防扎胎 ··	150
7.10	紧急呼救系统 ··	151
7.11	无人驾驶技术 ··	152
7.11.1	无人驾驶电动汽车的原理 ································	152
7.11.2	无人驾驶汽车的发展方向 ································	153

第 8 章　汽车电子与电气新技术 ························ 155

8.1	汽车导航系统 ··	155
8.1.1	概况 ···	155
8.1.2	全球卫星定位方法——全球定位系统 GPS ·············	156
8.2	移动无线数据传输 ··	158
8.2.1	汽车通信技术 ··	158
8.2.2	车载无线通信技术的模式 ································	159
8.2.3	车载无线通信采用的技术分析 ························	160
8.2.4	车载无线通信技术的发展前景 ························	161
8.3	车灯新技术 ··	161
8.3.1	氙气前照灯 ··	161
8.3.2	LED 灯 ···	163
8.3.3	激光灯 ··	165
8.4	车载娱乐系统 ··	165
8.4.1	数字收音机 ··	165
8.4.2	车载电视 ···	166
8.4.3	显示系统 ···	167
8.5	辅助停车 ···	168
8.5.1	倒车雷达系统 ··	168
8.5.2	倒车影像 ···	170
8.5.3	自动泊车 ···	171
8.6	夜视系统 ···	172
8.6.1	用途 ···	173
8.6.2	夜视系统应用简介 ··	173
8.7	视频成像技术 ··	177
8.7.1	路虎透明发动机盖 ··	177
8.7.2	比亚迪全息透明影像技术 ································	178

8.7.3　本田电子侧后视镜技术 178

第9章　汽车新材料与轻量化 180

9.1　概述 180
9.2　高强度钢 183
9.3　车用轻质合金 185
　　9.3.1　铝合金 185
　　9.3.2　镁合金 187
　　9.3.3　钛合金 188
9.4　复合材料和塑料制品 189
　　9.4.1　复合材料 189
　　9.4.2　碳纤维材料 192
　　9.4.3　玻璃纤维材料 194
　　9.4.4　塑料制品 194
9.5　轻型钢结构 196
　　9.5.1　激光拼接板（激光焊接） 196
　　9.5.2　连续变截面板 197
　　9.5.3　空心变截面钢管技术 197

第10章　新能源汽车技术 199

10.1　认识新能源汽车 199
　　10.1.1　认识新能源 199
　　10.1.2　新能源汽车的定义和分类 202
10.2　电动汽车电池和电动机技术 204
　　10.2.1　电动汽车用动力电池 204
　　10.2.2　电动汽车用电机 206
10.3　电动汽车充电技术 210
　　10.3.1　充电机充电及发展现状 210
　　10.3.2　车载充电机的技术 213
　　10.3.3　电动汽车充电基础设施 214
　　10.3.4　未来电动车充电技术展望 217
10.4　燃料电池电动汽车 219
　　10.4.1　燃料电池车发展概况及类型特点 219
　　10.4.2　燃料电池电动汽车的基本结构 221
10.5　其他清洁能源汽车技术 225
　　10.5.1　气体燃料汽车 225
　　10.5.2　液化石油气汽车（LPG） 227
　　10.5.3　生物燃料汽车 227

第 1 章
汽车发动机新技术

1.1 发动机进排气技术

1.1.1 可变气门正时系统

为了使发动机获得高速、大负荷时的高功率，要求进、排气门开启角度大，气门开启持续时间长，气门升程大，特别是进气迟后角要大，以充分利用高速气流惯性大量进气；为了使发动机在低速时获得大转矩，要求进气迟后角要适当减小，以防止低转速时气流倒流；为了获得中小负荷良好的经济性，要求气门重叠角（进气提前角与排气迟后角之和）要适当减小。

要满足发动机在不同工况下都有一个最佳的配气相位，固定的气门重叠角是不能保证的，这就需要依靠发动机可变配气相位来实现。虽然可变气门正时技术在各个厂商的称谓略有不同，但是实现的方式却大同小异。以丰田的 VVT-i 技术最为经典，VVT-i 技术工作原理：该系统由 ECU 协调控制，发动机各部位的传感器实时向 ECU 报告运转情况。由于在 ECU 中储存有气门最佳正时参数，所以 ECU 会随时对正时机构进行调整，从而改变气门的开启和关闭时间，或提前，或滞后，或保持不变。类似的可变气门升程技术近些年来被逐渐应用于现代轿车上的新技术中，发动机采用可变气门正时技术可以提高进气充量，使充量系数增加，发动机的扭矩和功率可以得到进一步的提高。

丰田汽车公司 VVT-i（Variable Valve Timing intelligent）称为智能可变气门正时系统，现在已经广泛应用于丰田各种车型上，连丰田低端车型威驰也采用了 VVT-i 发动机。VVT-i 系统用于控制进气门凸轮轴在 50°范围内调整凸轮轴转角，使配气正时满足优化控制发动机工作状态的要求，从而提高发动机在所有转速范围内的动力性、经济性，并可降低尾气的排放。

1. VVT-i 的结构

VVT-i 系统由 VVT-i 控制器、凸轮轴正时控制阀和传感器三部分组成，如图 1.1 所示。其中传感器由曲轴位置传感器、机油泵、凸轮轴正时控制阀、VVT-i 控制器和 VVT 传感器组成。

VVT-i 控制器的结构如图 1.2 所示，主要由正时带驱动的外齿轮（外转子）和与进气凸轮轴刚性连接的内齿轮（内转子），以及一个内齿轮、外齿轮之间的可动活塞组成。活塞的

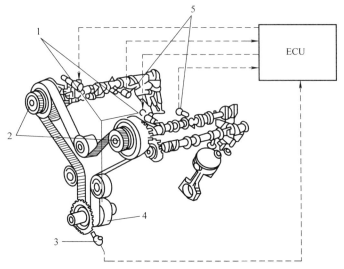

微课1 可变配气系统原理

图 1.1 VVT-i 的结构

1—凸轮轴正时控制阀；2—VVT-i 控制器；3—曲轴位置传感器；4—机油泵；5—VVT 传感器

内、外表面上有螺旋形花键。活塞沿轴向的移动会改变内、外齿轮的相对位置，从而产生配气相位的连续改变。内齿轮与凸轮轴相连，在外齿轮的作用下旋转，内齿轮也可以在油压的作用下提前或者迟后旋转。

VVT-i 控制器的工作原理。凸轮轴正时控制阀根据 ECU 的指令控制阀轴的位置，从而将油压施加给凸轮轴正时带轮，以提前或推迟配气正时。VVT-i 控制器的布置结构如图 1.3 所示。

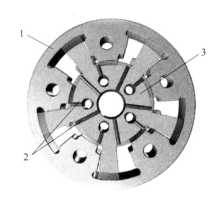

图 1.2 VVT-i 控制器

1—外齿轮；2—机油通道；3—内齿轮

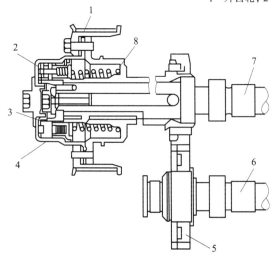

图 1.3 VVT-i 控制器的布置结构

1—正时皮带轮；2—可动活塞；3—内齿轮；4—外齿轮；5—剪式齿轮；6—排气凸轮轴；7—进气凸轮轴；8—VVT 外壳

根据发动机 ECU 的指令，油压施加在活塞的左侧，使得活塞向右移动。由于活塞上旋转花键的作用，进气凸轮轴相对于凸轮轴正时及带轮提前某一角度。当活塞向左移动并向延迟的方向旋转时，凸轮轴正时控制阀关闭油道，保持活塞两侧的压力平衡，从而保持配气相位，由此得到理想的配气正时。

2. 宝马的 Double VANOS

现在很多车型都采用了双 VVT 技术，即进、排气门都实现了气门正时无级可调，图 1.4 所示为宝马的 Double VANOS 技术。

图 1.4　双可变气门正时技术——宝马 Double VANOS 技术

Double VANOS 双凸轮轴可变气门正时系统可持续调节进气门和排气门的凸轮轴位置，使得低发动机转速时扭矩明显增大、高发动机转速时功率更高，同时会降低油耗和排放。

在低发动机转速时，移动凸轮轴的位置，使气门延时打开，以提高怠速质量并改进功率输出的平稳性。在发动机转速增加时，气门提前打开，以增强扭矩、降低油耗并减少排放。高发动机转速时，气门重新又延时打开，为全额功率输出提供条件。

Double VANOS 双凸轮轴可变气门正时系统还可控制循环返回进气歧管的废气量，以增强燃油经济性。系统在发动机预热阶段使用一套专用参数，以帮助三元催化转换器更快达到理想工作温度并降低排放。

1.1.2　可变气门升程技术

发动机实质的动力表现取决于单位时间内气缸的进气量。气门正时代表了气门开启的时间，而气门开启的大小程度取决于气门升程。从原理上看，可变气门正时技术是通过改变进气量来改善动力表现的，但是气门正时只能提前或者推迟气门开启的时间，并不能有效改善气缸内单位时间的进气量，因此对于发动机动力性的帮助是有限的。如果气门升程大小也可以针对发动机不同的工况和转速实时调节的话，那么就能够提升发动机在各种情况下的动力性能。对此，很多厂商都提供了可变气门升程技术。

1. 本田汽车公司 VTEC 技术

本田 VTEC（Variable Valve Timing & Lift Electronic Control System），称为可变气门正时和升程电子控制系统，当改变气门升程时，气门正时与气门重叠角随之改变。

本田在车上使用的可变气门正时系统形式主要有单顶置凸轮轴 VTEC、双顶置凸轮轴 VTEC 和单顶置凸轮轴三阶段 VTEC 等。

可变气门正时和升程电子控制系统采用在一根凸轮轴上布置高速、低速两种不同夹角和升程的凸轮，控制系统能根据发动机的转速利用油压自动地使气门切换到不同凸轮以改变气门的升程。因此，VTEC 机构又称为双可变配气相位控制机构。

（1）VTEC 结构

VTEC 配气机构采用摇臂驱动 4 个气门，一般采用三个摇臂，即中间摇臂、主摇臂、副摇臂。中间摇臂上装有两个可左右运动的液压活塞，并在凸轮轴上设有两种不同的凸轮（普通凸轮和中间高角度凸轮），如图 1.5 所示。中间摇臂在高转速时使用，主、副摇臂在中低转速时使用。

微课 1　可变气门升程系统分类

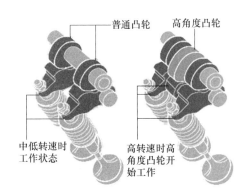

图 1.5　VTEC 的结构

（2）VTEC 工作原理

当发动机在中低速工作时，控制系统使主、副摇臂与中间摇臂分离，利用两侧的普通凸轮驱动主、副摇臂，压动气门开启。中间摇臂在弹簧的作用下与中间凸轮（高速凸轮）一起转动，但此时由于没有油压作用于同步活塞，所以中间摇臂与气门的开闭无关。

当发动机高速运转时，控制系统驱动摇臂内部的液压活塞沿箭头方向移动。此时主、副摇臂及中间摇臂在同步活塞的作用下连成一体，均由中间凸轮来驱动，从而获得高功率所需的配气正时和气门升程。

由此可见，在 VTEC 发动机中，低转速时主、副摇臂与中间摇臂分离，燃烧室内形成强的混合气涡流，以获得稳定燃烧，特别是在冷起动暖机过程中。在一般发动机中，如果空燃比大于 13，则不能获得稳定燃烧，从而会使排出的 HC 量增加。在 VTEC 发动机中，即使在冷起动空燃比稀薄的状态下，也能实现稳定燃烧，从而减少 HC 的排放。

发动机达到某一个设定的转速时，电脑即会指令电磁阀启动液压系统，推动摇臂内的小活塞，使三根摇臂锁成一体，一起由高角度凸轮驱动，这时气门的升程和开启时间都相应增大了，使得单位时间内的进气量更大，发动机动力也更强。这种在一定转速后动力突然爆发的现象极大地提升了驾驶乐趣。当发动机转速降到某一转速时，摇臂内的液压也随之降低，活塞在回位弹簧作用下退回原位，三根摇臂分开。

（3）i-VTEC 发动机

由于 VTEC 系统对于配气相位的改变是阶段性的，也就是说其改变配气相位只是在某一转速下的跳跃，而不是在一段转速范围内连续可变。为了改善 VTEC 系统的性能，本田公司不断进行创新，推出了 i-VTEC 系统。i-VTEC 技术作为本田 VTEC 技术的升级，它不仅完全保留了 VTEC 技术的优点，而且加入了当今世界流行的智能化控制理念，在提高燃油效率、降低有害物排放方面堪称国际水平，这在环境日益恶化、能源日益枯竭的今天有着特殊的意义。

i-VTEC 系统是在 VTEC 系统的基础上，增加了一个称为 VTC（Variable Timing Control，可变正时控制）的装置——一组进气门凸轮轴正时可变控制机构，即 i-VTEC=VTEC+VTC。

综上所述，由于 i-VTEC 系统中 VTC 机构的导入，使得发动机的配气相位能够柔性地与发动机的负荷相匹配，在发动机的任何工况下，都能找到最佳的配气相位，以最佳的气门重叠角实现中、低速时的低油耗、低排放及高速时的高功率、大转矩，就像其能按照人类大脑的要求那样进行控制一样，因此被形象地称为"智能化"i-VTEC。

2. 宝马汽车公司 Valvetronic 技术

Valvetronic 系统在传统的配气相位机构上增加了一根偏心轴、一个步进电动机和中间推杆等部件，该系统借助步进电动机的旋转，再在一系列机械传动后很巧妙地改变了进气门升程的大小。

Valvetronic 技术通过实现对气门行程的无级可调，达到对发动机不同转速状态下功率转矩输出的最佳均衡。发动机的配气技术，归结起来，其实就是进、排气门开启与关闭的时间和大小的问题。传统的发动机，气门开启与关闭的时间和大小都是固定不变的，设计师只能通过折中的办法设定一个最佳运转的正时和行程，这使得发动机在较低转速（2 000 r/min 以下）和较高转速（4 000 r/min 以上）的工况下，都无法获得最佳的配气正时和行程。相对来说，正时的改变要容易一些，目前即使是入门级的 3 缸发动机，也大多应用了 VVT 技术。而气门行程的可变则比较难，目前全球拥有实现气门行程可变技术的厂家还不多。图 1.6 所示为 Valvetronic 的主要结构。

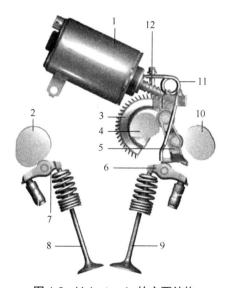

图 1.6 Valvetronic 的主要结构

1—伺服电动机；2—排气凸轮轴；3—蜗轮；4—偏心轴；5—中间推杆；6—摇臂；7—摇臂；8—排气门；9—进气门；10—进气凸轮轴；11—扭转弹簧；12—螺杆

发动机在不同转速下，对于气门行程的需求差别是非常大的。在低转速下，由于进气量小，如果此时气门行程很大，将无法产生足够的进气负压，喷油器在喷油以后（无论是在缸内喷射还是缸外喷射），无法和吸入的空气充分混合，造成燃烧效率低，低速转矩将大幅度减小，而且排放也会增高。此时较小的气门行程才能满足需求，由于气门行程小，故增加了进气负压，由此产生的大量涡流可以将混合气充分混合，以满足低转速下发动机的正常运转。

到了高转速状态下情况则恰好相反，此时的进气量非常大，如果气门行程过小，会导致进气气阻过大，无法吸入足够的空气，从而影响动力的发挥。因此在高转速下，需要气门行程较大才能获得最佳的配气需求。

宝马则通过 Valvetronic 技术解决了这些问题，它的气门行程可以实现无级调节，只要 ECU 的控制程序设定得当，理论上可以做到任何转速状态下都可以获得最佳的气门行程匹配。有了 Valvetronic 技术，不仅可以使得进气行程满足不同转速下的配气需求，而且整个过程变化极为平顺，使得驾驶员从感官上根本无法感知到。Valvetronic 系统的气门行程开启到最大时，可以达到 9.7mm，调节幅度非常大。图 1.7 所示为宝马 Valvetronic 的工作原理。

英菲尼迪的 Valvetronic 技术和宝马的 Valvetronic 技术有异曲同工之效。

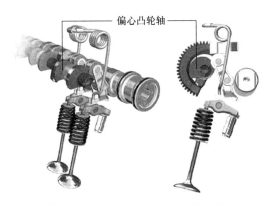

图 1.7　宝马 Valvetronic 的工作原理

3. 奥迪的 AVS 技术

奥迪的 AVS 可变气门升程系统在设计理念上与本田的 i-VTEC 有着很大的相似点，只是在实施手段上略有不同。这套系统为每个进气门设计了两组不同角度的凸轮，同时在凸轮轴上安装有螺旋沟槽套筒。螺旋沟槽套筒由电磁驱动器加以控制，用以切换两组不同的凸轮，从而改变进气门的升程。图 1.8 所示为 AVS 的结构。

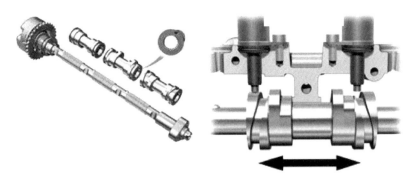

图 1.8　AVS 的结构

发动机在高负载的情况下，AVS 系统将螺旋沟槽套筒向右推动，使高角度凸轮得以推动气门。在此情况下，气门升程可达到 11mm，以提供燃烧室最佳的进气流量和进气流速，实现更加强劲的动力输出。而发动机在低负载的情况下，为了追求发动机的节油性能，此时 AVS 系统将凸轮推至左侧，即以普通凸轮推动气门。如图 1.9 和图 1.10 所示。

这套系统中还有一个设计细节需要注意，那就是两个进气门无论是在普通凸轮还是高角度凸轮推动下的相位和升程是有差别的，也就是说两个进气门开启和关闭的时间及升程并不相同。这种不对称的进气设计是为了让空气在流经两个进气门后（同时配合特殊造型的燃烧室和活塞头），使混合气在气缸内实现翻转和紊流，进一步优化混合气的状态。

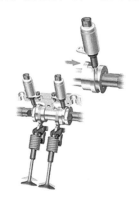
图 1.9 高负载、高转速时切换至高速凸轮

图 1.10 低负载、低转速时切换至普通齿轮

1.1.3 可变进气歧管技术

可变进气歧管技术是通过改变进气歧管的长度和截面积来提高燃烧效率，使发动机在低转速时更平稳、扭矩更充足，高转速时更顺畅、功率更强大。

发动机的进气歧是连接进气门和进气总管的，进气歧管设计的形状也能直接影响到发动机的性能。图 1.11 所示为可变长度进气歧管。

图 1.11 可变进气歧管技术在发动机中的应用

1. 可变长度进气歧管技术原理

随着进气门的开启和关闭，在进气歧管内会产生压力波动，形成吸气波和压力波，并以声速传播。进气歧管的长度必须根据发动机转速进行调整，以保证最高压力波在进气门关闭

以前到达进气门,从而提高进气量。发动机电脑根据转速信号,控制驱动电动机来调整歧管开度,从而改变歧管长度。根据发动机转速调整进气歧管长度,低速时使用长进气歧管来提高进气量,增大转矩;高速时,使用短进气歧管来提高进气量,提高发动机功率。

进气歧管一端与进气门相连,一端与进气总管后的进气谐振室相连,每个气缸都有一根进气歧管。发动机在运转时,进气门不断地开启和关闭,气门开启时进气歧管中的混合气以一定的速度通过气门进入气缸,当气门关闭时混合气受阻就会反弹,周而复始会产生振动频率。如果进气歧管很短,显然这种频率会更快;如果进气歧管很长的话,这个频率就会变得相对慢一些。如果进气歧管中混合气的振荡频率与进气门开启的时间达到共振的话,那么此时的进气效率显然是很高的。因此可变进气歧管在发动机高速和低速时都能提供最佳配气。

可变长度进气歧管工作原理如图1.12所示。粗、短、直的进气歧管对于进气流的阻力较小,因此在高速过程中响应较快,气流速度也较快;长、细、弯的进气歧管则有利于进气歧管中油与气的混合。因此较短的进气歧管更适合于高转速,而较长的进气歧管则更适合于低转速。通过技术手段,进气歧管长度可以在不同转速下发生变化,从而兼顾高低转速时的进气需求。在低转速时短进气歧管关闭,发动机使用长进气歧管进气;高转速时则关闭长进气歧管,使用短管进气;或者在进气歧管内设置阀门,通过开关来控制,以此来控制进气歧管的长度(分段可调能够实现多种长度),以适应发动机转速的要求。

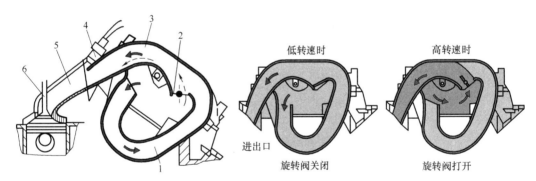

图1.12 可变长度进气歧管技术的工作原理
1—细长的进气歧管;2—控制阀;3—短、粗进气管;4—喷油器;5—进气道;6—进气门

2. 可变截面进气歧管技术原理

电流体力学的原理可知,管道的截面积越大,流体压力越小;管道截面积越小,流体压力越大。如小时候我们玩的自来水,将水管前端捏扁,自来水的压力就会变得非常大。

根据这一原理,发动机可以使用一套机构,在高转速时使用较大的进气歧管截面,以提高进气流量;在低转速时使用较小的进气歧管截面,以提高气缸的进气负压,也可在气缸内充分形成涡流,让空气与汽油更好的混合。

如图1.13所示,其中一个进气歧管带有气阀,该气阀受到ECU的直接控制。当发动机低转速运转时,需要的进气歧管截面积小,这时可以关闭气阀,使两个进气门只有一个能够进气,这就相当于减少了一半的截面积;同样,发动机高转速运转,气阀在ECU的控制下开启,两个进气门同时工作,这就相当于加大了截面积。

微课 可变截面
进气歧管长度控
制系统工作原理

图1.13 可变截面进气歧管技术

1.1.4 电子节气门技术

汽车电子节气门技术（Electronic Throttle Control，ETC）是伴随汽车电子驱动理念而诞生的。它摒弃了传统加速踏板采用钢丝绳或杠杆机构与发动机节气门间的直接机械连接，通过增加相应的传感器和电控单元，实时精确控制节气门开度。ETC可实现发动机转矩控制和精确空燃比控制，有助于提高汽车行驶的动力性、平稳性、经济性以及降低排放污染，备受业内人士重视。目前，ETC被广泛运用于汽车的驱动防滑控制（ASR）、巡航控制（CCS）、车辆稳定性控制（VSC）及自动变速控制（AMT）等汽车动力控制系统中，并逐渐成为高档轿车的标准配置。电子节气门系统是汽车发动机完全电控的重要组成部分，对于提高汽车的动力性、可靠性、舒适性、便利性以及燃油经济性，实现汽车的完全电控具有重要意义。图1.14所示为电子节气门实物。

图1.14 电子节气门实物

1. 电子节气门结构和工作原理

图1.15所示为ETC控制系统示意图，主要由加速踏板位置传感器、节气门位置传感器、控制单元、数据总线及执行器等部分组成。加速踏板位置传感器用于反映驾驶员的控制意愿；节气门位置传感器作为控制系统的反馈控制信号；控制单元包括信息处理模块和驱动电路；执行器包括减速机构和执行电动机，一般采用步进电动机或PWM（脉宽调制控制）控制直流伺服电动机。

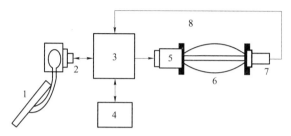

图 1.15　ETC 控制系统示意图

1—加速踏板；2—加速踏板位置传感器；3—控制单元；4—其他控制单元；5—执行器（电动机及减速器）；
6—节气门；7—节气门位置传感器；8—反馈信号

在工作时，驾驶员操纵加速踏板，加速踏板位置传感器产生相应的电压信号输入节气门 ECU，控制单元首先对输入的信号进行滤波，以消除环境噪声的影响，然后根据当前的工作模式、踏板移动量和变化率解析驾驶员意图，计算出对发动机转矩的基本需求，得到相应节气门转角的基本期望值。经过 CAN 总线和整车控制单元进行通信，获取其他工况信息以及各种传感器信号，如发动机转速、挡位、节气门位置、空调能耗等，由此计算出整车所需要的全部转矩，通过对节气门转角期望值进行补偿，得到节气门的最佳开度，并把相应的电压信号发送到驱动电路模块，驱动电动机使节气门达到最佳的开度位置，节气门位置传感器则把节气门的开度信号反馈给节气门控制单元，形成闭环的位置控制。

2. 电子节气门控制系统的优点

1）精确控制节气门开度。
2）改善了发动机的排放性能。
3）具有更高的车辆行驶可靠性。
4）可选择不同的工作模式。
5）可获得海拔高度补偿。

3. 电子节气门控制系统的发展方向

（1）向集成化和综合控制方向发展

集成化和综合控制不仅是电子节气门控制系统的发展方向，也是未来汽车电子控制系统的发展方向。它有助于简化电子节气门控制系统，降低制造成本，增强各系统间的信息交流。

（2）结合多种控制方法进行综合控制

采取多种控制策略相结合的方法，可以提高控制精度及反应速度。目前的发展方向是从线性控制发展到非线性控制、从单一模式控制发展到多模式控制，以及从传统的 PID 控制发展到采用 PID 与现代控制理论相结合的控制。模态控制、神经网络控制及滑模变结构控制等方法已被引入到电子节气门控制中。

（3）车载网络、总线技术在汽车电子节气门控制系统中的应用

随着电控系统在汽车上越来越多的应用，各种传感器和电子控制单元急剧增多，整车控制电路越来越复杂，车辆上导线的数量急剧增加。此外，各个系统的信息资源还要求能够共享。这些都对汽车的综合布线和信息共享提出了更高的要求。现在国际上普遍采用的车载网络技术是 CAN 总线控制器局域网，它能够满足汽车上电子系统数据传输安全可靠、数据共享及系统集成等需要，并且大大降低了布线的复杂度，提高了汽车电子系统的运行可靠性。

1.1.5　汽车燃油蒸发排放控制系统（Evaporative，EVAP）

EVAP的作用是收集汽油箱内蒸发的汽油蒸气，并将汽油蒸气导入气缸参与燃烧，以防止汽油蒸气直接排入大气而造成污染。同时，其还可根据发动机工况，控制导入气缸参与燃烧的汽油蒸气量。

EVAP的组成及工作原理。

在装有EVAP控制系统的汽车上，油箱盖上只有空气阀，而不设汽油蒸气放出阀。EVAP的控制过程如图1.16所示。发动机工作时，ECU根据发动机转速、温度、空气流量等信号，通过控制炭罐电磁阀的开、闭来控制真空控制阀上部的真空度，从而控制真空控制阀开度。当真空控制阀打开时，燃油蒸气通过真空控制阀被吸入进气歧管。当发动机怠速或温度较低时，ECU使电磁阀断电，关闭吸气通道，则活性炭罐内的燃油蒸气不能被吸入进气歧管。

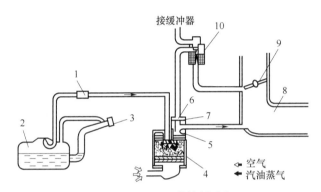

图1.16　EVAP的控制过程
1—单向阀；2—油箱；3—油箱盖；4—活性炭罐；5—定量排放孔；6—真空室；7—真空控制阀；
8—进气歧管；9—节气门；10—电磁阀

1.1.6　废气再循环控制系统（Exhaust Gas Recycle，EGR）

1. EGR功用

NO_x（氮氧化合物）是空气中的氮气和氧气在高温、高压下形成的。发动机排出来的氮氧化合物量主要与气缸内的最高温度和压强有关，气缸内最高温度及压强越高，生成的氮氧化合物量越多。

EGR的功用就是将适量的废气重新引入气缸内参加燃烧，从而降低气缸内的最高温度与压强，以减少NO_x的排放量。此外，为保证发动机正常工作及其性能不受过多的影响，必须根据发动机工况控制废气再循环量。图1.17所示为典型EGR的控制原理。

目前采用ECU控制的EGR系统主要有两种类型：开环控制系统和闭环控制系统。

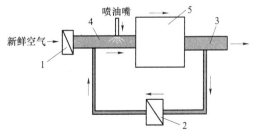

图1.17　典型EGR的控制原理
1—节气门；2—EGR阀；3—排气歧管；
4—进气歧管；5—发动机

2. 开环控制 EGR 系统

如图 1.18 所示，该系统由 EGR 阀和 EGR 电磁阀等组成。发动机工作时，ECU 根据冷却液温度、节气门开度、转速、起动等信号通过 EGR 电磁阀的搭铁电路来控制 EGR 电磁阀的开度，从而控制进入 EGR 阀的真空度，即通过控制 EGR 阀的开度来改变参与再循环的废气量。

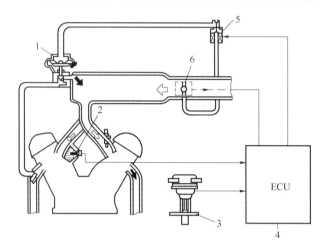

微课 废气再循环（EGR）控制系统工作原理

图 1.18 开环控制 EGR 系统结构
1，5—EGR 阀；2—水温传感器；3—曲轴位置传感器；4—起动信号；6—节气门

不进行废气再循环的工况包括：起动工况、怠速工况、暖机工况及转速低于 900r/min 或高于 3 200r/min 的工况。

EGR 率指废气再循环量在进入气缸内的气体中所占的比率，即：

$$EGR 率 = [EGR 量 / (进气量 + EGR 量)] \times 100\%$$

在开环控制 EGR 系统中，ECU 根据各传感器信号确定发动机工况，并按其内存的 EGR 率与转速、负荷的对应关系进行控制，而对其控制结果不进行检测。

3. 闭环控制 EGR 系统

如图 1.19 所示，在闭环控制的 EGR 系统中，通过检测实际的 EGR 率或 EGR 阀开度来作为反馈控制信号，其控制精度更高。

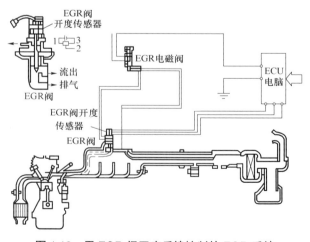

图 1.19 用 EGR 阀开度反馈控制的 EGR 系统

（1）用 EGR 阀开度作为反馈信号的闭环控制 EGR 系统

EGR 阀开度传感器（电位计式）：向 ECU 反馈电磁阀开度信号。ECU 根据此信号修正电磁阀开度，使 EGR 率保持在最佳值。

（2）用 EGR 率作为反馈信号的闭环控制 EGR 系统（见图 1.20）

EGR 率传感器：

安装在进气总管中的稳压箱上，新鲜空气进入稳压箱，参与再循环的废气经 EGR 电磁阀也进入稳压箱。传感器检测稳压箱内气体中的氧浓度，并将其转换成电信号输送给 ECU，ECU 根据此信号修正电磁阀开度，使 EGR 率保持在最佳值。

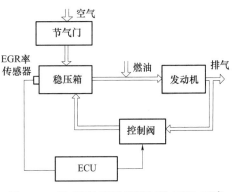

图 1.20　用 EGR 率反馈控制的 EGR 系统

1.1.7　曲轴箱通风控制系统

曲轴箱通风系统分为两种，一种是曲轴箱强制通风系统，另一种是曲轴箱自然通风系统。在这里我们重点阐述的是前一种类型，即曲轴箱强制通风系统。

1. 曲轴箱强制通风系统功用

解决窜缸混合气对机油及曲轴箱的损坏问题，同时也可防止曲轴箱中的混合气排放到大气中，减少排放污染。

2. 曲轴箱强制通风系统的结构及工作原理

曲轴箱强制通风系统主要包括曲轴箱强制通风阀（PCV 阀）等，其结构及工作过程如图 1.21 所示。在曲轴箱与进气歧管间安装一根管子和一个强制通风阀（PCV 阀），利用歧管真空度将窜气吸入进气歧管燃烧，通过 PCV 阀改变进入气缸重新燃烧的窜缸混合气量。

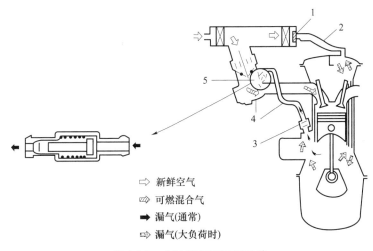

图 1.21　曲轴箱强制通风系统
1—漏气过滤器；2—漏气上导管；3—机油分离器（在油底壳内）；4—漏气下导管；5—PVC 阀

1.1.8 二次空气喷射系统

1. 二次空气喷射系统功用

在一定工况下,将新鲜空气送入排气管,促使废气中的 CO、HC 进一步氧化,从而降低 CO、HC 的排放量。

2. 二次空气喷射系统的结构及工作原理

发动机电脑激活二次空气系统,使其开始工作,并控制二次空气进气阀,然后通过压力驱动组合阀门开始工作。发动机起动后,经过滤清器的空气通过二次空气泵直接被吹到排气阀后(二次空气泵的电源通过继电器得到),二次空气泵的作用是在很短的时间内将空气压进排气阀后面的废气中。二次空气系统未工作时,组合阀门将阻止废气进入二次空气泵。

在控制过程中,自诊断系统同时进行着检测。由于废气中氧气量的增加,导致氧传感器电压降低,所以氧传感器必须处于工作状态。二次空气系统正常工作时,氧传感器将检测到极稀的混合气。图 1.22 所示为二次空气喷射系统结构。

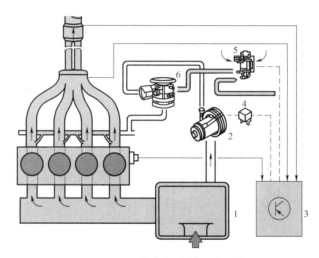

图 1.22 二次空气喷射系统结构

1—空气滤清器;2—二次空气泵;3—发动机控制单元;4—二次空气继电器;
5—二次空气控制阀;6—二次空气机械阀

在下列情况下 ECU 将不给二次空气电磁阀供电:

1)电控燃油系统进入闭环控制。
2)冷却液温度超过规定范围。
3)发动机转速和负荷超过规定值。
4)ECU 有故障。

1.2 燃油缸内直喷技术

随着人们对节能和环保要求的日益提升,作为缸内直喷汽油机稀薄燃烧技术,在动力性、燃油经济性、排放性能等方面都有出色的表现和潜力。汽油缸内直喷技术作为第三种燃烧方式得到了广泛重视和发展,已经成为汽车工业发展的重要方向。目前在一些先进国家,如日本、欧美，GDI 汽油机在保持汽油机动力性能优势的同时，在燃油经济性方面已达到甚至超过柴油机水平。可以预见，车用汽油机 GDI 技术将得到更大发展，并将取代进气道直喷成为电控喷射的主要形式。

1.2.1 汽油发动机的发展进程

随着科学技术的进步以及能源和污染排放问题的日益严重，汽油发动机技术也在不断地进步，到目前为止，汽油发动机经历了三次改革：从化油器到电控汽油喷射，再到现在研究的缸内直喷。图 1.23 所示为三种形式的汽油发动机。

1. 化油器发动机

传统型，它是在进气管道的化油器位置上靠节气门的真空度将喉管内的汽油吸出，与空气混合，雾化形成混合气，经气门进入气缸内进行燃烧。

2. 电控汽油喷射发动机

它是将汽油喷射在进气歧管或进气管道上，在气门之前的位置与空气混合成混合气后，再通过进气门进入气缸燃烧室内燃烧做功。

3. 直喷式汽油发动机

它是通过电控系统的控制将汽油直接喷射到燃烧室内，同通过气门进来的空气进行混合，从而形成可燃混合气进行燃烧。

从上面的 3 种供油形式可以看出，3 种形式的汽油发动机的重大区别在于汽油出口的位置，位置不同，则技术也就不同。

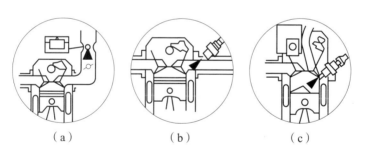

图 1.23　三种形式的汽油发动机
（a）化油器发动机；（b）电控汽油喷射发动机；（c）直喷式汽车发动机

1.2.2　燃油缸内直喷技术原理和控制策略

汽油直接喷射（Gasoline Direct Injection，GDI）技术在不同的厂商中有着各自的叫法，如奥迪称为 TFSI，而三菱公司则直接叫 GDI 等。缸内直喷汽油发动机结构如图 1.24 所示。电子控制单元根据传感器测得的参数计算所需供给的油量，并及时向喷油嘴发出喷油指令，使燃油直接喷入气缸，而不是像传统发动机那样喷入进气歧管进行预先混合，这是燃油缸内直喷技术最大的特点。

直喷式汽油发动机的原理：直喷式发动机（缸内喷注式汽油发动机）与一般汽油发动机的主要区别在于汽油喷射的位置，缸内直喷发动机引用了柴油机直接将柴油喷入缸内的理念，直接在缸内喷射汽油，利用缸内气体流动与空气混合组织形成分层燃烧。汽油直接喷入

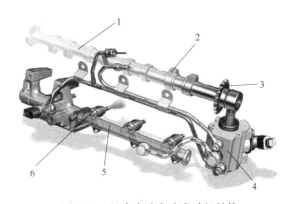

图 1.24　缸内直喷汽油发动机结构
1—凸轮轴；2—凸轮；3—凸轮轴链轮；4—高压油泵；5—燃油喷射管道；6—喷油器

缸内有利于汽油的雾化，使汽油和空气更好地混合，以保证燃烧更为完全。另外进气管道中没有狭窄的喉管，空气流动的阻力小，充气性能好，因此输出的功率较大。喷油嘴喷油后大部分油雾都集中在活塞的凹坑中，靠进气系统形成涡流，带动油雾在缸内形成混合气，与周围的稀区形成分层气体，虽然混合比达到 40∶1，但高压旋转喷射器喷射出的雾状汽油，在压缩冲程后期的点火前夕，被气体的纵涡流融合成球状雾化体，形成一种以火花塞为中心、由浓到稀的层状混合气状态（聚集在火花塞周围的混合气很浓厚，很容易点火燃烧）。这种形式与直喷式柴油机相似，因此有人认为缸内直喷汽油发动机是将直喷式柴油机的形式移植到汽油机上的一种创举。

缸内直喷汽油机稀燃技术的原理：缸内直喷汽油机稀薄燃烧技术分为均质稀燃和分层稀燃两种燃烧模式。中小负荷时，在压缩行程后期开始喷油，通过与燃烧系统的合理配合，在火花塞附近形成较浓的可燃混合气，在远离火花塞的区域形成稀薄分层混合气；大负荷及全负荷时，在早期进气行程中将燃油喷入气缸，使燃油有足够时间与空气混合，形成完全的均质化计量比进行燃烧。另外，也有的采用分段喷油技术分层混合气，即在进气早期开始喷油，使燃油在气缸中均匀分布，在进气后期再次喷油，最终在火花塞附近形成较浓的可燃混合气，这种将一个循环中的喷油量分两次喷入气缸的方法可以很好地实现混合气的分层。

缸内直喷汽油机主要要达到两个目标：一是大幅度改善车用汽油机的燃油经济性；二是控制排放，主要是控制 NO 和未燃 HC 的排放。

1. 缸内直喷控制模式

（1）按工况区分控制模式

不同的工况对混合气浓度以及喷油正时等的要求各异，所以电子控制策略应区分低工况和高工况两个不同的区域，以分别采用两种不同的控制模式。一般来说，推迟喷油、充量分层的控制模式只适用于 50% 以下的负荷。

（2）转矩控制策略

ECU 在任何工况下都先要识别其对转矩的需求，如无特殊要求，则 ECU 主要根据加速踏板的位置确定应有的转矩。如果这个转矩和转速对应于低工况区域，即加速踏板位移量较小，电动节气门就保持全开状态，通过改变空燃比调节燃油量进而控制转矩，这就是变质调节，此时进气量和点火提前角几乎不影响转矩；如果这个转矩和转速对应于高工况区域，即加速踏板位移量较大，那么空燃比就保持在 14.7 左右，通过改变电动节气门开度调节进气量,进而改变燃油量,以控制转矩。

(3)喷油正时控制策略

如前所述,两种控制模式对应于两种不同的混合气生成方式,两者对油束也有不同的要求。低工况下,要求燃油恰好喷在活塞顶部凹坑内,结合活塞的向上运动,在很短时间内完成混合;而高工况下,要求阻止油束沾湿活塞和缸壁,同时要求有充足的时间形成均质充量。所以,低工况下要求油束集中,不必穿透很深,但是雾化要好,喷油正时应该推迟到压缩冲程后期;高工况下要求油束分散,并且穿透深度适中,相应地应该将喷油正时提早到吸气冲程的前期。图 1.25 所示为直喷式汽油机供油系统。

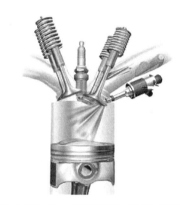

图 1.25 缸内直喷发动机工作示意图

(4)喷油压力控制策略

喷油压力至少与油束的两个特性参数有关,一个是燃油雾化程度,另一个是油束穿透程度。在低工况下,混合气形成时间短,所以对燃油的雾化要求很高,但油束穿透深度不能过大,以免导致湿壁现象,增加 HC 排放,但穿透深度必须达到一定水平,使得在低工况下油束能够撞到活塞凹坑内;而高工况下穿透深度应当更大一些,以便扩大油束在气缸内的分布范围。喷油压力升高时,一方面因为燃油雾化改善,油滴不能喷到很远的地方,油束穿透不深;另一方面因为喷油初速提高,故又会增加穿透深度。两者在一定程度上可互相抵消。在喷油量控制方面,缸内直喷汽油机与进气口喷射的区别在于,进气口喷射时用燃油压力调节器保持喷油器孔内、外的压力差恒定,确保喷油速率恒定,以便通过脉冲宽度控制每个循环的喷油量。而在缸内直喷汽油机中喷油速率和喷油压力都是可控的,提高喷油压力,则燃油雾化得好一些,但油束穿透深度小一些,适合低工况、分层充量情况下混合气生成的要求;降低喷油压力,则燃油雾化得差一些,但油束穿透深度大一些,适合于高工况、均质充量情况下的要求。

2. 燃烧过程控制策略

缸内直喷汽油机可自由控制转矩输出,即当空气量保持一定时,只要改变燃油喷射量就能改变转矩,可最大限度降低燃油消耗。缸内直喷汽油机采用"二次燃烧"方式,即在进气冲程喷射 1/4 的喷油量,形成与理论空燃比相比约为 0.25 的极稀薄混合气(此为预燃混合气),剩余的 3/4 燃油则在压缩冲程后期喷射,形成高度集中的浓混合气,其前期反应时间极短,限制了爆震现象的发生。为控制排放,发动机起动后的怠速状态采用分层燃烧方式,即压缩冲程的喷油在做功行程前半期完成燃烧,后半期重新喷油使催化器迅速达到工作所需温度,则起动后排放的 HC 大幅度降低。

1.2.3 燃油缸内直喷技术优点及存在的问题

燃油缸内直喷技术主要有以下 3 个优点。

1. 动力性

从 GDI 发动机的结构看,大大减少了在部分负荷时的节流损失,且在部分负荷时可充分进气,提高了充气效率和升功率。由于采用电子控制精确配油,使得产生爆震的极限压力提高,因而可以提高发动机的压缩比,也可使发动机具有更高的热效率。

2. 燃油经济性

1)中低负荷组织稀薄燃烧,空燃比可达 40:1(一般汽油发动机的混合比是 15:1)。
2)缸内直喷汽油机可以实现高压缩比,燃油热效率较高,相对来说也就降低了油耗。
3)火焰周围的超稀气体形成隔热层,可减少向缸壁的传热损失。

3. 污染排放量

缸内直喷汽油机能有效地降低 HC、NO 和 CO 等污染物的排放,使排放达到欧Ⅳ标准,具体如下。

(1) HC

普通电喷发动机起动时容易产生大量的 HC,其原因是气道中容易留有未蒸发的油膜,而油膜则是由于多余的燃油未完全燃烧造成的。缸内直喷汽油机直接在燃烧室内喷油,不形成残留油膜,以较大的空燃比工作,燃油可以较充分燃烧,减少了 HC 生成的机会。

(2) NO 化合物

NO 化合物的生成条件是较长时间的高温,且存在富氧状态。缸内直喷汽油机的高温区(火焰区)接近理论空燃比,但没有特别多余的氧气,氧气充足的超稀区又只在火焰周围,没有形成 NO 化合物的温度,等到点燃超稀混合气时活塞已经下行做功,缸内温度已经下降,因此缸内直喷汽油机限制了 NO 生成;采用了 EGR 技术,即废气再循环技术,将排出气缸的废气利用气门重叠时间再回到气缸中,降低燃烧的最高温度,从而降低 NO 化合物的排放量。

(3) CO

传统的汽油机过量空气系数接近 1,大多是小于 1 的,也就是说燃油过量了,不能完全燃烧,生成了 CO。缸内直喷汽油机是指在总体富氧条件下,即使浓区燃油未能完全燃烧,也可以在稀区和排气中继续氧化,其有效降低了 CO 的排放量。

燃油缸内直喷技术存在以下几个主要问题。

1. 催化器问题

缸内直喷汽油机工作在稀空燃比条件下,其造成的富氧和较低的排气温度使传统的三元催化器对氮氧化合物的转化率不高,废气排放温度较低,不利于三元催化器的起燃,限制了它在缸内直喷汽油机上的应用。

2. 积炭问题

由于缸内直喷汽油机火花塞点火燃烧的是占据小部分空间的分层混合气,其他空间只有极微量的燃油存在,且燃料的气化蒸发使缸内温度偏低,点火后火焰在传播过程中将逐渐减弱,到达分层混合气以外的其他空间时,极易造成熄火,使混合气不能充分燃烧,产生积炭。

3. 喷油器问题

缸内直喷汽油机的喷油器置于气缸内,由于喷油压力低,喷孔没有自洁能力,很容易积垢,造成喷油量减少、喷雾特性变坏,进而使发动机燃烧恶化,影响发动机的功率输出和排放。

1.3 发动机均质燃烧技术

1. 传统燃烧概念局限性

压缩点燃式燃烧概念（用于柴油机）与火花点燃式燃烧概念（用于汽油机）相比，最大的特点在于所使用的燃油特性不同，由此造成两者在以下各方面都有差别，如燃油引燃方法、燃烧方式、空燃比、转矩调节方式、泵气损失、压缩比、燃烧剧烈程度、燃油经济性、有害物质排放及振动和噪声等。出于对汽车排放的有害物质的毒害作用、二氧化碳的温室效应和氮氧化物形成酸雨的关注，人们对高效能、低污染的动力源的需求与日俱增。

空燃比控制精确、带三元催化转化器的汽油机（火花点燃式发动机）正在成为非常清洁的动力源。但是由于节气损失、爆震和稀燃极限，这类发动机在热效率方面有很大的局限性。另一种常见的动力源是直喷式柴油机（压缩点燃式发动机），这是一种效率很高的发动机，其温室气体 CO_2 和有害气体 HC、CO 排放都比汽油机低。但由于其会产生扩散燃烧且燃烧会产生局部高温，故很难遏制氮氧化物和碳烟（包括微粒物）的生成，并且还存在氮氧化物和微粒物排放控制目标之间相互冲突的问题。为了避免扩散燃烧及降低局部的燃烧温度，必须促进燃油和空气的混合。

传统的汽油机属于预混均质燃烧，但由于汽油特性以及爆震等诸多因素的限制，故其压缩比低、热效率低。与汽油机相比，柴油机具有较高的热效率和优越的燃油经济性，但是传统柴油机的燃烧是燃料喷雾的扩散燃烧，即依靠发动机活塞压缩到接近终点时的高温使混合气自燃着火。由于喷雾与空气的混合时间很短，燃料与空气混合严重不均匀，使得混合气分为高温过浓区和高温火焰区，导致碳烟和 NO_x 生成而排放。

2. 均质充量压缩燃烧技术特点

均质充量压缩燃烧（Homogeneous Charge Compression Ignition，HCCI）是一种全新的内燃机燃烧概念，其既不同于柴油机（非均质充量压缩点燃），又不同于汽油机（均质充量火花点燃），是一种火花点燃式发动机和压缩点燃式发动机概念的混合体。汽油机、柴油机和 HCCI 发动机的燃烧比较如图 1.26 所示。

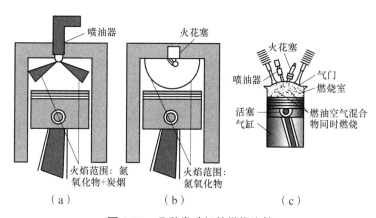

图 1.26 几种发动机的燃烧比较
（a）汽油机；（b）柴油机；（c）HCCI 发动机

HCCI 是一种预混合燃烧与低温燃烧相结合的新型燃烧方式：在进气过程形成均质的混

合气，当压缩到上止点附近时均质混合气自燃着火。由于不受燃油和氧化物分离面混合比的限制，也没有点火式燃烧的局部高温反应区，使得污染物排放很少，而且具有较高的热效率。将压缩点燃式发动机改装成 HCCI 的主要目的是减少氮氧化物和微粒物的排放；将火花点燃式发动机改装成 HCCI 的目的是减少部分负荷时的燃油消耗，即减少泵气损失。

HCCI 发动机为预混合均质压缩点火燃烧，是一种从优化燃烧的角度来降低氮氧化合物和碳烟排放的新燃烧理论与技术。其燃烧模式是在进气及压缩过程中形成均质混合气，当活塞压缩到上止点附近时，均质混合气自燃着火。从 HCCI 燃烧方式看，HCCI 发动机可以同时综合火花点火发动机（SI）和直接喷射压缩点火发动机（DI）的优点，并可同时避免它们的缺陷，即 HCCI 燃烧可以同时达到降低排放和实现高热效率的目的，这与传统控制排放方法相比有了很大的进步。

HCCI 发动机燃烧为稀薄燃烧，采用均质压缩多点着火，主要具有以下几方面的特点。

（1）超低的氮氧化物和碳烟排放

HCCI 发动机为稀薄燃烧，所以不存在缺氧情况，因而可有效降低碳烟排放；同时 HCCI 发动机燃烧为预混合均质压缩点火燃烧，即燃烧室内部混合气为均质混合气，在活塞压缩作用下燃烧室内多点同时着火，减少了火焰传播距离和燃烧持续期，避免了高温区的产生，可大大减少 NO_x 排放。

（2）燃烧热效率高

由于 HCCI 发动机采用压缩自燃，因而可以大大提高压缩比，从而提高其燃烧效率。另外，压缩点火方式避免了 SI 发动机的节流损失，其热效率与 SI 发动机相比更显优势；提高了压缩比，缩短了燃烧持续期。

3. 均质充量压缩燃烧技术面临的问题及展望

均质充量压缩燃烧技术主要面临着以下两个主要问题。

（1）适用工况范围窄

HCCI 发动机可以使用多种燃料（汽油、柴油、天然气、二甲醚、氢气、乙醇等），在一定工况下可以实现稳定运行，得到较好的运行和排放效果，但燃烧受到失火（混合气过稀）和爆震（混合气过浓）的限制，发动机运行范围较窄。对于高十六烷值燃料，由于 HCCI 发动机燃烧非常迅速，在高负荷工况下混合气浓度大，燃烧效率极高，压缩自燃时过多的燃料参与燃烧，易发生爆震；对于高辛烷值燃料，由于 HCCI 燃烧为稀薄燃烧，发动机在小负荷工况下需要很高的进气温度和缸内压力才能实现压燃，但往往由于实际条件的限制而无法很好地实现，所以可能导致燃烧不完全甚至熄火。

（2）燃烧进程难以控制

HCCI 是预混合压燃，不能像汽油机一样由点火时刻控制燃烧始点，也不能像柴油机一样由喷油时间控制燃烧始点，它没有直接控制燃烧始点的措施，混合气的自燃受混合物特性、温度时间历程等的影响。

1.4 复合火花点火发动机

复合火花点火发动机每个气缸一般采用两个或两个以上火花塞，常见的是每缸采用两个火花塞。

双火花塞一般采用对角布置,以实现顺序相位点火控制。双火花塞的设计使点火的效率更高,同时提高了发动机的压缩比,使燃烧效率得到提升,加快缸内混合气的燃烧速率,以改善发动机性能。在车上采用双火花塞技术的车型有本田飞度1.3L、克莱斯勒300C、奔驰AMG G55等。

1.4.1 本田飞度1.3L I-DSI发动机

飞度1.3L装备的I-DSI发动机采用了四缸八气门、单顶置凸轮轴设计,它的气门摇臂必须设计在气缸正上方,即决定了火花塞的位置不能放在气缸的正中央,降低了点火效率。在这种情况下,此款发动机采用双火花塞结构设计,在提升点火效率的同时使燃烧更充分,从而使燃油经济性得到改善。如图1.27所示。

图1.27 本田的I-DSI双火花塞布置示意图

1.3L I-DSI发动机采用双火花塞顺序相位点火控制技术,在低转速下,两个火花塞的点火时间存在一定间隔,以保证燃烧充分,实现了低速时就具备充分转矩的特性,在城市限速或者道路拥堵的状况下,依靠低转速、大转矩就可畅快行驶,而不需要大节气门开度、高转速来获取动力;在高转速下,点火时间趋于一致,更加有利于实现充分燃烧,以提高燃油经济性。另外,I-DSI发动机本身质量较轻,这对降低燃油消耗也有一定帮助。

1.4.2 克莱斯勒300C 5.7L HEMI发动机

克莱斯勒300C采用的5.7L HEMI发动机也应用了双火花塞点火系统,如图1.28所示。

图1.28 克莱斯勒300C 5.7L HEMI发动机

双火花塞设计主要得益于HEMI发动机独特的气缸盖结构。HEMI的意义是指半球状燃烧室结构。半球状燃烧室在早期有很多优势,如热效率高及可以布置尺寸更大的进排气门。如今的HEMI发动机继承了先前的优良传统,两个大尺寸的进、排气门布置在气缸盖两端,中间位置可以放置两个火花塞。两个火花塞可以同时工作，也可以分别点火，其好处是可以使燃烧距离变短、燃烧速度加快，因此使热效率提升，同时发动机的动力和燃油经济性也会得到相应的改善。

1.5 双喷油系统

2009 年 7 月，日产发布了世界上首次采用量产化且具有稳定燃烧效率的双喷油器系统或双喷油嘴系统（Duel Injector System）。日产双喷油器系统主要是利用两个喷油器向燃烧室喷射燃料，将喷油嘴做成两股，向不同方向进行喷射，以增加雾化效果，让燃烧更有效率，同时实现高水平的发动机性能和燃油利用率。

通常汽油发动机的每一个气缸配置一个喷油器，向两个进气口（吸气口）喷射燃料。而双喷油系统的构造则是分别在每个进气口配置一个喷油器、每个气缸配置两个喷油器，与以往相比，其喷出的雾状燃料颗粒的直径缩小了约 60%，因此极大地提高了燃烧的稳定性。日产双喷油系统示意图如图 1.29 所示。

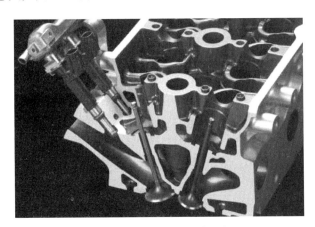

图 1.29　日产双喷油系统示意图

双喷油器燃油供给系统相比缸内直喷系统更适合小排量发动机，且结构更简单，不需要改进原本紧凑的缸盖，而且需要的燃油压力也比直喷系统小很多，成本易于控制。与双喷油器系统相配的是排气可变气门正时，其能够有效改善配气效率和热效率。通过采用此系统，加快了所喷射燃料的气化速度，减少了燃料的燃烧残余量，因此也抑制了尾气中碳氢化合物（HC）的产生。

丰田和奥迪公司也在各自车型上使用了这种复合喷射技术。

第三代 EA888 发动机装备了此项技术，即将缸内直喷（FSI）和传统多点电喷（MPI）同时应用到发动机的燃油喷射上面。大众新的复合喷射系统不但获得了均衡的高低转速动力性能，同时也降低了废气排放，如图 1.30 所示。当然，双喷射系统加上更高的直喷压力（从先前的 150bar[①] 上升到 200bar）对于燃油系统的稳定性提出了更高的要求。

---

① 1 bar=1×10^5 Pa。

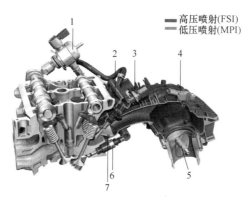

图 1.30　大众公司的复合喷射技术

1—高压油泵；2—电喷系统喷油器；3—压力传感器；4—进气压力传感器；5—节气门；6—直喷系统喷油器；7—可变歧管

1.6　发动机可变气缸技术

发动机可变气缸技术又被称为发动机闭缸技术。可变气缸技术一般适用于多气缸大排量发动机，如 V6、V8、V12 发动机。因为日常行驶时大多数情况下并不需要大功率输出，所以大排量、多气缸就显得有点浪费，于是可变气缸技术应运而生，它可以在不需要大功率输出时，控制关闭一部分气缸，以减少燃油的消耗。

本田公司的 VCM（Variable Cylinder Management）是本田公司研发的一种可变气缸管理技术，它可通过采用关闭个别气缸的方法使 3.5L V6 发动机在三、四、六缸之间变化，即发动机排量也能在 1.75~3.5L 变化，从而大大节省燃油。在车辆起步、加速或爬坡等任何需要大功率输出的情况下，该发动机将会把全部 6 个气缸投入工作；在中速巡航和低发动机负荷工况下，系统仅运转一个气缸组，即 3 个气缸；在中等加速、高速巡航和缓坡行驶时，发动机将会用 4 个气缸来运转。

借助三种工作模式，VCM 系统能够细致地确定发动机的工作排量，使其随时与行车要求保持一致。由于系统会自动关闭非工作缸的进气门和排气门，所以可避免与进、排气相关的吸排损失，并进一步提高了燃油经济性。VCM 系统综合实现了最高的性能和最高的燃油经济性，这两种特性在常规发动机上通常无法共存。

VCM 通过 VTEC 系统关闭进、排气门，以中止特定气缸的工作，并由动力传动系控制模块切断这些气缸的燃油供给。在三缸工作模式下，后排气缸组被停止工作；在四缸工作模式下，前排气缸组的左侧和中间气缸正常工作，后排气缸组的右侧和中间气缸正常工作。此外，非工作缸的火花塞会继续点火，以尽量降低火花塞的温度损失，防止气缸重新投入工作时因不完全燃烧造成火花塞油污。该系统采用电子控制，并采用专用的一体式滑阀，这些滑阀与缸盖内的摇臂轴支架一样起着双重作用。根据系统电子控制装置发出的指令，滑阀会有选择地将油压导向特定气缸的摇臂，然后该油压会推动同步活塞，实现摇臂的连接和断开。

VCM 系统对节气门开度、车速、发动机转速、自动变速箱挡位选择及其他因素进行监测，以针对各种工作状态确定适宜的气缸启用方案。此外，该系统还可确定发动机机油压力是否适合 VCM 进行工作模式的切换，以及催化转化器的温度是否仍会保持在适当范围内。为了使气缸启用或停用时的过渡能够平稳进行，系统会调整点火正时、线控节气门的开度，并相应地启用或解除变矩器锁定。最终，三缸、四缸和六缸工作模式间的过渡会在驾驶员觉察不到的情况下完成。

事实上并不仅仅是本田公司，大众、克莱斯勒等公司都曾使用或者正在使用发动机闭缸技术。

1.7 可变压缩比技术

压缩比指气缸总容积与燃烧室容积之比，一般用 ε 表示。压缩比表示活塞从下止点运动到上止点时，气缸内气体被压缩的程度。轿车的汽油发动机压缩比为 9~12，柴油发动机压缩比为 18~23。

一般发动机的压缩比是不可变的，因为燃烧室容积及气缸工作容积都是固定的参数，在设计中已经定好。不过，为了使得现代发动机能在各种变化的工况中发挥更好的效率，以改善发动机的运行性能，作为重要参数的压缩比，已有人尝试将其由固定不变改为"随机应变"，但由于改变压缩比必然会涉及整个发动机结构的改变，牵一而动百，难度很大，故长期没有进展。现在这一难题已被瑞典的萨博工程师攻克。

1. 萨博 SVC 发动机（见图 1.31）

萨博公司的可变压缩比技术称为 SVC（Saab Variable Compression）。它的核心技术就是在缸体与缸盖之间安装楔形滑块，缸体可以沿滑块的斜面运动，使得燃烧室与活塞顶面的相对位置发生变化，改变燃烧室的容积，从而改变压缩比，其压缩比可在 8∶1~14∶1 变化。在发动机小负荷时采用高压缩比以节约燃油；在发动机大负荷时采用低压缩比，并辅以机械增压器以实现大功率和高转矩输出。萨博 SVC 发动机是 1.6L 五缸发动机，每缸缸径 68mm，活塞行程 88mm，最大功率 166kW，最大转矩 305N·m，综合燃油消耗比常规发动机降低了 30%，并且满足欧洲Ⅳ号排放标准。

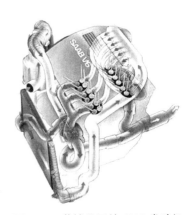

图 1.31 萨博公司的 SVC 发动机

SVC 发动机具有的一个突出优点是，它不必对已经经过实践考验的四气门技术的燃烧室进行改造，就能够实现可变压缩比。燃烧室的设计对于燃烧过程具有重要意义，而燃烧过程又对废气排放、燃油消耗以及发动机功率具有直接的影响。因此，SVC 技术能够与已有的技术兼容，这一点对于生产企业来说十分重要。此外，SVC 发动机在开发的过程中从传统的动力总成中继承了尽可能多的基本零部件。

SVC 发动机跟传统发动机的主要差别在于，它分割成了上、下两部分，可以通过液压调节装置使上部相对于下部转过一个角度，从而调节压缩比。上部称为整体气缸盖，包含着气缸盖和做成一体的气缸体；下部就是曲轴箱。上、下两部分之间通过橡胶密封件与曲轴箱隔开，所以不会有润滑油喷出。

2. 可变压缩比带来的好处

（1）适合于多元燃料

可变压缩比使得汽油机在所用燃料种类方面非常灵活，因为可变压缩比汽油机总是以最适合于所选用燃料的压缩比工作。如果可变压缩比汽油机采用辛烷值超过汽油的燃料工作，那么上述优点就会变得更大。

（2）有利于降低排放

为了使催化转化过程能够顺利进行，三元催化转化器必须达到400℃左右的工作温度才开始起作用。采用可变压缩比汽油机，与推迟点火一样，能够降低热效率，进而提高单位排量的废气热流量，迅速地加热三元催化转化器就可以缩短三元催化转化器开始起作用的时间，明显地降低冷起动和暖机阶段的废气排放。

（3）提高运行稳定性

传统的固定压缩比汽油机在冷机怠速阶段为了加热三元催化转化器，需要大幅度地减小点火提前角以降低热效率，这样一来就会明显地降低转矩，有可能使得发动机运行不稳定。在全负荷工况下为了减少增压汽油机的爆震倾向，也要通过减小点火提前角来实现。

可变压缩比汽油机可以先通过减小压缩比在一定程度上降低热效率，然后根据实际的转速变动情况在较小范围内调节点火提前角，使得发动机在冷机怠速和全负荷时平稳地运行。另外，通过提高压缩比可以提高转矩，抵消废气再循环（EGR）给发动机运行带来的负面效应。

1.8 转子发动机

1.8.1 转子发动机的发展历史

转子发动机又称米勒循环发动机，它采用三角转子旋转运动来控制压缩和排放，其与传统活塞往复式发动机的往复直线运动有较大区别。转子发动机由德国人菲加士·汪克尔发明。1964年，日内瓦的德法合资企业COMOBIL公司首次把转子发动机装在轿车上成为正式产品。1961年2月，马自达公司如愿获得了转子的研发授权许可，但是公司也付出了颇为沉重的代价：

1）马自达需要向NSU车厂缴纳2.8亿日元，在当时，这笔资金大约可支付马自达8 000名员工一个月的薪水。

2）马自达必须无条件将产品专利权提供给NSU车厂。

3）每一辆搭载转子发动机的汽车上市后，必须向NSU车厂交付一定的使用金。

1967年，日本人也将转子发动机装在马自达轿车上开始批量生产。一向对新技术情有独钟的马自达公司投巨资从汪克尔公司买下了这项技术。由于这是一项高新技术，懂得这项技术的人寥寥无几，发动机坏了无人会修，而且燃油消耗大，故汽车界有人对这种发动机的市场前景产生了怀疑。20世纪70年代，石油危机爆发，各国忙于应付各方面的困难而无暇顾及发展转子发动机，唯有马自达公司仍然深信转子发动机的潜力，独自研究和生产转子发动机，并为此付出了相当大的代价。最终，他们逐步克服了转子发动机的缺陷，成功地由试验性生产过渡到商业性生产，并将安装了转子发动机的RX-7跑车打入了美国市场。

马自达的转子发动机从结构上讲最适合燃烧氢，因为氢燃烧完后排出的是水蒸气，对环境没有任何污染。但是由于从生产装配到维护修理，转子发动机都与传统的发动机大不一样，开发成本大，加上往复式活塞发动机在功率、重量、排放、能耗等方面都比过去有了显著提高，转子发动机没有显出明显的优势，因此各大汽车公司都没有积极性去开发利用；又因为转子发动机存在着制作成本高、油耗高、发动机振动较大、只能采用点燃式不能用压燃式以及市场等原因，2012年6月马自达停产了转子发动机。图1.32所示为转子发动机。

图 1.32　转子发动机

1.8.2　转子发动机的结构和工作原理

一般发动机均为往复运动式发动机，工作过程中活塞在气缸中做往复直线运动。为了把活塞的往复直线运动转化为曲轴的旋转运动，必须使用曲柄连杆机构。转子发动机则不同，它是直接将可燃气的燃烧膨胀力转化为驱动转矩。与往复式发动机相比，转子发动机取消了无用的直线运动，因而同样功率的转子发动机尺寸较小、重量较轻，而且振动和噪声较低，具有较大优势。

转子发动机的运动特点是：三角转子的中心绕输出轴中心公转的同时，三角转子本身又绕其中心自转。在三角转子转动时，以三角转子中心为中心的内齿圈与以输出轴中心为中心的齿轮啮合，齿轮固定在缸体上不转动，内齿圈与齿轮的齿数之比为3∶2。上述运动关系使得三角转子顶点的运动轨迹（即气缸壁的形状）似"8"字形。三角转子把气缸分成三个独立空间，三个空间各自先后完成进气、压缩、做功和排气，三角转子自转一周，发动机点火做功三次。由以上运动关系可知，输出轴的转速是转子自转速度的3倍，这与往复运动式发动机的活塞与曲轴1∶1的运动关系完全不同。

转子为顺时针方向旋转，当扫气条扫过进气口之前，随着转子的运动，气缸的容积会越来越大，此时正好产生负压进气，当扫气条扫过进气口以后，进气停止；随着转子的继续运动，气缸内的容积会越来越小，此时进行的就是压缩行程；当气缸容积小到接近临界值时，火花塞点火，点燃缸内可燃混合气，气体急速膨胀，推动转子继续顺时针方向转动，随后气缸容积变大，当扫气条运动到排气口时，做功完成。扫气条扫过排气口以后，排气口与气缸相通，此时开始排气行程，转子仍然顺时针方向运动，气缸容积变小，将缸内废气排出。如此循环下去，如图1.33所示。

1.8.3　转子发动机的优缺点

1. 优点

（1）体积小、重量轻

主要体现在运行安静性和平稳性两方面上。在保证相同输出功率的前提下，转子式发动

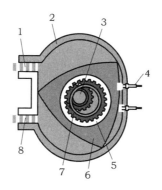

图1.33 转系发动机工作示意图

1—进气口；2—转子外壳；3—偏心轴；4—火花塞；5—转子内圈齿轮；6—转子；7—中心齿轮；8—排气口

机的设计重量是活塞往复式发动机的2/3。

（2）结构简单

由于转子发动机将可燃混合气燃烧产生的膨胀压力直接转化为三角形转子和偏心轴的转动力，所以不需要设置连杆，进气口和排气口依靠转子本身的运动来打开和关闭；不再需要配气机构，包括正时带、凸轮轴、摇臂、气门、气门弹簧等，而这在往复式发动机中是必不可少的一部分。

（3）理想的转矩输出特性

转子发动机在整个速度范围内有相当均匀的转矩曲线，即使是在两转子的设计中，运行中的转矩波动也与直列六缸往复式发动机具有相同的水平。三转子的布置则要小于V型八缸往复式发动机。

（4）运转平稳，噪声小

对于往复式发动机，活塞运动本身就是一个振动源，同时配气机构也会产生较大的机械噪声。转子发动机平稳的转动运动产生的振动相当小，而且没有配气机构，因此能够更平稳及安静的运行。

（5）可靠性和耐久性提高

由于转子的转速是发动机转速的1/3，因此，在转子发动机以9 000r/min的转速运转时，转子的转速约为该转速的1/3。另外，由于转子发动机没有那些高转速运动部件，如摇臂和连杆，所以在高负荷运动中更可靠、更耐久。

2. 缺点

燃油消耗大，这主要是由于转子发动机燃烧室的形状不太有利于完全燃烧，火焰传播路径较长，使得燃油和润滑油的消耗增加。而且转子发动机只能用点燃式，不能用压燃式，即燃油不能采用柴油。功率输出轴位置比较高，令整车布置安排不便。另外，转子发动机的加工制造技术高，成本比较高，推广困难。

1.9 对置式发动机

1. 对置发动机的结构

如果将直列发动机看成夹角为0°的V型发动机，则当两排气缸的夹角扩大为180°时，气缸水平对置排列,就形成了水平对置发动机。如图 1.34 所示。

图 1.34　水平对置发动机

水平对置发动机的最大优点是重心低,由于它的气缸为"平放",因此降低了汽车的重心,同时又能使车头设计得又扁又低。这些因素都能增强汽车的行驶稳定性。此外,水平对置的气缸布局是一种对称稳定结构,这使得发动机的运转平顺性比 V 型发动机更好,运行时的功率损耗也最小。

在国际中水平对置发动机有好几个名称,如 Flat Engine、Boxer Engine、Horizontally Opposed Engine,也可以说是夹角为 180°的 V 型发动机。它有着水平对置的活塞,两个活塞共用一根曲柄,一边膨胀一边压缩,完全是和谐的统一,实现平稳运转。其运转的平稳性和平衡性是其他布置形式的发动机所无法相比的。

水平对置是理想的动力单元,因为相对的活塞相互抵消了振动,并在各种转速下保持很好的平衡,不需要平衡轴,因而具有良好的动力响应。发动机水平放置,它具有比其他种类发动机更低的重心和高度,在整车设计上有着更好的利用空间;在驾驶上,能够提供更出色的平稳性和操控性,尤其在弯道上的表现更加出色。万物都是矛盾的统一体,优点出色,缺点也是不可避免。由于地球引力的作用,水平对置发动机会遇到活塞及活塞环偏磨、活塞与气缸润滑不良、发动机冷却不良等问题。要克服这些问题,就需要良好的高新技术支持,当然发动机的造价也就上升了。

保时捷 911GT-2 水平对置发动机如图 1.35 所示。

图 1.35　保时捷 911GT-2 水平对置发动机

2. 典型对置式发动机结构和工作原理

目前世界上采用水平对置发动机的汽车生产厂家主要有保时捷和日本富士重工两家。

图 1.36 所示为斯巴鲁采用的水平对置发动机的气缸排列形式。

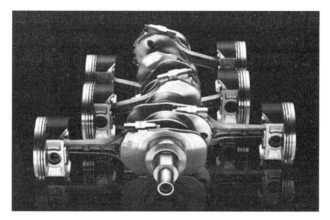

图 1.36　斯巴鲁水平对置发动机的气缸排列

斯巴鲁水平对置发动机是整个动力传动系统的基础，它不同于其他发动机的最大之处在于发动机活塞完全水平对向往复运动，由此将相互的作用力完全抵消。与直列发动机和V型发动机相比，其运转更加平滑顺畅，高转速动力输出更加流畅。更为重要的是，其体积小、结构紧凑、轻便、强度高，因此安装时可以悬吊在底盘下方，使整车的重心更低。

1.10　柴油机喷射技术

柴油机的优点是省油、环保、动力强、经济、维修方便，只要解决了它的缺点就会具有更大的市场前景，而实现电控柴油机的方案就是一个很好的解决措施。实现电控柴油机方案的技术有三种：单体泵技术、泵喷嘴技术、共轨技术。目前主要的国际汽车配件供应商都在进行着柴油共轨喷射系统的开发，如博世、德尔福、西门子、电装公司、VDO 和玛格纳—马瑞利公司，它们是全球主要的共轨喷射系统供应商，而目前在我国生产共轨柴油喷射系统的还只有博世一家。下面分别介绍以上三种柴油控制技术。

1.10.1　单体泵技术

德尔福在重型车上采用单体泵系统。从成本上讲，国内的发动机如果采用单体泵，对发动机改动非常小，仅以外挂式的凸轮轴箱代替欧Ⅱ发动机的直列泵即可。当从欧Ⅲ向欧Ⅳ升级时，发动机机身主体结构仍然不变，只要把欧Ⅲ系统里机械式喷油器改成德尔福的电控喷油器，形成双电磁阀单体泵系统，在发动机整体结构不做太大调整的情况下，就可以达到欧Ⅳ的排放水平。

电控单体泵喷射能使各种参数的调节与对各种过程的控制更为精确和"柔性"，比机械式柴油喷射更容易实现性能的优化；电控单体泵式喷射突破了传统机械式柴油喷射结构的复杂性和局限性，实现了预喷射精确控制及喷油率和喷油压力控制等；其控制对象和目标大大扩展，除常规稳态性能调控外，还能对各种过渡工况进行优化控制、故障自动监控与处理、操作过程自动化及自适应控制，等等。

在这里首先介绍一下柴油机电控系统总体构成，如图 1.37 所示。

1. 传感器

如转速传感器、油门位置传感器、温度传感器、压力传感器、爆震传感器，等等。

功能：采集、监测柴油机及车辆运行状态，向 ECU 提供必要的控制信号。

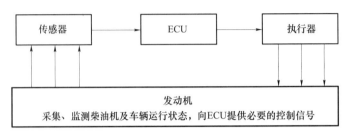

图 1.37 电控柴油机的控制过程

2. ECU

电子控制单元 ECU 是一个以单片机为核心的微处理器。

功能：处理来自整车不同部位的传感器数据，判断发动机的工作状况，再通过执行器对发动机进行准确的控制。

最重要控制指令：喷油量和喷油定时脉冲。

3. 执行器

如电磁线圈、电磁控制阀等。

功能：执行 ECU 发出的各种控制指令。

下面介绍一下电控单体泵发动机常用控制功能。

（1）油门油量控制

根据油门开度与柴油机转速计算出油门油量，从而使驾驶员可以控制柴油机转速与车辆运行速度。

（2）目标喷油定时控制

根据排放、油耗、功率和其他性能，如冷起动、噪声等多方面综合要求，确定最优喷油定时。

（3）油量及喷油定时的补偿控制

根据环境参数、运行参数的变化，如大气压力、大气温度、冷却水温、机油等进行油量及喷油定时控制。

（4）冷起动及怠速稳定性的控制

加速踏板及发动机转速决定基本启动油量和定时调节，通过水温补偿与喷油定时调节来快速实现冷起动—暖机—怠速全过程。将各缸爆发转速与平均转速进行比较，并对各缸进行油量调节，实现稳定怠速。

（5）智能动力控制

短期超载，即短期增大输出扭矩的限制值，以方便驾驶员不换挡爬坡。

（6）可变怠速控制

根据各种温度、蓄电池电压与空调请求调节怠速运行速度。

（7）自动监控、安全保护与自适应控制

ECU 可以监测和发现电控系统故障，并向使用、维修人员及时显示。若传感器出现故障，可直接利用储存在 ECU 中不经修正的目标值或用传感器继续工作。若 ECU 本身出现故障，则切换到备用回路继续工作。

ECU 控制系统可识别控制值与实际值的偏差，系统的自适应功能就是利用监测到的这些偏差对电脑原始数据进行不断修正，使电控系统具有更好的适应能力。

（8）最高转速控制

在高转速运行或冷机状态下限制喷油量，避免柴油机因过大的机械应力或热负荷而产生损害。

（9）最大供油量控制

根据柴油机转速与其他车辆运行参数，对指令油量进行限制，从而避免柴油机因过大的机械应力与热负荷而产生损害。

1.10.2 泵喷嘴技术

泵喷嘴 UIS（Unit Inject System）是由高压泵和喷嘴组成的一个紧凑的独立单元，安装于发动机缸盖的气门之间，无须冗长的高压传输管路。泵喷嘴系统由发动机顶置凸轮轴提供安装在缸盖内单体喷油器（UI）所需的驱动力，其嘴端喷射压力最大可达到 2 050bar[①]，通过机械和液压的方式可以使全喷油量分成预喷和主喷两部分。泵喷嘴几乎适用于从轿车到重卡的各类车型。世界上首款百公里油耗仅 3L 的大众 Polo 轿车便采用了博世泵喷嘴技术。此外，一汽大众宝来曾经推出的 1.9L TDI 柴油车也采用了该泵喷嘴技术。图 1.38 所示为博世泵喷嘴实物。

图 1.38　博世泵喷嘴实物

1.10.3 共轨技术

共轨技术是指在高压油泵、压力传感器和 ECU 组成的闭环系统中，将喷射压力的产生和喷射过程彼此完全分开的一种供油方式，即由高压油泵把高压燃油输送到公共供油管，通过对公共供油管内的油压实现精确控制，使高压油管压力大小与发动机的转速无关，以大幅度减小柴油机供油压力随发动机转速的变化，因此也就减少了传统柴油机的缺陷。ECU 控制喷油器的喷油量，喷油量大小取决于燃油轨（公共供油管）压力和电磁阀开启时间的长短。

---

① 1 bar=0.1 MPa。

1. 柴油机共轨技术

电控柴油喷射系统由传感器、ECU（计算机）和执行机构三部分组成，其任务是对喷油系统进行电子控制，实现对喷油量以及喷油定时随运行工况的实时控制。采用转速、温度、压力等传感器，将实时检测的参数同步输入计算机，与已储存的参数值进行比较，经过处理计算，按照最佳值对喷油泵、废气再循环阀、预热塞等执行机构进行控制，驱动喷油系统，使柴油机运作状态达到最佳。

柴油机的新一代电喷系统采用时间控制，用高速电磁阀取代传统的机械喷阀，对高压燃油实现数字调节，现在这种喷射系统已逐渐向高压化迈进。高压喷射可使柴油雾化得非常细，发动机的燃烧过程进行得相当完善，而且速度快，同时又不会明显提高燃烧温度。提高了直喷式柴油机压力，不仅可以全面降低 HC、CO、NO_x、微粒物和碳烟的排放，而且还能显著降低油耗。图 1.39 所示为柴油机燃油共轨系统结构，图 1.40 所示为柴油机高压供给喷射系统实物，图 1.41 所示为压电式喷油器实物。

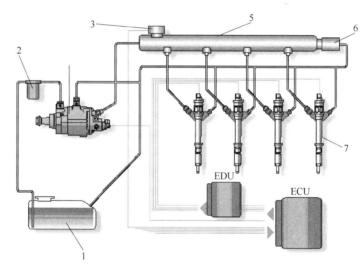

图 1.39　柴油机燃油共轨系统结构

1—油箱；2—滤清器；3—燃油泵；4—燃油压力传感器；5—燃油共轨；6—燃油压力调节器；7—喷油器

图 1.40　柴油机高压共轨喷射系统实物

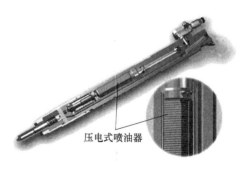

图 1.41　压电式喷油器实物

共轨式电喷系统用于车用柴油机中，高速运转时柴油喷射过程的时间只有千分之几秒，在喷射过程中高压油管各处的压力是随时间和位置的不同而变化的。由于柴油的可压缩性和高压油管中柴油的压力波动，使实际的喷油状态与喷油泵所规定的柱塞供油规律有较大的差异。油管内的压力波动有时还会在主喷射之后，使高压油管内的压力再次上升，达到可使喷油器针阀开启的压力后，将已经关闭的针阀又重新打开产生二次喷油现象。由于二次喷油不可能完全燃烧，于是增加了烟度和碳氢化合物（HC）的排放量，油耗增加。此外，每次喷射循环后高压油管内的残压都会发生变化，随之引起不稳定的喷射，尤其在低转速区域容易产生上述现象，严重时不仅喷油不均匀，而且会发生间歇性不喷油现象。为解决柴油机燃油压力变化的缺陷，现代柴油机采用了一种称为"共轨"的技术。

共轨喷射系统是柴油机高压喷射系统的一种，最高压力可达到200~220MPa。该系统不再采用通用的脉动原理，而是采用压力时间计量原理。"共轨喷射"是通过高压公用油道和各缸喷射电磁阀相结合的控制方式实现喷油控制。这种喷油系统可保证喷油压力不随发动机转数变化，可降低颗粒物的排放。电控共轨喷射又称为压力时间喷射或第三代喷射，它可分为中压共轨和高压共轨两大类。ECU产生的电脉冲按顺序触发喷油器电磁阀，确定发动机每次喷油的起始和关闭时刻，电控共轨喷射还可采用多次喷射的方式来灵活控制喷油的速率。美国、日本、德国、意大利等国已开始大批量生产共轨式电喷系统，它将成为未来柴油机燃油喷射系统的主流。德国奔驰C200轿车采用共轨式电控喷射系统，其功率、转矩及排放等各项指标均处于世界领先水平。

2. 共轨式电喷的新技术是现代车用柴油机发展的必然趋势

随着世界各国城市交通运输车辆、船舶的急剧增加，柴油机排放的尾气已经成为主要污染源，世界各国已开始寻找及采取有效的技术措施主动地减少和控制污染物的排放。柴油机共轨式电控燃油喷射技术是一项较为成功的控制污染排放的新技术。共轨式电控燃油喷射技术通过共轨直接或间接地形成恒定的高压燃油，分送到每个喷油器，并借助于集成在每个喷油器上高速电磁开关阀的开启与闭合，定时、定量地控制喷油器喷射至柴油机燃烧室的油量，从而保证柴油机达到最佳的燃烧比和良好的雾化效果，以及最佳的点火时间、足够的点火能量和最少的污染排放。现在该项新技术已开始在以柴油机提供动力的汽车上投入使用，这是世界汽车工业为满足日益严格的废气排放标准的必然趋势。

近年来，刚刚商品化的共轨式燃油喷射系统已能提供很高的喷油压力，而且不会出现不可控制的异常喷射，还能有效降低噪声和氮氧化物的排放量。共轨式高压喷射系统的应用是柴油机技术的一次革命。

1.11 发动机增压技术

1.11.1 发动机增压系统的特性和种类

对于一般自然吸气式发动机，其工作时利用节气门上、下方的压力差把空气吸入气缸内。当节气门处于怠速时，进气歧管真空度约为73kPa；而节气门全开时，进气歧管真空度最小，此时可以认为真空度为零，节气门上、下方的压力近似相等。

对于增压发动机而言，在转速相同且有增压作用时，会有更多的混合气或空气进入气缸，以提高发动机的充气效率，从而改善发动机的动力性。这种将额外的混合气压入气缸的措施称为强制进气,采用增压进气可以使发动机的动力提升 35%~60%。

增压发动机并不是工作时一直都需要进气增压,在不需要增压时,发动机的工作情况与一般自然吸气式发动机相同。因此,增压发动机可以采用较小的排量,在一般行驶时可以达到省油的目的;而在大负荷和全负荷工况下,可以满足大功率输出的要求。

发动机增压器一般分为机械增压器、废气涡轮增压器、惯性增压器、气波式增压器和冲压式增压器等。

1. 机械增压器

机械增压器有许多形式,包括叶片式(Vane)、罗兹(Roots)式和温克尔(Wankle)式等,而活塞运动最早也被认为是一种机械增压。其中,以罗兹增压器使用最为广泛,更是改装的大热门。罗兹增压器有双叶与三叶转子两种型式,目前以双叶转子较普遍,其构造是在椭圆形的壳体中装两个茧形的转子,转子之间有极小的间隙而不直接相连,由螺旋齿轮连动,其中一个转子的转轴与驱动的皮带轮连接。转子转轴的皮带轮上装有电磁离合器,在不需要增压时即放开离合器以停止增压,离合器则由计算机控制以达到省油的目的。

机械式增压器是指增压器的压气机转子由发动机曲轴通过齿轮、传动带或链条等传动装置来驱动旋转,从而将空气压缩并送入发动机气缸,以达到增压的目的。机械增压器的优点是:低速时就有增压作用,加速性能优异。但由于需要额外的传动装置,机械式增压器的结构比较复杂,体积较大,同时还要消耗一定的发动机有效功率,因此燃料经济性会受到一些影响。一般机械增压器的转速为发动机转速的 2~3 倍。机械增压器的主要构造如图 1.42 所示。

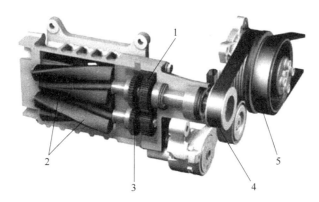

图 1.42 机械增压器主要构造
1—主动齿轮;2—压气机转子;3—从动齿轮;4—皮带轮;5—发动机曲轴

2. 废气涡轮增压器

其主要是利用发动机排出的废气能量来驱动增压器的涡轮,并带动同轴上的压气机叶轮旋转,将空气压缩并送入发动机气缸。由于废气涡轮增压器利用排气能量驱动,与发动机之间没有任何机械传动连接,故使得它的机械效率更好。同时,它不需要复杂的传动机构,且通过不断的技术积累,传统废气涡轮增压器的涡轮迟滞现象已得到了很好的控制。因此其已成为目前应用最为广泛的发动机增压装置。

废气涡轮增压器的缺点是:发动机未增压前的动力输出比同排量的自然吸气发动机差,且高温废气会使涡轮及外壳等承受相当高的温度。

3. 惯性增压器

其主要是利用空气在进气歧管中的惯性效应、脉冲波动效应及其综合效应来提高发动机气缸充气效率。惯性增压器通过特殊几何形状的凸轮轴控制气门的开启角度及时间：气缸在前半个进气行程中，进气门只开启很小的流通截面，使气缸中产生一定的负压，当活塞走过半个进气行程后，进气门迅速开启，很快达到最大流通截面，此时空气以很高的速度冲入气缸。从某种意义上来说，惯性增压器在很大程度上推动了发动机技术的发展，目前的可变进气歧管长度技术及可变气门正时控制系统均得益于这一原理，如丰田的VVT-i技术。

4. 气波式增压器

通过特殊的转子使废气与空气接触，利用高压废气对低压空气产生的压力波迫使空气压缩，从而提高进气压力。气波式增压器具有充气效率高、低速转矩大、加速性好等优点。但由于它的特殊结构，气波式增压器同样存在体积大、重量大、噪声大等缺点。另外，空气压力波对进、排气阻力过于敏感，故要求进气滤清器及排气消声器和管道尽可能加大尺寸并减小阻力。由于存在许多问题，故气波式增压器目前仍处于研究试验阶段。

5. 冲压式增压器

利用储气筒内的高压诱导空气，通过喷管将周围的空气引射入喷射器中，并在喷射器内混合，然后通过扩压管把空气压缩到所需的压力使其进入气缸。虽然冲压式增压器结构简单、工作可靠，但该系统需要高压空气泵、储气筒等部件，由于其连续工作时间较短，因此在应用方面受到限制。

1.11.2 机械增压器的结构和工作原理

机械增压器是一种强制性容积置换泵，也称容积泵。其工作时可以增加进气管内的空气压力和密度，向发动机内压入更多的空气，使发动机每个循环可以燃烧更多的燃油，从而提高发动机的升功率和平均有效压力，使汽车动力性、燃油经济性和排放都得到改善。

在工作过程中，机械增压器的转子由发动机曲轴通过传动带驱动，与废气系统不相干。机械增压器跟曲轴之间存在固定的传动比。两个相向旋转的转子各有若干个凸齿，在工作时互相啮合。扭曲的转子跟特殊设计的进口和出口几何形状相结合，有助于减少压力波动，使空气流动平稳，工作时噪声较低。这种带有螺旋式转子和轴向进口的机械增压器可达到14 000r/min的转速，从而缩小了体积。其可利用出口法兰直接通过螺栓连接到进气管上。机械增压器通过其置换体积和传动带传动比来与发动机相匹配，同时能够在任何发动机转速下提供过量的空气流。

1.11.3 涡轮增压器的结构和工作原理

涡轮增压器由涡轮室和增压器两部分组成，涡轮室进气口与排气歧管相连，排气口接在排气管上；增压器进气口与空气滤清器管道相连，排气口接在进气歧管上。涡轮与叶轮分别装在涡轮室和增压器内，二者同轴刚性连接。

废气涡轮通过一根轴与进气泵轮连接在一起。它们都有叶片，涡轮和泵轮各自装于控制并引导废气和进气的螺旋形腔室内。连接涡轮和泵轮的轴装在轴承中。排气气流由喷嘴引导而冲向涡轮叶片。当发动机负载足够大时，就有足够的废气气流使得涡轮和涡轮轴高速旋转，这个旋转运动就产生了涡流。因为泵轮位于轴的另一端，故它也必须随同涡轮轴一起旋转，原理如图1.43所示。泵轮安装在进气系统中，当泵轮旋转时，空气被吸入涡轮中心，泵轮叶片带动空气旋转，使空气在离心力作用下被甩出，而空气在压力作用下离开泵轮壳进入进气歧管。进气歧管内的压力增加使得进入气缸的空气燃油混合气增多，从而提高了发动机的功率。

微课 涡轮增压结构
功用及工作原理

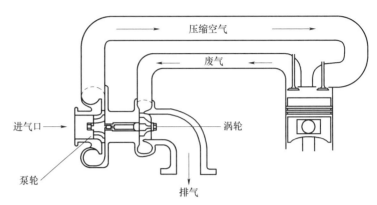

图1.43 废气涡轮增压工作原理

涡轮增压系统除涡轮增压器之外，还包括进气旁通阀、排气旁通阀和排气旁通阀控制装置及中冷器等，如图1.44所示。

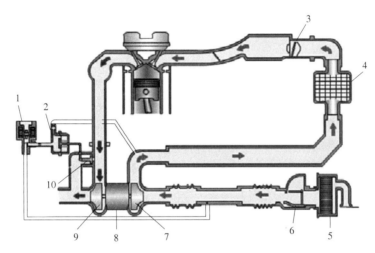

图1.44 废气涡轮增压器的结构组成
1—进气旁通阀；2—排气旁通阀控制装置；3—节气门；4—中冷器；5—空气滤清器；6—空气流量计；
7—压气机叶轮；8—增压器；9—涡轮机叶轮；10—排气旁通阀

1. 涡轮增压器

涡轮增压器包括涡轮机壳体、压气机壳体、中间壳体、涡轮、泵轮、浮动轴承、排气旁通阀和执行器等，如图1.45所示。涡轮和泵轮装配在同一根轴上，通过两个浮动轴承分别安装于涡轮壳体和压缩壳体内。中间体内有润滑和冷却轴承的油道，还有防止机油漏入压气机或涡轮机中的密封装置等。

涡轮机叶轮、压气机叶轮和密封套等零件安装于增压器轴上，构成涡轮增压器转子。来自排气歧管的废气压力使涡轮高速旋转，同轴上的泵轮跟着旋转，把进气压入气缸。转子因直接受到排气的冲击而变得特别热且高速旋转，所以必须耐热且耐磨损，即涡轮用超耐热的合金或陶瓷制成。

转子以超过100 000r/min最高可达200 000r/min的转速旋转，因此，转子的平衡是非常重要的。增压器轴在工作中要承受弯曲和扭转交变应力，故一般用韧性好、强度高的合金钢制造。

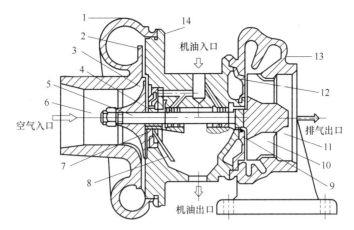

图 1.45　废气涡轮增压器结构

1—压气机壳体；2—无叶式扩压管；3—压气机叶轮；4—密封套；5—增压器轴；6—进气道；7—推力轴承；8—挡油板；9—浮动轴承；10—涡轮机叶轮；11—出气道；12—隔热板；13—涡轮机壳体

增压器轴承的结构是车用涡轮增压器可靠性的关键之一。现代车用涡轮增压器都采用浮动轴承。浮动轴承实际上是套在轴上的圆环。圆环与轴以及圆环与轴承座之间都有间隙，形成双层油膜，即圆环浮在轴与轴承座之间。浮动轴承用锡铅青铜合金制造，轴承表面镀一层厚度为 0.005~0.008mm 的铅锡合金或金属铟。在增压器工作时，浮动轴承在轴与轴承座中间转动。

增压器工作时产生轴向推力，由设置在压气机一侧的推力轴承承受。为了减少摩擦，在整体式推力轴承两端的止推面上各加工有四个布油槽；在轴承上还加工有进油孔，以保证止推面的润滑和冷却。

2. 增压压力的调节

在汽车涡轮增压系统中设置进、排气旁通阀，是调节增压压力最简单、成本最低而又十分有效的方法。排气旁通阀的工作原理如图 1.46 所示。控制膜盒中的膜片将膜盒分为上、下两个室，上室为空气室，经连通管与压气机出口相通；下室为膜片弹簧室，膜片弹簧作用在膜片上，膜片通过连动杆与排气旁通阀连接。当压气机出口压力，也就是增压压力低于限定值时，膜片在膜片弹簧的作用下上移，并带动连动杆将排气旁通阀关闭；当增压压力超过限定值时，增压压力克服膜片弹簧力，推动膜片下移，并带动连动杆将排气旁通阀打开，使部分排气不经过涡轮机而直接进入排气总管中，从而达到控制增压压力及涡轮机转速的目的。排气旁通阀工作原理如图 1.46 所示。

在有些发动机上，排气旁通阀的开和闭由电控单元控制的电磁阀操纵。电控单元根据发动机的工况，由预存的增压压力脉谱图确定目标增压压力，并与增压压力传感器检测到的实际增压压力进行比较，然后根据其差值来改变控制电磁阀开闭的脉冲信号占空比，以此改变电磁阀的开启时间，进而改变排气旁通阀的开度，控制排气旁通量，借以精确地调节增压压力。排气旁通阀在涡轮增压汽车发动机上得到了广泛的应用。

普通涡轮增压发动机在全负荷状态下排气能量非常可观，但当发动机转速较低时，排气能量却小的可怜，此时涡轮增压器就会由于驱动力不足而无法达到工作转速，这样造成的结果就是，在低转速时，涡轮增压器并不能发挥作用，这时候涡轮增压发动机的动力表现甚至会小于一台同排量的自然吸气发动机，这就是涡轮迟滞现象。

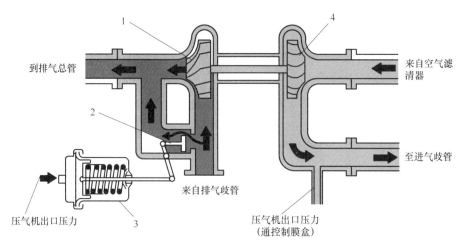

图 1.46　排气旁通阀工作原理示意图
1—涡轮；2—排气旁通阀；3—控制膜盒；4—泵轮

对于传统的涡轮增压发动机来说，解决涡轮迟滞现象的一个方法就是使用小尺寸的轻质涡轮，首先，小涡轮拥有较小的转动惯量，因此在发动机低转速时涡轮就能达到最佳的工作转速，从而有效改善涡轮迟滞的现象。不过，使用小涡轮也有它的缺点：当发动机转速较高时，小涡轮由于排气截面较小，会使排气阻力增加（产生排气回压），因此发动机最大功率和最大扭矩会受到一定的影响。而对于产生回压较小的大涡轮来说，虽然高转速下可以拥有出色的增压效果，发动机也会拥有更强的动力表现，但是低速下涡轮更难以被驱动，因此涡轮迟滞也会更明显。

为解决上述矛盾与不足，让涡轮增压发动机在高、低转速下都能保证良好的增压效果，VGT（Variable Geometry Turbocharger）或者 VNT 可变截面涡轮增压技术便应运而生。在柴油发动机领域，VGT 可变截面涡轮增压技术早已得到了很广泛的应用。由于汽油发动机的排气温度要远远高于柴油发动机，达到 1 000 ℃左右（柴油发动机为 400 ℃左右），而 VGT 所使用的硬件材质很难承受如此高温的环境，因此这项技术也迟迟未能在汽油机上得到应用。近年来，博格华纳与保时捷联手克服了这个难题，使用了耐高温的航空材料技术，从而成功开发出了首款搭载可变截面涡轮增压器的汽油发动机，如图 1.47 所示。

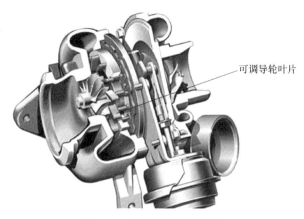

图 1.47　可变涡轮叶片技术

VGT技术的核心部分就是可调涡流截面的导流叶片，涡轮的外侧增加了一环可由电子系统控制角度的导流叶片，导流叶片的相对位置是固定的，但是叶片角度可以调整，在系统工作时，废气会顺着导流叶片送至涡轮叶片上，可以通过调整叶片角度控制流过涡轮叶片的气体流量和流速，从而控制涡轮的转速。当发动机低转速排气压力较低时，导流叶片打开的角度较小。根据流体力学原理，此时导入涡轮处的空气流速会加快，从而增大涡轮处的压强，以更容易地推动涡轮转动，有效减轻涡轮迟滞的现象，也改善了发动机低转速时的响应时间和加速能力。而随着转速的提升和排气压力的增加，叶片也逐渐增大打开的角度，在全负荷状态下，叶片则保持全开的状态，减小了排气背压，从而达到一般大涡轮的增压效果。此外，由于改变叶片角度能够对涡轮的转速进行有效控制，即实现对涡轮的过载保护，因此使用了VGT技术的涡轮增压器都不需要设置排气泄压阀。

3. 涡轮增压器的润滑及冷却

涡轮增压器的润滑和冷却方式如图1.48所示。来自发动机润滑系统主油道的机油，经增压器中间体上的机油进口进入增压器，润滑与冷却增压器轴和轴承。然后，机油经中间体上的机油出口返回发动机油底壳。在增压器轴上装有油封，用来防止机油窜入压气机或涡轮机蜗壳内。如果油封损坏，将导致机油消耗量增加及排气冒蓝烟。

由于汽油机增压器的热负荷大，因此在增压器中间体的涡轮机侧设置冷却水套，并用软管与发动机的冷却系统相通。冷却液自中间体上的冷却液进口流入中间体内的冷却水套，从冷却液出口流回发动机冷却系统。冷却液在中间体的冷却水套中不断循环，使增压器轴和轴承得到冷却。

有些涡轮增压器在中间体内不设置冷却水套，只靠机油及空气对其进行冷却。当发动机在大负荷或高转速工作之后，如果立即停机，那么机油可能由于轴承温度太高而在轴承内燃烧。因此，这类涡轮增压发动机在停机之前至少应在急速下运转1min。

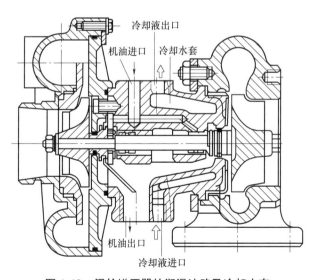

图1.48 涡轮增压器的润滑油路及冷却水套

1.11.4 发动机双增压技术

为了改善发动机的性能，有的发动机采用了双增压技术，即一台发动机采用两个涡轮增压器或在采用涡轮增压器的同时又采用机械增压器。

1. 双涡轮增压

对于排量 2.5L 以上的发动机来说，通常会采用两个较小的涡轮增压器取代一个较大的涡轮增压器。小直径的涡轮增压器拥有更轻的质量和更小的惯性，因此能有效地减小涡轮迟滞。

V 型发动机和水平对置发动机更适合使用这种涡轮增压形式，其每一个增压器可以通过一列气缸的排气驱动。与单涡轮增压器相比，双涡轮增压有效减少了进气管的数量，减小了增压器的体积，更重要的是它减轻了涡轮迟滞现象。

在双涡轮增压的汽车上，两组涡轮通过串联或者并联的方式连接。

并联指每组涡轮负责发动机中半数气缸的工作，每组涡轮都是同规格的，如保时捷 911 turbo、Skyline GT-R 的 RB26DETT、Supra 的 2JZ-GTE 和 BMW 新的 3.0 双涡轮增压都是并联涡轮的典型代表，其优点就是增压反应快并降低了管道的复杂程度。

串联涡轮通常由一大一小两组涡轮串联搭配而成，低转速时推动反应较快的小涡轮，使低转速扭力较大；高转速时大涡轮介入，提供充足的进气量，功率输出得以提高。RX-7 的 13B-REW 发动机就是串联涡轮的典型例子。

并联和串联的双涡轮增压系统如图 1.49 所示。

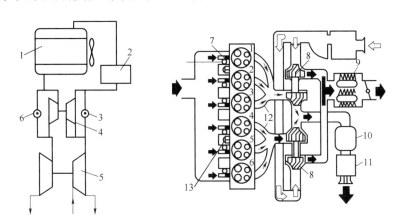

图 1.49　串联和并联的双涡轮增压系统

1—发动机；2、9—中冷器；3—进气切换阀；4—小型增压器；5—大型增压器；6—排气切换阀；
7—喷油器；8—增压器；10—催化转化装置；11—消声器；12—排气管；13—爆震传感器

2. 综合运用机械增压和废气涡轮增压

机械增压有助于低转速时的扭力输出，但高转速时功率输出有限；而废气涡轮增压在高转速时拥有强大的功率输出，但低转速时则力不从心。发动机设计师们设想着把机械增压和涡轮增压结合在一起，来解决低转速扭力输出及高速功率输出的问题。

2005 年，大众开始将这一套技术装配于量产的民用车型上。高尔夫 1.4 TSI 车型就装配了这套系统，即"双增压"的系统。这种双增压系统实际上是设计师在机械增压技术基础上发展而来的，它是一套结合了机械增压和涡轮增压的系统，兼顾了低转速时扭力输出和高转速时功率输出的问题。

在低转速时，由机械增压器提供大部分的增压压力，这些压力也用来驱动涡轮增压器，因此涡轮增压器的起动更平顺、响应速度更快。

在转速为1 500r/min时，两个增压器同时提供增压压力，其总增压值达到0.25MPa（如果涡轮增压器单独工作，只能产生0.13MPa的增压压力）。随着转速的提高，涡轮增压器能使发动机获得更大的功率，与此同时，机械增压器的增压压力逐渐降低。在转速超过3 500r/min时，由涡轮增压器提供所有的增压压力，此时机械增压器在电磁离合器的作用下完全与发动机分离，以防止消耗发动机功率。

1.11.5 增压中冷技术

虽然可以通过增加进气压力来提高发动机充气效率的方式提升发动机的动力性能，但随着进气压力的增加，压气机出口的气温也会随之增加，在一定程度上影响了空气密度的提高，而进气温度的提高还会使发动机排气歧管端的废气温度进一步提升。要解决这一问题，就要通过降低空气温度的方式来提升空气密度，从而提高发动机充气效率，于是发动机增压中冷技术出现了。

大量的试验表明，依靠中冷器，在增压压力保持不变的条件下，增压空气温度每下降10℃，其密度就增大3%，而当空气、燃油消耗率都保持不变时，发动机的功率一般能够提高3%，同时大幅度降低废气中NO_x的含量。而发动机工作效率也会随着增压空气温度的下降而上升，进气温度下降10℃，发动机工作效率会相应提高0.5%左右。因此，在同样的空燃比下，进气温度每下降10℃，发动机功率实际上可提高约3.5%。这项技术不仅可提高发动机的功率，而且还可降低发动机在相同额定功率下的热负荷和排气温度以及最大爆发压力。在热负荷保持不变的情况下，发动机由于增压空气温度下降而提高的功率，较空燃比保持不变时的提高功率更高。

一般发动机的中冷器采用水冷或风冷的方式工作，但由于发动机冷却水的温度普遍在90℃以上，因此水冷的方式并不能达到最佳效果（虽然可以依靠独立的冷却系统工作，但独立的散热器安装方式和重量控制的问题却又无法回避）。而依靠风冷方式，则可以有效地把发动机进气温度降低至60℃左右，使得增压发动机的机械效率得以显著提升。中冷器的冷却方式如图1.50所示。

（1）可变气门正时技术对发动机性能的影响有哪些？
（2）奥迪的AVS和宝马的Valvetronic技术有什么区别？
（3）可变进气歧管技术主要有哪两种？
（4）常见的汽车排放技术有哪些？
（5）简述缸内直喷汽油机的原理。
（6）缸内直喷发动机的优点有哪些？
（7）简述双喷油系统的优点。

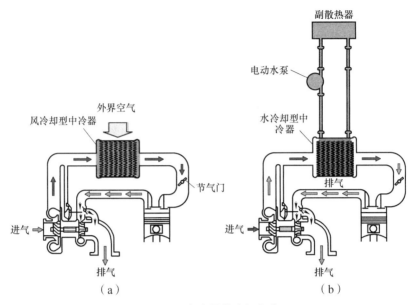

图 1.50 中冷器的冷却方式
(a) 风冷却型中冷器;(b) 水冷却型中冷器

(8) 简述可变压缩比发动机的优点。
(9) 现代柴油机喷射技术有哪几种形式?简述柴油共轨技术的原理。
(10) 简述涡轮增压技术的原理。

第 2 章
汽车传动系统新技术

2.1 自动变速技术的种类和现状

随着车辆操纵自动化的快速发展，汽车自动变速器正呈现蓬勃发展的趋势。现在的汽车自动变速器主要有电控液力自动变速器（Automatic Transmission，AT）、无级变速器（Continuously Variable Transmission，CVT），以及电控机械式自动变速器（Automated Manual Transmission，AMT）。从技术角度看，自动变速技术主要包括电子技术、电液控制技术和传感技术。

（1）电控液力自动变速器（AT）

如图 2.1 所示，电控液力自动变速器是将发动机的机械能传给车轮的液力机械装置，其以良好的乘坐舒适性、方便的操纵性、优越的动力性、良好的安全性奠定了在汽车变速器领域的主导地位。但其效率低、制造困难、制造和维修成本高。带有变矩器的 AT 车几乎都是电子控制的，且带有锁止机构，并扩大了闭锁范围及缩短了锁止结合时间；锁止离合器分离时，能量损失大，必须利用适当的滑差控制以改善传动效率；锁止离合器完全工作时可以提高燃料经济性，但会增加振动和冲击。

图 2.1 电控液力自动变速器

（2）电控机械式自动变速器（AMT）

如图 2.2 所示，电控机械式自动变速器既具有电控液力自动变速器自动变速的优点，又保留了原手动变速器齿轮传动效率高、成本低、结构简单的长处，是机电一体化高新技术产品。它是在现生产的机械变速器上进行改造的，保留了绝大部分原总成部件，只改变其中手动操作系统的换挡杆部分，生产继承性好，改造的投入费用少，非常容易被生产厂家接受。其缺点是非动力换挡，这可以在电控软件方面得到一定弥补；其换挡时刻的精准性需要由非常精确的电子控制系统才能完成。

（3）无级变速器（CVT）

若要保证汽车驾驶灵活、低油耗和低噪声，则要求变速器挡位越多越好。无级变速传动

图 2.2 电控机械式自动变速器

(Continuously Variable Transmission,CVT)就能很好地满足上述要求。CVT 指无级控制速比变化的变速器,它能提高汽车的动力性、燃油经济性、驾驶舒适性和行驶平顺性。电控的 CVT 可实现动力传动系统的综合控制,充分发挥发动机特性。

2.1.1 无级变速器的类型

无级变速器的种类很多,如图 2.3 所示。我们现在常见的、在汽车上运用最多的是机械式无极变速器。因其通过摩擦传递转矩,故总有打滑的危险,且在接触面会产生高温而磨损。经过百余年的改进和提高,目前也仅金属带或链带式及牵引环式传动有实用价值。下面仅介绍最常见的带式 CVT 和链带式 CVT。

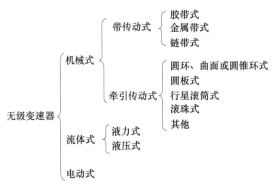

图 2.3 无极变速器的类型

1. 带式 CVT

带式 CVT 用挠性的金属带或金属链与带轮的摩擦力传递动力,如图 2.4 所示。带式 CVT 首先应用的是橡胶带式,但因传递功率容量低,故被金属带及链带等形式所取代,其中又以金属带最为常见。除这类湿式带外,最近由树脂和铝合金等构成的干式带也相继问世,它用直流电动机控制,特点是:起步时由定传动比的齿轮,即副传动路线来传递动力,保证起步性能;当达到规定车速时,再变换到由带传动确定的主传动路线。

2. 链带式 CVT

如图 2.5 所示,链带式 CVT 是带的另一种形式,类似自行车的链条,它由 3 部分组成:

内连接片、压板连接片及连接它们的浮动销。销相互滚动，使链条在弯曲时摩擦力小，且具有柔性。销的表面被冲压，以使其与轮的接触随旋转半径的减小而从上移到下，使链表面保持稳定磨损。链表面沿着轮向上凸起，以防止金属链因摩擦因数下降而打滑。

图 2.4　带式 CVT

图 2.5　链带式 CVT

2.1.2　无级变速器的特点

汽车采用无级变速器（CVT）之后，可以实现发动机与变速器的最佳匹配，使发动机长时间工作在最佳工况下，从而可以有效地提高汽车的动力性、经济性、排放性和舒适性。无级变速器的特点如下。

1. 提高燃油经济性

CVT 可以在相当宽的范围内实现无级变速，理论上会有多个速比去适应路面变化，从而获得传动系统与发动机工况的最佳匹配，提高整车的燃油经济性。

2. 提高动力性能

汽车的后备功率决定了汽车的爬坡能力和加速能力。汽车的后备功率越大，动力性就越好。

3. 减少排放量

CVT 的速比工作范围宽，能够使发动机以最佳工况工作，从而改善了燃烧过程，降低了废气的排放量。

4. 节约成本

CVT 系统结构简单，零部件数目比 AT 少很多，即 CVT 的成本比 AT 小。

5. 改善了驾驶舒适性能

安装无级变速器之后，可以在保证发动机具有最佳动力性能的同时实现无级变速，使驾驶员能够真正感到舒适。

2.1.3 机械式无级变速器的结构和原理

1. 机械式 CVT 的结构

无级变速器由电控系统、液压控制系统、传动装置、速比调节装置、安全缓冲装置和金属带组成。金属带式无级变速器的结构如图 2.6 所示。

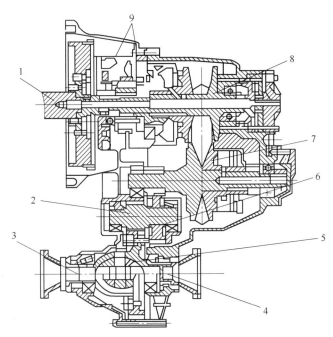

图 2.6 金属带无级变速器的结构

1—横向发动机前轴；2—中间轴；3，4—差速器半轴驱动前轮；5—差速器；6—主减速器；7—从动锥盘；
8—锥盘金属带变速器；9—前进挡、倒挡离合器及其换向机构

（1）起步离合器

目前，用作汽车起步的装置有湿式离合器、电磁离合器和液力变矩器 3 种，目的是使汽车以足够大的牵引力平顺起步，提高驾驶舒适性，必要时可切断动力传递。

（2）行星齿轮机构

CVT 采用双行星齿轮机构，行星架上固定有内、外行星齿轮和右支架，其中右支架是通过螺栓固定在行星架上的，外行星齿轮和齿圈啮合，内行星齿轮和太阳轮啮合。

（3）无级变速机构

无级变速机构由金属传动带和主、从动工作轮组成。金属传动带由多个金属片和两组金属环组成，每个金属片在两侧工作轮的挤压力作用下传递动力。每组金属环由数片带环叠合而成，其作用是提供预紧力，在动力传递过程中支撑和引导金属片的运动，有时还可承担部分转矩的传递。主、从动工作轮由可动和不动锥盘两部分组成。

（4）控制系统

控制系统是用来实现 CVT 系统传动比无级自动变化的，一般常采用机械液压控制系统或电控液压控制系统。控制系统主要由油泵（齿轮泵或叶片泵）、液压调节阀（调节速比和带与轮间压紧力）、传感器（节气门位置，加速踏板，发动机转速和车速）、控制单元及主、从工作轮的液压缸和管道组成，用于实现传动比无级变速的调节。压紧力控制和起步离合器控制是无级变速控制系统的关键。

（5）中间减速机构

由于无级变速机构可提供的速比变化为 2.6~0.445，不能完全满足整车传动比变化范围的要求，故设有中间减速机构。

2. 机械式 CVT 变速器的工作原理

CVT 系统主要由主动轮组、从动轮组、金属带和液压控制系统及电子控制系统等组成。主动轮组与从动轮组都由固定盘和可动盘组成，固定盘在轴上固定不动，而可动盘在液压控制系统的控制下可以沿轴向移动。可动盘与固定盘都是锥面结构，它们各自的锥面共同形成 V 形槽，与 V 形金属带啮合。

发动机输出动力首先传递到 CVT 的主动轮，然后通过 V 形金属带传递到从动轮，最后经减速器、差速器传递给汽车驱动轮。CVT 变速器是由液压控制系统控制主动轮与从动轮的可动盘做轴向移动来改变主动轮、从动轮锥面与 V 形传动带啮合的工作半径，以改变传动比，从而实现无级变速的，如图 2.7 所示。

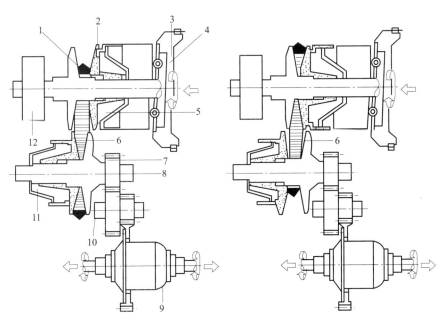

图 2.7　金属带无极变速器的工作原理

1—主动工作轮不动部分；2—主动工作轮可动部分；3—离合器；4—发动机飞轮；
5—主动工作轮液压控制缸；6—金属带；7—从动工作轮固定部分；8—中间减速器；
9—主减速器与差速器；10—从动工作轮可动部分；11—从动工作轮液压控制缸；12—液压泵

在金属带式无级变速器的液压系统中，从动油缸的作用是控制金属带的张紧力。金属带式无级变速器的核心元件是金属带组件，即由几百片（现已达 400 多片）V 形金属片和两组金属环组成高柔性的金属带,如图 2.8 所示,以保证来自发动机的动力高效、可靠传递。主动油缸控制主动锥轮沿轴向移动。在主动轮组,金属带沿 V 形槽移动,又由于金属带的长度不变,故在从动轮组金属带沿 V 形槽向相反的方向变化。金属带在主动轮组和从动轮组上通过回转半径发生变化来实现速比的连续变化。

主、从动工作轮构成变速机构,主、从动工作轮均由固定部分(固定锥盘)和可动部分(可动锥盘)组成。主、从动工作轮的可动部分可做轴向移动;其固定部分和可动部分间形成 V 形槽,金属带在槽内与其啮合;工作面大多为直线锥面体,也有球面体、复合母线锥体。在控制系统的作用下,可动锥盘依靠钢带—滑道结构做轴向运动,可连续地改变传动带的工作半径,从而实现无级变速传动。其工作原理如图 2.9 所示。

汽车开始起步时,主动轮的工作半径较小,变速器可以获得较大的传动比,以获得较大的减速。随着车速的增加,主动轮的工作半径逐渐减小,从动轮的工作半径相应增大,CVT 的传动比下降,变速器输出转速升高,使得汽车能够以更高的速度行驶。

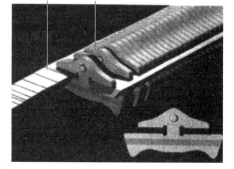

图 2.8 金属带结构

图 2.9 金属链轮工作原理
1—主动盘;2—从动盘;3—输出轴;
4—低速传动比;5—液压驱动机构

2.1.4 奥迪 01J 无级变速器

奥迪 01J 无级变速器结构简图如图 2.10 所示。

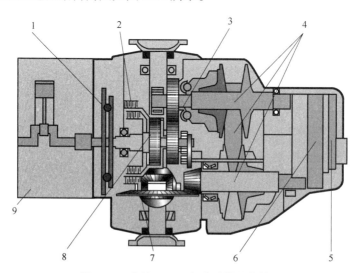

图 2.10 奥迪 01J 无级变速器结构简图
1—飞轮减振装置;2—倒挡离合器;3—辅助减速齿轮;4—可变工作直径带轮;5—变速箱控制单元;
6—液压控制单元;7—前进挡离合器;8—行星齿轮机构;9—发动机

1. 行星齿轮机构

采用两组行星齿轮，实现01J无极变速器的倒向行驶。其动力传递路线（见图2.11）如下：

前进挡：前进挡离合器与太阳轮相连接，摩擦片与行星架相连接，当前进挡离合器工作时，太阳轮（变速器输入轴）与行星架（输出）连接，行星齿轮系被锁止并与发动机同向运转，传动比为1:1。

倒挡：倒挡制动器摩擦片与齿圈相连接，钢片与变速器壳体相连接，当倒挡制动器工作时，齿圈被固定，太阳轮（输入轴）为主动轮，转矩被传递到行星架，由于采用了两种行星齿轮（其中一种起到惰轮的作用），所以行星架就会以与发动机旋转方向相反的方向运转，使车辆向后行驶。

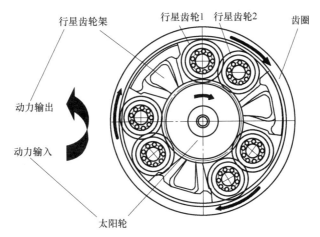

图2.11 行星齿轮机构简图

2. 主、从动带轮装置

无级变速器的结构如图2.12所示，该系统主要包括主动轮组、从动轮组、金属带和液压泵等基本部件。金属带由两束金属环和几百个金属片构成。主动轮组与从动轮组都由可动盘和固定盘组成，与油缸靠近的一侧带轮可以在轴上滑动，另一侧则固定。可动盘与固定盘都是锥面结构，它们的锥面形成V形槽以实现与V形金属带的啮合。

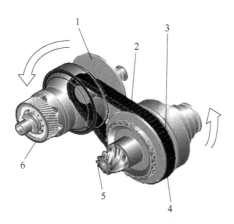

图2.12 无级变速器的结构

1—主动轮组；2—传动钢带；3—从动轮组；4—传动钢带变窄；5—主减速器输入齿轮；6—驱动齿轮

工作原理：发动机输出轴输出的动力首先传递到 CVT 的主动轮，然后通过 V 形传动带传递到从动轮，最后经减速器、差速器传递至车轮来驱动汽车。工作时通过主动轮与从动轮的可动盘做轴向移动来改变主动轮及从动轮锥面与 V 形传动带啮合的工作半径，从而改变传动比。可动盘的轴向移动量是由驾驶者根据需要通过控制系统调节主动轮、从动轮液压泵油缸的压力来实现的。由于主动轮和从动轮的工作半径可以实现连续调节，故实现了无级变速。

在金属带式无级变速器的液压系统中，从动油缸的作用是控制金属带的张紧力，以保证来自发动机的动力高效、可靠传递。主动油缸控制主动锥轮沿轴向移动。在主动轮组金属带沿 V 形槽移动，又由于金属带的长度不变，故在从动轮组上金属带沿 V 形槽向相反的方向变化。金属带在主动轮组和从动轮组上通过回转半径发生变化来实现速比的连续变化。

汽车开始起步时，主动轮的工作半径较小，变速器可以获得较大的传动比，从而保证驱动桥能够有足够的扭矩来保证汽车有较高的加速度。随着车速的增加，主动轮的工作半径逐渐减小，从动轮的工作半径相应增大，CVT 的传动比下降，使得汽车能够以更高的速度行驶。

3. 液控系统

在奥迪 01J 无级自动变速器中，动力的传递由动力供应和液压部分决定。无级自动液压控制系统和其他自动变速器液压控制系统一样，起着系统油压控制、油路转换控制、用油元件供油以及冷却控制等作用，其结构组成如图 2.13 所示。

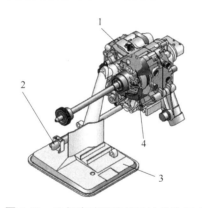

图 2.13　无级变速器液控系统结构组成
1—液压控制单元；2—吸气泵；3—进油过滤器；4—油泵

在整个液控系统中，处于油底壳内的 ATF 过滤器用来滤除 ATF 中的杂质，以保障系统的油液品质。油泵采用高效率的月牙形变量泵，其可以根据系统需要自动调整泵油量，实时满足系统需要。吸气喷射泵用来供给离合器冷却所需的低压油。液压控制单元的功能包括控制前进挡／倒挡离合器、调节离合器油压、冷却离合器、为接触压力控制提供压力油、传动控制、为飞溅润滑油罩盖供油。

4. 电子控制单元

电子控制单元集成在变速器内部，控制单元直接用螺栓紧固在液控单元上。3 个压力调节阀与控制单元直接通过坚固的插头连接，没有连接线。控制单元用一个 25 针脚的小型插头与汽车相连，其底板为铝质，壳体为塑料材质，在壳体内部容纳了全部传感器，因此不再需要线束和插头。这种结构大大提高了工作效率和可靠性。另外，发动机转速传感器和多功能开关设计成霍尔传感器，优点是没有机械磨损、信号不受电磁干扰、提高了可靠性；缺点是若电控元件中的某个传感器损坏,则需要更换整个电控单元。

无级变速器电控单元如图 2.14 所示。

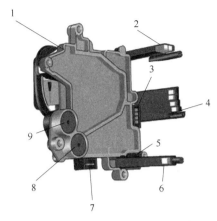

图 2.14　无级变速器电控单元简

1—控制单元 J217；2—输出转速传感器 G195、G196；3—电磁阀插接器 N215；4—多功能开关 F125；5—电磁阀插接器 N216；6—输入转速传感器 G182；7—电磁阀插接器 N88；8—变速器接触压力传感器；9—变速器离合器压力传感器

2.2　双质量飞轮

2.2.1　概述

振动和噪声一直是汽车工业界研究的重要问题。随着汽车的高速化发展,振动和噪声问题日益突出,目前汽车的振动和噪声问题已成为汽车设计中的一项重要课题。要全面解决振动和噪声问题,须从整车设计通盘考虑,即在发动机、传动系统、车身、内饰、悬架及各系统间匹配等各方面进行综合考虑。

汽车的动力传动系统是汽车振动和噪声的主要来源之一,其中起主要作用的便是动力传动系统中的扭转噪声。这其中的一个重要原因是动力传动系统的固有频率与常用车速下发动机的频率相近,从而传递并放大了来自发动机的振动,进而引起车辆其余部件的振动和噪声。

随着对环境保护和汽车舒适性的要求越来越高,人们急需一种简单、易行且有效的办法来衰减和隔离发动机传递到传动系统上的振动。双质量飞轮式扭振减震器正是在这种要求下产生的,图 2.15 所示为双质量飞轮扭转减震器总成。

图 2.15　双质量飞轮扭转减震器总成

双质量飞轮（Double Mass Flywheel，DMF）是20世纪80年代末在汽车上出现的一种新配置，它对于汽车动力传动系统的隔振和减振有重要的作用。1984年，双质量飞轮首先出现在日本丰田公司，1985年又被宝马公司装备于BMW324D车型上，其大大降低了车辆动力传动系统的扭振和振动噪声。与此同时，世界上其他汽车生产国，如法国、英国、美国、德国等，也开始进行双质量飞轮的研究与开发，其中德国和法国的成果最为突出。

双质量飞轮是当前汽车上隔振、减振效果最好的装置，其结构如图2.16所示。因此自20世纪90年代以来，其在欧洲得到了广泛推广，并已从高级乘用车推广到中级乘用车，当然这与欧洲人喜欢手动挡和柴油车也有很大的关系。众所周知，柴油机的振动比汽油机大，为了减少柴油机的振动、提高乘坐的舒适性，现在欧洲许多柴油机乘用车都采用了双质量飞轮，使得柴油机乘用车的舒适性已经可与汽油机乘用车相媲美。

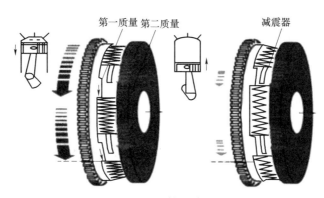

图2.16 双质量飞轮结构

2.2.2 双质量飞轮扭转减震器的基本原理和性能

1. 双质量飞轮的结构

双质量飞轮式扭转减震器由3部分组成：第一质量（第一飞轮）、第二质量（第二飞轮）和两质量之间的减震器。第一质量与发动机曲轴输出端法兰盘相连接；第二质量通过一个轴承安装在第一质量上，且第二质量上还安装有离合器盖。第二质量可相对于第一质量转动一定的角度，两质量之间通过减震器相连。减震器由弹性元件和阻尼元件组成。图2.17所示为离合器从动盘式扭转减震器和双质量飞轮式扭转减震器结构的比较示意图。

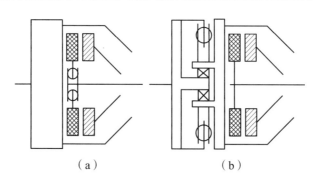

图2.17 离合器从动盘式扭转减震器和双质量飞轮式扭转减震器的结构比较
（a）离合器从动盘式扭转减震器；（b）双质量飞轮式扭转减震器

双质量飞轮式扭转减震器不仅具有离合器从动盘式扭转减震器的全部功能，而且具有很多其他的特性。双质量飞轮式扭转减震器的优良性能能在大量的试验分析中得到了充分的证明，其与传统的离合器从动盘式扭转减震器相比，效果明显，具体如下。

（1）传递特性

由试验测定结果可知，双质量飞轮式扭转减震器同时达到了减少发动机中的转速波动及抑制共振两个目的。

（2）减少空载噪声

双质量飞轮式扭转减震器减少空载噪声的效果良好。

（3）减少加速时转速波动

经测试可知，双质量飞轮式扭转减震器与传统的离合器从动盘式扭转减震器相比，在改善加速时大幅度地减少了转速波动，从而大大地减小了手动变速器的振动。

2. 双质量飞轮式扭转减震器的优点

1）由于减震器置于飞轮内，故空间尺寸比离合器从动盘式扭转减震器有很大的增加，因而在结构布置上有更大的灵活性，降低了振动的传递率，达到了减振、降噪的目的，从而减轻了汽车的怠速噪声。

2）改善了传动系统的布置，延长了传动系统的零部件寿命。同时还可以简化传动系统的布置，减少一些零部件，如离合器从动盘打滑控制系统等。

3. 双质量飞轮式扭转减震器的缺点

1）结构较离合器从动盘式复杂，加工制造困难且成本高。

2）减振弹簧分布半径增大，在发动机高速转动下，弹簧径向的离心力和切向的变形量增加，使弹簧的磨损加剧。

2.3 汽车双离合器变速器技术

2.3.1 概况

手动变速器换挡时要求驾驶员踩下离合器踏板，用换挡杆进行操作；而自动变速器可以使用离合器、变矩器和行星齿轮组为驾驶员完成全部换挡工作。还有一种介于二者之间并综合了二者各自优点的变速器，即双离合器变速器 DCT（Dual Clutch Transmission），如图 2.18 所示，这种变速器也称为半自动变速器、无离合手动变速器和自动手动变速器。

图 2.18 双离合器变速器

在赛车领域，半自动变速器（例如顺序手动变速器）多年来一直占据主导地位。但是在量产车中，这还是一种相对较新的技术，被称作双离合器变速器或直接换挡变速器的这些特定设计采用的就是这种技术。双离合器变速器实际上是电控机械自动变速器（AMT）的一种类型。

2.3.2 双离合器变速器的结构

双离合器变速器相当于将两个手动变速器的功能集成到一个变速器中。在手动变速器的车辆中，驾驶员想从某个挡位切换到另一个挡位时，首先需踩下离合器踏板，使一个离合器开始工作，将发动机与变速器脱开并中断传递到变速器的动力。然后驾驶员用换挡杆选择一个新的挡位，这是一个结合套从一个齿轮移动到另一个不同尺寸齿轮的过程。同步器在啮合前发挥作用，使齿面线速度一致，以防止发生齿面碰撞。一旦切入了新的挡位，驾驶员松掉离合器踏板，即重新使发动机和变速器连接，将动力传递到车轮。因此，在传统的手动变速器换挡过程中，动力传递经历了传递—中断—传递的变化过程，在此过程中将引起"换挡冲击"或"转矩中断"现象。

与手动变速器相比，双离合器变速器使用两个离合器，但没有离合器踏板，由电子系统和液压系统控制着离合器，正如标准的自动变速器一样。在双离合器变速器中，离合器是独立工作的，如图2.19所示，其中一个离合器控制了奇数挡位（如1挡、3挡、5挡和倒挡），而另一个离合器控制了偶数挡位（如2挡、4挡和6挡）。由于变速器控制器根据速度变化，提前啮合了下一个顺序挡位，因此换挡时将没有动力中断。

双离合器变速器主要由双离合器、机械部分变速器、自动换挡机构及电子和液压控制系统组成。其中核心部分是双离合器和机械部分变速器中的两轴式输入轴。这个精巧的两轴式结构分开了奇数挡和偶数挡：不像传统的手动变速器将所有挡位集中在一根输入轴上，双离合器变速器将奇数挡和偶数挡分布在两根输入轴上，即外部输入轴被挖空，给内部输入轴留出嵌入的空间。以6挡变速器为例，其内部输入轴上安装了1挡、3挡、5挡和倒挡的齿轮，外部输入轴上安装了2挡、4挡和6挡的齿轮，这使得快速换挡成为可能，维持了换挡时的动力传递。标准的手动变速器是做不到这点的，因为它必须使用一个离合器来控制所有的奇数挡和偶数挡。

图2.19 双离合变速器结构简图

传统的自动变速器必须装备一个变矩器来将发动机转矩传递到变速器，而双离合器变速器则不需要这样的变矩器。目前双离合变速器中的离合器主要有两种，一种为湿式多片离合器，一种为干式多片离合器。

湿式多片式离合器是利用液压压力来驱动齿轮的。当离合器结合时，离合器活塞内的液压使一组螺旋弹簧零件受力，驱使一组离合器盘和摩擦盘压在固定的压力盘上。油压的建立是由变速器控制器指令电磁阀来控制的。摩擦片内缘处有内花键齿，以便与离合器毂上的外花键相啮合。离合器毂与齿轮组相连，这样就可以接收传递过来的力。当离合器活塞中的液压压力降低时，在弹簧的作用下离合器分开。双离合器变速器中有 2 个离合器，它们的工作状态是相反的，不会发生 2 个离合器同时接合的情形，如图 2.20 所示。

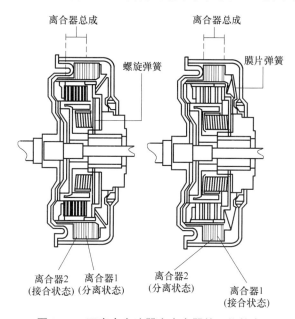

图 2.20 双离合变速器中离合器的工作状态

双离合器变速器的挡位切换是由挡位选择器来操作的，挡位选择器实际上是个液压电动机，推动拨叉就可以进入相应的挡位，由液压控制系统来控制它们的工作。以一个典型的 6 挡双离合器变速器为例，液压控制系统中有油压调节电磁阀，用来调节离合器和挡位选择器中的油压压力；除此之外，还有开关电磁阀，以分别控制挡位选择器和离合器的工作。

2.3.3 双离合器变速器的工作过程

汽车在 1 挡起步行驶时，动力传递路线如图 2.21 中直线和箭头所示，外部离合器接合，动力通过内部输入轴传到 1 挡齿轮，再输出到差速器。同时，图 2.21 中虚线和箭头所示的路线是 2 挡时的动力传输路线，由于离合器 2 处于分离状态，这条路线实际上还没有动力传输，只是预先选好挡位，为接下来的升挡做准备。当变速器进入 2 挡后，退出 1 挡，同时 3 挡预先结合。所以在双离合器变速器的工作过程中总是有两个挡位是结合的，即一个正在工作，另一个则为下一步做好准备。

双离合器变速器在降挡时，同样有两个挡位是结合的，如果 6 挡正在工作，则 5 挡作为预选挡位。双离合器变速器的升挡或降挡是由变速器控制器进行判断的，踩加速踏板时，

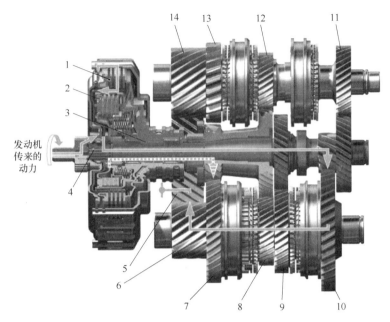

微课 双离合器变速器动力传动路线

图 2.21 大众双离合器变速器工作过程

1—离合器 1；2—离合器 2；3—输入轴 2；4—输入轴 1；5—差速器；6—输出轴上的差速器主动齿轮；
7—输出轴 2 挡齿轮；8—输出轴 4 挡齿轮；9—输出轴 3 挡齿轮；10—输出轴 1 挡齿轮；11—输出轴 5 挡齿轮；
12—输出轴 6 挡齿轮；13—输出轴倒挡齿轮；14—输出轴上的差速器主动齿轮

变速器控制器判定为升挡过程，做好升挡准备；踩制动踏板时，变速器控制器判定为降挡过程，做好降挡准备。

一般变速器升挡的过程总是一挡一挡地进行的，而降挡经常会跳跃地降挡，DSG 变速器在手动控制模式下也可以进行跳跃降挡，例如，从 6 挡降到 3 挡，连续按 3 下降挡按钮，变速器就会从 6 挡直接降到 3 挡；但是如果从 6 挡降到 2 挡，变速器会先降到 5 挡，再从 5 挡直接降到 2 挡。在跳跃降挡时，如果起始挡位和最终挡位属于同一个离合器控制的，则会通过另一离合器控制的挡位转换一下；如果起始挡位和最终挡位不是属于同一个离合器控制的，则可以直接跳跃降至所定挡位。

驾驶员也可以选择一个全自动模式，将所有挡位变化的任务交予变速器控制器处理。在这种模式中，驾驶情况与传统的自动变速器非常类似。由于双离合器变速器能逐步弹出一个挡位并逐步进入下一个挡位，故换挡冲击被减少了。更重要的是，挡位变化发生在负载情况下，因此动力传递得以维持。

2.3.4 双离合器变速器的应用和特点性能

双离合器变速器也是基于平行轴式手动变速器发展而来的，它继承了手动变速器传动效率高、安装空间紧凑、重量轻、价格便宜等许多优点，而且实现了换挡过程的动力换挡，即在换挡过程中不中断动力，保留了 AT、CVT 等换挡品质好的优点。这使得车辆在换挡过程中，发动机的动力始终可以传递到车轮，换挡迅速平稳，不仅保证了车辆的加速性能，而且车辆不再产生由于换挡引起的急剧减速情况，故极大地改善了车辆运行的舒适性，这对电控机械式自动变速器来说是一个巨大的改进。

双离合器变速器比手动变速器换挡更快，其通过两套动力传递路线进行交错传递。

与传统的手动变速器相比，DCT 使用更为方便，因为说到底，它还是一个自动变速器，只是使用了 DCT 的新技术，使得手动变速器具备了自动性能，同时大大改善了汽车燃油的经济性。DCT 比手动变速器换挡更加快捷、顺畅，且动力输出不间断。

DCT 自动变速器与传统的自动变速器相比，有着明显的区别，DCT 没有采用液力变矩器，而且也不是在传统概念的自动变速器基础上开发出来的，设计 DCT 的工程师们开创了全新的技术。

与无级变速的 CVT 相比，DCT 可以承受更高的转矩要求。

总体而言，双离合器变速器的行为就像一个标准的手动变速器：它具有装配了齿轮的输入轴、输出轴和倒挡轴，同步器和离合器，只是少了一个离合器踏板，但却多了执行换挡的变速器控制器、电磁阀和液压单元，即在没有离合器踏板的情况，驾驶员也可以通过转向盘上的按钮或换挡杆来控制变速器控制器进行换挡。

2.4 驱动防滑技术

防滑控制系统主要包括制动防滑系统和驱动防滑系统两种。前者的功能是防止汽车在制动过程中车轮被抱死滑移，使汽车的制动力达到最大，缩短车辆的制动距离，并且能够提高汽车在制动过程中的方向稳定性和转向操纵能力，被称为制动防抱死系统（Antilock Brake System，ABS）。但是汽车在驱动过程（如起步、转弯、加速等过程）中，ABS 系统不能防止车轮的滑转，因此针对这个要求又出现了防止驱动车轮发生滑转的驱动防滑系统（Acceleration Slip Regulation，ASR，也称为 TRC）。由于驱动防滑系统是通过调节驱动车轮的驱动力来实现防滑的，故也常称其为牵引力控制系统（Traction Control System，TCS）。

2.4.1 驱动防滑系统的理论基础

在驾驶员、汽车、道路三者组成的行车系统中，影响车辆行驶状态的基本因素是车轮与路面之间的作用力，而该作用力又是由车辆行驶方向的纵向作用力和垂直于车辆行驶方向的水平横向作用力组成的。驾驶员对车辆的控制其实质是控制车轮与路面之间的作用力，而该作用力又受车轮与路面间附着条件（即附着系数）的限制——车辆纵向驱动力受纵向附着系数限制，而抵抗外界的横向力则受横向附着系数限制。

在汽车的整个行驶过程中，在汽车的纵向行驶方向上，车轮相对于地面的运动形式可以分为以下 3 种，即纯滑动、纯滚动和边滚边滑。而边滚边滑的运动中又有两种情况：一种是车轮滚过的计算距离大于汽车纵向实际走过的距离（即车轮存在着原地打转的情况）；另一种是车轮滚过的计算距离小于汽车纵向实际走过的距离（即车轮存在着被拖着向前的情况）。习惯上把前一种称为滑转，而把后一种称为滑移。汽车驱动防滑系统研究的就是车轮滑转的情况。

实验研究表明，当车轮在地面上做纯滚动时，其与路面之间的横向附着系数达到最大，随着车轮滑动率的增大，横向附着系数迅速减小；当车轮在路面上产生纯滑动时，横向附着系数几乎减到零，则车轮将会完全失去抵抗外界横向干扰力的能力，此时若车轮上存在外界横向的干扰力（如汽车重力的横向分力、路面不平产生的横向力以及横向风力等），则车轮将会发生横向滑移。

为了使汽车获得较大的纵向和横向附着力，现代汽车中很多都装备了驱动防滑系统，其功能就是使汽车能够自动地将车轮控制在纵向和横向附着系数都比较大的滑动率范围内，一般滑动率为15%~20%。为了控制车轮的滑动率，需要对作用于车轮上的力矩进行实时地自适应调节，即要求防滑控制系统具有足够快的反应速度和足够高的调节精度，否则就难以将车轮的滑动率控制在最理想的范围内。

2.4.2 驱动防滑系统的控制方式

汽车驱动轮滑转是由于驱动力矩超过了轮胎与地面间的附着极限，即只要合理地减小汽车发动机转矩或动力传动中任何一环节都可以改变驱动轮上的驱动力矩，实现防滑控制的目的。因此可以通过许多途径来实现牵引力控制，如发动机管理、差速器调节、主动制动干涉等。

1. 调节发动机转矩（见图 2.22）

发动机输出力矩调节主要有3种方式：点火参数的调节、燃油供给调节和加速踏板位置调节。对于汽油机，控制方法主要有燃油供给控制、点火正时控制、节气门开度控制或喷油量控制。近年来，随着发动机电喷技术的应用，对于发动机转矩的调节更加精确，响应时间更短，性能更好，也更为方便。

MSR（Motor control Slide Retainer，发动机阻力矩控制）是ABS的功能扩展，该功能也集成在ABS的控制软件中，通过CAN数据总线对发动机阻力矩进行控制。如果在低附着路面条件下行驶时突然松开加速踏板，或在发动机高转速下减挡，将产生较大的发动机阻力矩，在不需要踩制动踏板的情况下也会对车辆产生较强的制动作用，而该制动作用会使驱动轮滑移率过高而导致车辆不稳定。在雨天或冰雪路面上行驶时，这种情况会经常发生。MSR的作用是借助ABS传感器对滑移率的识别，并借助CAN数据总线自动降低发动机阻力矩，达到降低滑移率的目的，以保证车辆的行驶稳定性。

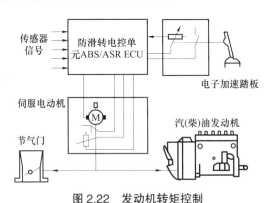

图 2.22 发动机转矩控制

2. 驱动轮制动调节

当驱动车轮出现打滑时，应直接向该轮上施加制动力矩，以使车轮转速降至最佳的滑动率范围内。由于制动压力直接施加到打滑的车轮上，因此，这种方法的响应时间是最短的。它可与发动机转矩控制联合使用，当汽车在附着系数分离的路面上行驶时，可通过对处于低附着系数路面上的驱动车轮施加一定的制动力矩，使高附着系数路面上的驱动轮产生更大的驱动力矩，从而提高汽车的总驱动力。这种方法需要对制动时间进行限制，以免制动器过热。此外，如果汽车处于附着系数分离路面，只对打滑驱动轮施加制动，则可能导致两侧驱动轮驱动力相差较大而产生一个横摆力矩，在车辆高速行驶时，这种情况对车辆稳定性不利，因此其适用于车速较低的工况。

电子差速锁利用的就是典型的驱动轮制动调节技术（Electronic Differential System，EDS），它是 ABS 的一种扩展功能，用于鉴别汽车的轮子是不是失去着地摩擦力，从而对汽车的打滑车轮进行控制。

因为差速器允许传动轴两侧的车轮以不同的转速转动，如果传动轴某一侧的车轮打滑或者悬空，则会造成另一侧车轮完全没了动力。当 EDS 电子差速锁通过 ABS 系统的传感器，自动探测到由于车轮打滑或悬空而导致两侧车轮转速不同的现象时，就会通过 ABS 系统对打滑一侧的车轮进行制动，从而使驱动力有效地作用到非打滑侧的车轮上，以保证汽车平稳起步。当车辆的行驶状况恢复正常后，电子差速锁即停止作用。

当汽车驱动轴的两个车轮分别在不同附着系数的路面起步时，例如一个驱动轮在干燥的柏油路面上，另一个驱动轮在冰面上，则 EDS 电子差速锁会通过 ABS 系统的传感器自动探测到左、右车轮的转动速度，当由于车轮打滑而导致两侧车轮的转速不同时，EDS 系统就会通过 ABS 系统对打滑一侧的车轮进行制动，从而使驱动力有效地作用到非打滑侧的车轮上，保证汽车平稳起步。

3. 差速器调节

普通的开放差速器左、右车轮输出相同的转矩，在路面两侧附着系数相差很大时，摩擦系数高的一侧驱动轮的驱动力得不到充分发挥，限制了车辆的牵引性。防滑差速器可以根据路面条件在一定程度上进行锁止，使左、右驱动轮的输出转矩根据锁定比和路面情况的不同而不同。该控制方式较驱动轮制动力矩控制成本要高。

常见的防滑差速器类型有机械防滑式差速器（如牙嵌差速锁、伊顿差速器）、多片离合器式差速器（见图 2.23）和黏性联轴节式差速器。防滑式差速器有安装在两轮之间的轮间防滑差速器，也有安装在两轴之间的轴间防滑差速器。

图 2.23　多片离合器式差速器

2.4.3　防滑转控制系统的控制过程

驱动轮的制动力通过 ASR 执行器结合 ABS 进行控制。在制动驱动轮产生差速作用（即驱动轮转速不同，两个半轴产生差动作用）时，控制驱动轮的制动力可使驱动力得到充分发挥，从而改善行驶稳定性和转向性能，当两侧车轮所处路面的附着系数不同时这种作用更为显著。有些汽车的 ASR 和 ABS 共用一套传感器，只是控制程序（控制单元）不同而已。

当发动机起动后，ABS/ASR 的控制单元根据轮速传感器产生的车轮转速信号以及参考车速，计算确定驱动轮的滑移率和滑转率。当 ABS/ASR 的控制单元判定驱动轮的滑转率超过设定限值时，ABS/ASR 控制单元就会控制发动机输出转矩及对驱动轮施加制动来避免发生滑转现象。

在 ASR 处于防滑转控制过程中，如果驾驶员踩下制动踏板进行制动，ASR 会自动退出控制状态，不会影响制动过程的正常进行。

尽管不同车辆上 ASR 系统的具体结构有所差别，但它们都具有以下特点。

1）当 ASR 系统处于工作状态时，若驾驶员踏下制动踏板，则 ASR 系统会自动退出工作状态，而不会影响车辆的正常制动过程。

2）ASR 系统的工作是有速度条件的，当车速超过某一值后，ASR 系统就会自动退出工作状态。

3）ASR 系统在其工作范围内具有不同的优先选择性，当车速较低时，以提高牵引力为优先选择，此时，对两驱动轮所加的制动力矩可以不一样，即对两后制动轮缸的油压进行独立调节；当车速较高时，以提高行驶的方向稳定性作为优先选择，此时，对两驱动车轮所加的制动力矩是相同的，即对两后制动轮缸的油压进行统一调节。

4）ASR 系统具有故障自诊断功能，当 ASR 系统发生故障时，它将会自动关闭，同时向驾驶员发出警告信号。

2.5 宝马 SMG 变速器

宝马 SMG（Sequential Manual Gearbox）变速器称为顺序式半自动变速器。1997 年，宝马的 M3 首先采用 SMG 变速器，其换挡控制模式有 S（手动）模式和 A（自动）模式两种，在驾驶过程中两种模式可以随时切换。选用自动模式时，它就是一台自动变速器，可以自动准确地选择换挡点，换挡过程非常平顺，没有冲击；选用手动模式时，将变速杆向前推一下则升一个挡，向后拉一下则降一个挡，如果不动变速杆，即使将加速踏板踩到底，也不会变挡。除此之外，为了方便操控，在转向盘上还设有一套手动换挡系统。

1. SMG 变速器的特点

1）驾驶逻辑控制系统会根据驾驶者的驾驶习惯来控制变速器的换挡，其总共可以"记住" 11 种不同的换挡模式。

2）SMG 变速器没有变矩器，也不需要离合器踏板。

3）在仪表板上有 LED 的换挡指示灯，它会根据车速和发动机转速提醒驾驶员在最佳的换挡点换入最合适的挡位。

4）当驾驶员做降挡操作时，发动机会自动提升相应的转速，以保证平顺换挡。

5）精准的离合器控制和挡位选择，可以延长离合器和变速器的使用寿命。

6）传动过程中的能耗损失小、经济性好，变速器的结构简单、价格便宜。

7）SMG 变速器换挡快捷，当普通手动变速器进行换挡时，需要先退挡再挂挡，必须来回推动变速杆来完成换挡,而当 SMG 变速器换挡时,只要前推(升挡)或后拉(降挡)就可以完成换挡。

8)与手动变速器相比,操作非常简单,不用记住现在使用的是哪个挡位、需要换入哪个挡位,你只要知道现在需要升挡还是降挡就够了,简单地将变速杆前推或后拉就可以完成所需的任务。

9)变速杆的设置比手动变速器简单,所占用的空间较小,只需前后移动,不需要左右移动。

10)在 SMG 变速器的操作中,不会发生挂错挡位的事件,由于手动变速器的变速杆位置一般布置成"H"形,2 挡和 4 挡的位置很近,容易发生应该挂 4 挡时而错挂进 2 挡的情况,如果这是发生在赛车上,会使发动机转速急剧上升,有可能造成发动机爆缸事故。

2. SMG 变速器的结构和工作原理

SMG 变速器是由一台普通的齿轮变速器、一套自动换挡机构和电子离合器组成的,如图 2.24 所示。

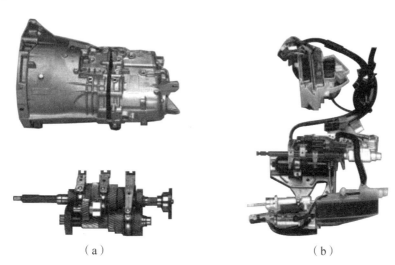

图 2.24 宝马 SMG 变速器

(a)齿轮变速器;(b)换挡机构

图 2.24(a)所示为普通的平行轴式齿轮变速器,主要由拨叉伺服器和选位伺服器组成;图 2.24(b)所示为自动换挡机构。伺服器一般采用电动机或者液压电动机驱动,拨叉伺服器用来推拉拨叉,选位伺服器用来选择工作所需的拨叉。因此,整个 SMG 变速器的结构非常简单。SMG 变速器的工作和手动变速器的工作非常相似,只是把原来人工控制的踩离合器、退挡、进挡、松离合器踏板的工作都交给计算机控制电子离合器和换挡伺服器来完成。

由于这种工作方式不是非常可靠,所以研发人员很快推出了第二代 SMG 变速器,即 SMG-Ⅱ变速器右 SMG-Ⅱ变速器上采用了一个换挡转换鼓。如图 2.25 所示,换挡鼓的前端带有锥齿,用来驱动换挡鼓旋转,在换挡鼓的外圆周面上刻有三条特殊的槽,分别控制三个拨叉。换挡鼓的安装方式有两种,一是紧靠在变速器上,直接将三个拨叉分别卡在三条槽里;二是由于空间的限制,换挡鼓无法紧靠在变速器上,需要利用拨叉臂将三个拨叉分别卡在三条槽里。

图 2.25　SMG-Ⅱ变速器的换挡转换鼓

在换挡时，只要转动换挡鼓，三个拨叉由于卡在特殊的槽里，就会随着换挡鼓的转动而同时前后移动，实现退挡和进挡的任务。所以换挡鼓上槽的设计非常重要，一般当换挡鼓转动 50° 时即完成一次换挡，非常快捷。由于通过换挡鼓的旋转进行换挡，故 SMG-Ⅱ 变速器的换挡是按顺序一挡一挡进行的，比如要从 1 挡换到 3 挡，必须前推变速杆两次，使换挡鼓转动两个 50°，先经过 2 挡再换入 3 挡。降挡同样如此。

SMG-Ⅱ 变速器不可以跳跃换挡，必须按顺序进行换挡，推、拉变速杆一次，只能升或降一个挡位，所以 SMG-Ⅱ 变速器也被称为顺序换挡自动变速器。

宝马的 SMG 顺序式半自动变速器是根据 F1 赛车半自动变速器的原理制成的，并且在宝马威廉姆斯赛车上也有应用。其实，半自动变速器的实质还是一个使用齿轮传动的手动变速器，只不过其换挡系统是由一套液压控制系统去完成离合器的开合、换挡等动作的。SMG 变速器具有 7 个挡位，挡位间的接合是像传统手动变速器一样的齿轮啮合，而不是普通变速器的液力变矩器和行星齿轮结构，这样设计的特点是在动力传递的过程中能够降低发动机的能量损耗。

在手动模式下，驾驶员可以通过转向盘上的拨片或是传统的变速杆进行换挡操作，唯一与手动变速器不同的是，在换挡时驾驶员不需要踩下离合器踏板。当拨动换挡拨片或变速杆时，在电脑管理系统的控制下，换挡过程中离合器的切断和接合动作由工作压力为 4.5~8MPa 的液压系统控制，这个动作最快可以达到 0.08s 的水平，一个普通的受过专业赛车训练的车手，换挡时间也要 0.3s，而采用电控液压控制，其挡位切换速度比专业赛车手还要快上数倍。

2.6　KRG 锥环自动变速器

KRG 锥环式无级变速器是一种无级变速的、靠摩擦传动的变速器，从运作原理上其属于 CVT 变速器的分支，KRG 的设计理念是避免采用任何方式的液压泵，仅用简单和耐用的部件实现纯机械控制。与传统 CVT 无级变速器相比，KRG 的这种设计理念使它在制造成本和效率方面拥有巨大的优势。

KRG 锥环式无级变速器实现无级变速的主要执行机构是输入滚锥、输出滚锥和它们之间传递动力的锥环，锥环平面在两个滚锥上得到的截面圆的周长决定了输入轴和输出轴的速比，另外还有锥环本身的尺寸引起的差异，所以锥环在滚锥上的位置直接决定变速器的速比。

由于锥环可以在滚锥上的左、右止点之间任意移动，所以能够提供在一定范围内连续可变的速比。如图 2.26 所示，上面的输入滚锥、下面的输出滚锥加上在两者间传递动力的锥环，即锥环变速器的主要机构。

图 2.26　变速器中的滚锥和锥环实体

　　锥环所在平面相对于两个滚锥截面圆的周长差异决定了输入、输出的速比，只要输入滚锥转动，动力便会通过输入滚锥传递到锥环，进而带动输出滚锥做反向转动。

　　变速器整体的结构并不复杂，目前的 KRG 变速器主要是针对横置发动机设计，动力从发动机出来之后直接连接离合器（KRG 可以配置液力变矩器和干式离合器），输入轴与行星齿轮相连，然后是输入滚锥—锥环—输出滚锥，最后动力即输出至差速器。

　　在离合器方面，KRG 使用的干式离合器像 AMT 变速器一样，采用电子控制，所不同的是，其离合器控制机构不像大多数 AMT 变速器那样使用电—液控制系统（由电子泵、液压执行机构等组成的控制系统）来控制离合器的接合与分离，而是采用电动机控制离合器，在结构上更加简单，响应速度也更快。当然，KRG 同样可以采用液力变矩器。

　　如图 2.27 所示，KRG 锥环和滚锥之间的夹紧力是通过输出滚锥的轴向移动来实现的。由滚珠和斜槽组成的机械式扭矩传感器能将输出扭矩转换成轴向压力。通过定位输出轴扭矩传递路径上的位置，此机械系统可"感受"到各种扭矩变化，并将其转化为相应的轴向力，从而在机械效率和传递扭矩之间实现自动机械式调节。这种简单的机械式结构没有使用常用的、昂贵的电子传感器和电控液压系统，在节省成本的同时工作可靠性有保障。其缺点是当系统扭矩需求变大时，整个 KRG 变速器的机械效率会明显降低。

　　KRG 并不是一项很新奇的发明，早在文艺复兴时期，意大利著名画家达芬奇就已经绘制了 CVT 变速器的雏形，也是 KRG 的鼻祖。1902 年工程师泰勒第一次做出了锥环式的变速器结构，也是 KRG 的原型。这种设计通过改变滚锥的半径和角度就能很容易调整起步速比，超速挡速比及速比范围可以满足不同整车的性能与空间要求，因此匹配灵活性极高，二次开发成本较低。

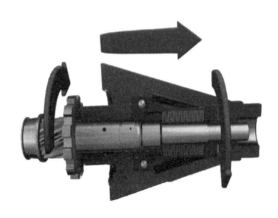

图 2.27　KRG 的夹紧机构

　　KRG 经历了 20 多年的研发过程，已经发展到第四代产品，虽然从理论上来讲 KRG 的结构较为简单，同时也适合应用在经济型汽车上。然而从目前的情况来看，依然有许多有待提升的问题，脆弱零件尤其是锥环的可靠性还不是很高，同时受制于匹配车型的低价特性，故 KRG 变速器不可能为追求高性能、高可靠性而牺牲其同 AT 变速器竞争的最大优势——低成本。随着对国家对节能车型的政策鼓励以及消费者对于无级变速器的认可度逐渐提高，使得该款变速器的未来令人看好。但是 KRG 变速器无法满足激烈的驾驶需求，同时短时期内也很难将产品线扩展到大排量车型。

图 2.28　KRG 部分组件

（1）无极变速器的优点是什么？
（2）简述无极变速器的工作过程。
（3）简述汽车采用双质量飞轮的意义。
（4）简述双离合器变速器的技术特点。
（5）简述驱动防滑的种类。
（6）简述宝马 SMG 变速器的特点。

第 3 章
汽车四轮驱动技术（4WD）

3.1 概述

传统汽车一般只有两轮为驱动轮，即 2WD；当四个车轮均为驱动轮时，即为 4WD。

汽车刚出现时以二轮驱动为主，但有时在无路或泥泞的路面上，常出现汽车抛锚现象，人们设想汽车能像马车一样无论在什么道路环境下都能有很好的通过性，由此出现了 4WD 汽车，而两次世界大战加速了 4WD 汽车的发展。在 1914—1918 年的第一次世界大战中，为了运送大量兵员和武器弹药，已经使用了四轮驱动汽车，其运动性和可靠性较一般车辆要高。

在 1939—1945 年的第二次世界大战中，四轮驱动军用车辆已成为机动部队的主要交通工具，在战争中被广泛使用，尤其是产量达到 64 万辆的吉普车更是名声远扬，甚至有人认为是吉普车使联军取得了胜利。

和平年代，当初的四轮吉普车向不同方向发展：四驱车不但用于军事上，更多用于赛车、野营、运输、通勤等方面，向轿车和轻型车方面快速普及开来。

四驱系统是四轮驱动系统的简称，此处所讲的四驱系统仅限于四轮车辆的四驱系统，不包含 6×4、8×4 等驱动系统。四驱系统是一种复杂的全轮驱动系统，有别于常见的前驱系统和后驱系统。四驱系统最大的优点是通过性强，可以轻松行驶于崎岖不平的道路上。

四驱系统的复杂性主要体现：既要在适当的时候使四个轮子都具有驱动力，又要在较高速度行驶时使它们能够相对独立地转动，避免在转向时出现前后轮的干涉，引发安全问题。

要保证四个轮子独立转动，需要在传动系统中增加一个协调前后轴转动关系的特殊部件，而根据四驱类型的不同，这个特殊部件可以是分动器、中央差速器和扭矩管理器（多片离合器、黏性耦合器等）。

四驱系统的优势不仅仅体现在通过性上，其加速性也优于两驱车辆，因为四个轮子都是驱动轮，可以充分利用轮胎与地面的附着力。有些赛车手为了取得更好的比赛成绩，就在赛车上应用了四驱系统。同时由于四驱系统的良好循迹性，车辆的操控性和高速过弯能力非常好，所以有些轿车的性能版及越来越多的超级跑车、高级轿车也在使用四驱系统，如三菱 EVO、斯巴鲁翼豹、法拉利 FF、布加迪、奥迪 A8、奔驰 S 级，等等。

四驱系统的分类方法有很多，可以基于所搭载的车型分类，也可以基于四驱系统的结构形式分类，还可以根据四驱系统的作用方式分类。按照结构形式分类，四驱系统可以分为基于前驱的四驱系统和基于后驱的四驱系统；按照作用方式分类，四驱系统可以分为分时四驱系统、适时四驱系统和全时四驱系统。

常见著名的四驱系统：

1）奥迪：Quattro。
2）大众：4MOTION。
3）奔驰：4MATIC。
4）宝马：X-Drive。
5）三菱：S-AWC 系统、SSAWD 四驱系统。
6）本田：SH-AWD。

3.2 分时四驱系统

分时四驱系统（PART-TIME 4WD）是一种基于后驱传动机构的四驱系统，通常情况下车辆以后轮来驱动行驶，通过在变速器和传动轴之间增加一个分动器来实现动力向前桥的传输与断开。分动器一般设有高速挡和低速挡，变速可通过一套行星齿轮或者两组齿轮来实现。一般通过齿轮副或者金属链来传递动力。

分时四驱系统是一种驾驶者可以在两驱和四驱之间手动选择的四轮驱动系统，由驾驶员根据路面情况，通过接通或断开分动器来转换两轮驱动或四轮驱动模式，这也是越野车或四驱 SUV 最常见的驱动模式。

分动器结构复杂，操作麻烦，舒适性较差，特别是由于没有中央差速器，在四驱状态下车辆的操控性比较差，效率也很低，不适于在铺装路面上行驶，所以现在一般 SUV 都不再使用。但由于其具有可靠性高的优点，故目前其多用于硬派越野车和特种车辆上。

分时四驱靠操作分动器来实现两驱与四驱的切换。它的优点是结构简单，稳定性高，坚固耐用。缺点是必须车主手动操作，有些甚至不只是一个步骤，同时还需要停车操作，这样不仅操作起来比较麻烦，而且遇到恶劣路况不能迅速反应，往往会错过脱困的最佳时机；而且因为分时四驱没有中央差速器，所以不能在硬地面（铺装路面）上使用四驱系统，特别是在弯道上不能顺利转弯。

一般情况下，车辆并不是长时间处于四驱状态，正常行驶状况下采用的是两轮驱动，当需要通过恶劣路面时，驾驶员可以通过分动杆把两轮驱动切换成四轮驱动，让四个车轮都提供驱动力，从而提高车辆的通过性能。

操作方式：车内会特别设计分动装置，有些是分动箱的挡杆，有些是电子的按钮或旋钮。

分时四驱的传动规律如图 3.1 所示。

图 3.1 分时四驱的传动规律

分时四驱的常用车型有吉普牧马人（见图 3.2）、长城哈弗、三菱帕杰罗（进口，见图 3.3）。

图 3.2　吉普牧马人

图 3.3　三菱帕杰罗（进口）

3.3　适时四驱

适时四驱（Real-Time）单纯从字面来理解，就是指只有在适当的时候才为四轮驱动，而在其他情况下仍然是两轮驱动的驱动系统。这个名称是有别于需要手动切换两驱和四驱的分时四驱，以及所有工况下都是四轮驱动的全时四驱而来的，有些厂家也称其为智能四驱。

相比于全时四驱，适时四驱的结构要简单得多，这不仅可以有效降低成本，而且也有利于降低整车质量。

适时四驱的实现方式是在原本前驱或者后驱的传动系统中，通过取力器（PTU，又称扭力放大器）/智能分动器（TOD）向后桥、前桥传递一部分动力，传递扭矩的大小由扭矩管理器（ITM）/智能分动器（TOD）来控制。ITM/TOD 中的传力部件一般为多片离合器，通过电磁或者液压来控制离合器片的压紧程度，进而调节传递扭矩的大小。扭矩管理器也有极其简单的，如本田 CR-V 曾经使用过的黏性耦合器。

湿式多片离合器和自动变速器上广泛使用的离合器结构相同，是靠摩擦材料和金属板之间的摩擦来传递扭矩的。因为浸在润滑油中，所以被称为湿式多片离合器，其特点是即使产生摩擦热，也能被冷却，且磨损小。

湿式多片离合器靠液压动作，因此有时需要添加单独的液压泵。如果汽车装用了自动变速器的话，湿式多片离合器可直接使用自动变速器的压力油。湿式多片离合器的工作原理是利用活塞推动摩擦压板来传递扭矩。

使用电脑可以控制湿式多片离合器的工作油压，从而很容易改变该离合器传递扭矩的大小，这使湿式多片离合器获得了广泛的应用。多片离合器式差速器如图 3.4 所示。

目前，很多适时四驱汽车在使用电脑控制湿式多片离合器的同时，还使用各种传感器检测发动机的转速、车辆速度、加速踏板角度、转向盘转向角、前后左右加速度等，并根据汽车的行驶状态和路面条件，按预先给定的程序确定湿式多片离合器传递扭矩的大小，从而使汽车具有人们所希望的性能。

目前绝大多数适时四驱在前后轴传递动力时，会因结构本身的缺陷而无法将超过 50% 以上的动力传递给后轴，这使它在主动安全控制方面没有全时四驱的调整范围那么大；同时相比于分时四驱，它在应对恶劣路面时，四驱的物理结构极限偏低。

操作方式：大多数都在车内设计了单独的按钮，印有"LOCK"字样，而也有些为自动感应

图 3.4 前、后轴之间的多片离合器式差速器

式的联通四驱状态,车内无按钮。

适时四驱的代表车型有大众途观(见图 3.5)和本田 CR-V(见图 3.6)等。

图 3.5 大众途观

图 3.6 本田 CR-V

常见的适时四驱动力传动路线如图 3.7 所示。

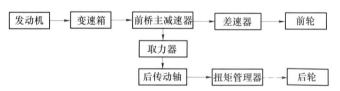

图 3.7 常见的适时四驱动力传动路线

此系统一般适用于前横置发动机,由前桥主减速器引出动力,通过一对锥齿轮向后传递给传动轴,然后经过扭矩管理器传给后桥主减速器,其核心部件是取力器(PTU,又称扭力放大器,见图 3.8)和扭矩管理器(ITM)。此类四驱系统在正常行驶时后轮只有极小的驱动力或者无驱动力,整车由前轮驱动,与前驱车辆无异,只有在前轮附着力不足而出现滑转时,扭矩管理器才将动力传递给后桥来驱动车辆行驶。其越野性能有限,燃油经济性较佳,适用于中小型四驱轿车和城市 SUV。

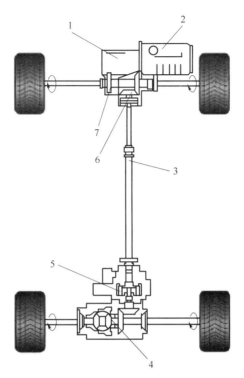

图 3.8　取力器（扭矩放大器）的布置位置
1—变速器；2—发动机；3—传动轴；4—后桥差速器；5—扭矩管理器；6—取力器；7—前桥差速器

取力器（PTU）本质是一对锥齿轮，其速比一般与后桥主减速比互为倒数。主动齿轮装配于前桥差速器壳体上，被动齿轮纵向布置，通过法兰与传动轴连接。后传动轴的动力来自于前桥主减速齿轮，因此后轮的转速不可能大于前轮转速。有些由于前桥空间的限制，把取力器的锥齿轮设计成两级齿轮副，缩小了体积，以方便布置。

扭矩管理器一般为液压多片离合器，大众途观后驱动桥剖视如图 3.9 所示。

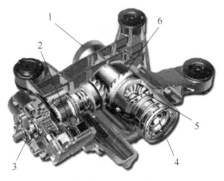

图 3.9　大众途观后驱动桥剖视
1—右半轴；2—多片离合器；3—输入轴；4—左半轴；5—差速器；6—主减速齿轮

扭矩控制部件（ITM 和 TOD），即各种常见四驱车辆中的中央差速器的分类、生产公司及使用车型如图 3.10 所示。

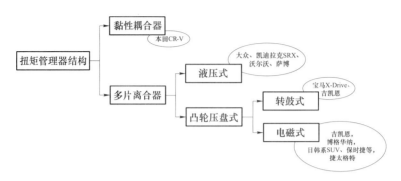

图 3.10　扭矩控制部件的分类、生产公司及使用车型

3.4　全时四驱

全时全轮驱动，简称 AWD（All Wheel Drive），具体的含义是：汽车在行驶的任何时间，所有车轮均独立运动。

全时四驱系统可以实现车辆在行驶过程中，四个车轮均有驱动力，其关键特征是具有中央差速器。全时四驱传动系统的动力传递方向如图 3.11 所示，其从中央差速器向前、后传动轴传递动力是对等的。

图 3.11　全时四驱动力传递简图

全时四驱系统需要有三个差速器来保证四个车轮均有驱动力且能以不同的速度转动。前后桥差速器一般为行星齿轮差速器（可能会是防滑差速器也可能是开放差速器），中央差速器一般是行星齿轮差速器或者蜗轮蜗杆（如 A 型托森）差速器，也有个别车型使用凸轮滑块差速器。有些车辆为了增强其通过性，在差速器上附加限滑装置。由于全时四驱系统不仅具有优秀的通过性，而且具有很好的加速性能和弯道操控性，所以其适用于高端 SUV，而且也受到了高级轿车的青睐。

全时四驱车辆比两驱车型（2WD）拥有更优异与安全的驾驶基础，尤其是碰到极限路况或是激烈驾驶时。理论上，全时四驱拥有更好的牵引力。车辆是依据其持续平稳的牵引力来行驶的，而牵引力的稳定性主要由车辆的驱动方法来决定。将发动机动力输出，经传动系统分配到四个轮胎与分配到两个轮胎上作比较，其结果是全时四驱的可控性、通过性以及稳定性均会得到提升，即无论车辆行驶在何种天气以及何种路面（湿地、崎岖山路、弯路上），驾驶员都能够更好地控制每一个行迹动作，从而保证驾驶员和乘客的安全。

操作方式：直接驾驶。

代表车型：奥迪 Q7（见图 3.12）、雷克萨斯 LX570（见图 3.13）等。

图 3.12　奥迪 Q7

图 3.13　雷克萨斯 LX570

3.5　四轮驱动的固有问题

四轮驱动和二轮驱动相比，驱动轮只增加了一倍，但是在技术上的困难程度却加大很多。对于四轮驱动来说，许多二轮驱动很容易解决的问题却成了大问题。除此之外，还出现了一些四轮驱动所固有的新问题。

在以前，很多四驱车辆都存在一些问题，在这些问题和现象当中，特别重要的有以下 4 点：
1）急转弯制动现象。
2）前后轮互相干涉。
3）动力传动效率低。
4）驱动系统的振动和噪声大。

随着汽车技术的不断推进和改良，以上的问题都在逐渐地被完善并解决。

3.6　典型车型的四轮驱动技术

常见的四驱系统主要有分时四驱（Part Time 4WD）和全时四驱（Full Time 4WD）两种。其中分时四驱是四驱车中最常见的四驱系统，如三菱帕杰罗、丰田陆地巡洋舰普拉多、吉普、铃木维特拉及吉姆尼等都使用分时四驱。

分时四驱的使用可分两种状态：一种是两驱，汽车只有两个车轮得到驱动力，与普通汽车没有区别；另一种是四驱，此时汽车前、后轴以 50∶50 的比例平均分配动力。分时四驱历史悠久，其优点是结构简单，可靠性高，加装自由轮毂（Free Wheel Hub）后更加省油。

全时四驱是使汽车四个车轮一直保持有驱动力的四驱系统。若要细分全时四驱系统，则可将其分成固定转矩分配（前后 50∶50 比例分配）和变转矩分配（前后动力分配比例可变）两大类。全时四驱也有很长的历史，可靠性更高，但其燃油消耗较大。

图 3.14 所示为奥迪 A8 动力和传动系统（含四驱结构）。

3.6.1　奥迪 Quattro 全时四轮驱动技术

1. 奥迪 Quattro 全时四轮驱动技术发展历史

在 1980 年 3 月 3 日，第一辆 Quattro 全时四轮驱动技术汽车在瑞士日内瓦车展上亮相。Quattro 全时四轮驱动技术为奥迪在赛车运动领域和民用汽车领域奠定了不可动摇的地位。

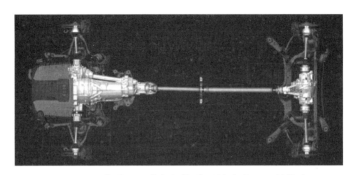

图 3.14 奥迪 A8 动力和传动系统（含四驱结构）

Quattro 不但意味着全时四驱，同时还代表着非凡动力和快速安全的驾驶体验。Quattro 技术理念已成为奥迪品牌成功的主要元素之一，具有重要的市场意义。

奥迪公司继 1980 年推出第一辆 Quattro 后，又相继开发了多款车型。1982 年起，奥迪推出了五款不同的全时四轮驱动的车型：奥迪 Coupe、奥迪 80/90 以及奥迪 100/200。

1988 年，Quattro 系列出现了一款新的领军车型——奥迪 V8，其最初配备的发动机输出功率为 185kW，后来升级至 206kW，并全部配备全时四轮驱动系统。

从 20 世纪 90 年代开始，配备 Quattro 全时四轮驱动系统的奥迪 S 系列在众多比赛中获得大奖，大大提升了奥迪汽车的动感形象。最典型的车型要数 S2Coupe，它是第一款 Quattro 的换代产品，其优雅的特性向世人表明：动感与典雅可以实现和谐统一。这种理念在奥迪 S4 身上得到延续。

奥迪第一款 RS 车型也让它的车迷们惊叹不已。RS2 Avant 以其卓越的性能震惊业界，该款配以 5 缸涡轮增压发动机的车型于 1994 年一进入市场便大获成功。它配备的发动机功率为 262 kW，当时有 2 881 名客户选购了这款在奥迪 80Avant 基础上开发的跑车。同时，RS2 也成了奥迪车迷俱乐部长久期待的经典杰作。

奥迪车系中销量最多的是奥迪 A4 和奥迪 A6，这两款车系中装配 Quattro 的车型同样销量不俗。截至 2004 年年底，奥迪共生产了 37 572 辆装备全时四轮驱动系统的奥迪 A4 和 601 204 辆该配置的奥迪 A6。在奥迪 A6 车系中，装备全时四轮驱动系统的奥迪 A6 已占总量的 42%。从 1999 年开始，紧凑型奥迪 A3、奥迪 TT 以及奥迪 TT Roadster 也可以选装 Quattro 全时四轮驱动系统。由于这些车型配备的是横向发动机，因此采用电控哈尔德克斯（Haldex，瀚德）离合器代替了托森单元作为中央差速器。2004 年售出的 58% 的 TT Coupe 以及 42% 的 TT Roadster 均配备了全时四轮驱动系统。

从 1980 年至 2004 年年底，奥迪已经生产了 1 815 396 辆配备全时四轮驱动系统的汽车，占其生产总量的 15.1%。在中国，一汽大众奥迪生产的全新奥迪 A6L 3.0 Quattro 和 4.2 Quattro，以及奥迪 A4 3.0 Quattro 都配备了 Quattro 全时四轮驱动系统。

在国际高档豪华轿车市场上，奥迪在全时四轮驱动领域始终是无可争议的领先者。近几年来，奥迪生产的配备 Quattro 全时四轮驱动系统的车型已超过奥迪总产量的 1/4，2004 年更达到 26.7%。目前，共有 75 款配备 Quattro 全时四轮驱动系统的奥迪车型。

2. 奥迪 Quattro 全时四轮驱动技术原理

装配 Quattro 全时四轮驱动系统的汽车同只具有后轮或前轮驱动的车型相比，能够将发动机动力平均分配到四个车轮，因此能够承受更大的侧向力。它的牵引能力以及转向能力比那些传统驱动系统更加出众。

自 1987 年开始，Quattro 理念进行了一项革新——托森差速器：用自锁型蜗杆齿轮单元代替了手动差速器锁紧装置，即托森 A 型差速器。托森的原意为转矩传感器，该设备可以按需将发动机转矩进行无级分配以实现牵引目的，在某些极限情况下，车轴能够获得的有效转矩高达 75%。托森差速器仅在承载状态下才进行锁紧，在紧急情况下，车辆的防抱死系统仍能够发挥功效。如今，现代化技术如电控差速器锁紧装置已经应用在车轴里了，ESP 电子稳定程序也实现了对托森差速器的有益补充。

奥迪 Quattro 技术的核心就是位于前后驱动桥之间、负责把动力输出分配的托森差速器，它每时每刻都在根据前、后桥以及四个车轮上传感器测得的数据，对前、后桥之间的转矩分配做出自动的持续调节。在正常的路面条件下，前、后桥之间的动力分配大约为 50∶50；而在极端的条件下，托森差速器借助于它的自动锁止装置按照保证最大牵引力输出的原则可以将前、后桥的动力调节到 25∶75，或者是 75∶25，也就是每一桥上的转矩输出是在 25%~75% 任意可调的，这就充分保证了即使前、后桥中的一个处于极差的路况下，另一个也能获得足够大的动力将车子开出这一区域。

位于前桥和后桥上的电子差速锁（EDL）则借助于每个车轮上 ABS 传感器测得的信号，对测出将要打滑的车轮施加相应的制动力，以防止这个车轮打滑，同时将更多的动力传递到另一侧车轮。这一装置可实现对前桥或后桥左右两侧车轮的转矩输出在 20%~80% 内的任意调节，以保证每个车轮都获得最佳的动力。

奥迪四驱车型的另一特点是发动机的制动力传送给所有四个车轮。例如，如果驾驶员在湿滑的路面上快速行驶而紧急制动和突然松开加速踏板，四驱车的每个轮只传输 1/4 的相应发动机制动力到公路，安全度相应提高。因为各车轮上作用力的减少意味着降低了这些情况下轮子旋转侧滑的危险，因此在所有驱动状态下，四驱车型都可提供最理想的牵引力及稳定性，驾驶者能够充分享受和利用汽车的潜力，同时确保其高度的主动安全性。在转弯行驶中，经托森差速器的差速调整，前轴驱动轮的转速大于后轴驱动轮的转速。

动力传递路线：前传动轴─→空心轴─→差速器─→前后驱动轴。

托森 A 型差速器差速运转工作过程：前传动轴─→前轴太阳轮─→蜗轮（前轴）─→行星齿轮（前轴）─→行星齿轮（后轴）─→蜗轮（后轴）─→后轴太阳轮─→后传动轴。如图 3.15 所示。

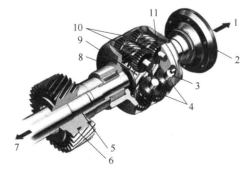

图 3.15　奥迪托森 A 型差速器结构

1—后轮；2—后传动轴法兰；3—蜗轮轴；4—行星齿轮；5—前传动轴；6—空心输入轴；7—前轴；
8—差速器壳；9—前轴太阳轮；10—蜗轮

三对互相啮合的蜗轮装在差速器壳体上,中间是两个蜗杆,分别连接前、后传动轴,因其结构具有对称性,所以前、后桥扭矩分配比例为 50∶50。蜗轮蜗杆具有自锁特性,如果某一根传动轴出现空转,动力将自动传向另一根传动轴,所以不会出现一侧空转导致动力白白流失的情况。

原来的 A 型和 B 型 Torsen 差速器使用蜗轮蜗杆实现差速,但是现在的 C 型 Torsen 差速器使用非对称式行星齿轮来实现差速。非对称式行星齿轮差速器的优点是在车辆正常行驶时可以将更多的扭矩传递给后桥;而蜗轮蜗杆差速器因其具有对称性,故在正常行驶时只能向前、后桥平均分配扭矩。

第三代奥迪 A8 的中央差速器(托森 C 型)如图 3.16 所示。

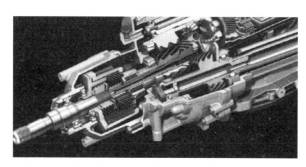

图 3.16　第三代奥迪 A8 的中央差速器(托森 C 型)

3.6.2　斯巴鲁左右对称全时四驱系统

1. 斯巴鲁左右对称四驱系统

斯巴鲁有名的技术主要有:左右对称全时四轮驱动系统(Symmetrical AWD)和水平对置发动机(Subaru Boxer)。

自 1972 年开始生产四轮驱动汽车以来,斯巴鲁将致力于左右对称 AWD(全时四轮驱动)系统和新技术的开发作为前进的动力,而如今它已经成为该技术领域的佼佼者。

2. 左右对称 AWD 系统的优势

只有将动力传递到 4 个车轮才能够保证驾驶者在任何条件下既能享受到驾驶的乐趣,又能有更强的安全感。斯巴鲁将长度缩短、高度降低的水平对置发动机和一台直线型变速器沿汽车中心线放置,为汽车提供了一个稳定的车身结构,使汽车具备了一流的整体性能,使其在转弯时的反应更加精确,在高速行驶和恶劣气候条件下更加稳定。其四轮驱动系统统称为 Symmetrical AWD,亦即左右对称全时四轮驱动系统。若要将其进行进一步细分的话,如上所述,又可以分为四种,即连续式(Continuous)、主动式(Active,也就是 ACT4 或者 ATS)、动态式(VTD-AWD)和手动式(DCCD)。斯巴鲁四驱系统分类如图 3.17 所示。

1)水平对置发动机降低了重心和振动。斯巴鲁的水平对置发动机使动力系统对称布置成为可能。这款卧式发动机的优势在于两个相对的活塞可以将各自发出的振动相互抵消。与直列和 V 型发动机相比,它提供了平稳、无间隙、流畅的动力输出。此外,水平对置发动机的设计将发动机高度降低、长度缩短,这意味着可以使发动机变得更紧凑、重量更轻,也更稳定,相应车身的重心也同时降低。

2)转矩分配系统确保每个车轮分配到合理的转矩值。汽车在何时都能获得最合适的牵

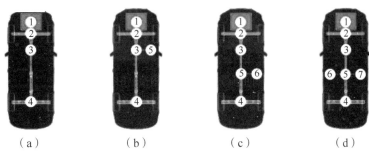

图 3.17　斯巴鲁四驱系统分类

（a）连续式（Continuous）；（b）主动式（Active）；（c）动态式（VTD）；（d）手动式（DCCD）
1—水平对置发动机；2—前差速器；3—连续式：黏性耦合器中央差速器；主动式：多片离合器组件；动态式：多片离合器组件；手动式：多片离合器组件；4—后差速器；5—传动控制模块（TCM）；6—行星齿轮组中央差速器；7—驾驶员控制中央差速器（Driver's Control Centre Differentia，DCCD）

引力对保持车身稳定性都是至关重要的，斯巴鲁的转矩分配系统在这方面保持着相对于传统四轮驱动装置的技术优势，随着专门为左右对称 AWD 设计的转矩分配系统的不断改进，它可以灵活地将发动机转矩分配到每一个车轮上，而其他一些系统只能将转矩传到前轮或后轮上。

3）对称设计能降低侧滑力矩，使得高速转弯更加容易。汽车无论转多大的弯，都会有离心力作用到车身上，这个力被称为侧滑力或惯性力。该力会使车身有向外侧移动或有向外侧倾斜的趋势，并且这一运动趋势会因车身重心的增高而加强。因此，汽车将会花更长的时间恢复平衡。这就是大家都了解的"钟摆"效应，其也是斯巴鲁应用水平对置发动机和左右对称 AWD 的另外一个原因。"钟摆"的重量越靠近车身重心，侧滑力矩就会变得越小，汽车转弯就会越容易，车身摇摆程度也就越小，相应地，平衡性和稳定性也会得到极大的提升。斯巴鲁左右对称设计四驱系统如图 3.18 所示。

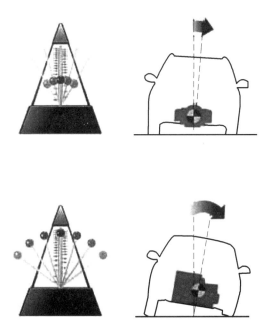

图 3.18　斯巴鲁左右对称设计四驱系统

4）动力控制系统优势明显。无论是在正常还是恶劣的条件下，与其他四轮驱动系统相比，斯巴鲁的对称 AWD 在汽车的安全操纵性和稳定性方面都具有明显的优势。作为四轮驱动系统全天候安全装置的辅助设备，动力控制系统仅在必要的时候才会发挥作用，并在生死攸关的时刻起到安全网的作用。同时，动力控制系统任何装置的工作都不会影响到驾驶乐趣。

5）牵引力分配合理。当车轮转弯时，只有相当于手掌般大小的轮胎面抓牢地面，汽车才会沿着驾驶者希望的方向前进，而斯巴鲁的左右对称 AWD 相对于两轮驱动系统就具有了明显的优势。同时，左右对称 AWD 总是能够实时地改变加在每一个轮子上的转矩，故它又优于其他的四轮驱动系统。经过比较，不论是前轮驱动系统还是后轮驱动系统，总是有两个轮胎无法获得任何转矩，均会导致动力无法合理支配。而斯巴鲁先进的左右对称 AWD 则结合了前轮和后轮两个驱动系统中最优秀的性能，并克服了它们的不足之处。

3. 工作原理

从结构上分析，斯巴鲁车型显然具备了平衡、重心低这些特点，加上其采取的左右对称 AWD 四轮驱动方式（见图 3.19），使其具备了拥有良好操控的坚实基础。

图 3.19　斯巴鲁四驱结构

3.6.3　奔驰 4MATIC 全时四驱系统

奔驰全时四驱技术称为 4MATIC，该系统最早应用于奔驰的专业越野车上。但是，20 世纪 80 年代的奔驰 G 级使用的是分时四驱系统，该系统采用多片湿式离合器来控制前桥动力的通断。

1. 早期奔驰全时四驱系统的工作原理

当汽车正常行驶时，采用后轮驱动，因为此时中央耦合器在电脑的控制下是保持断开的，故动力 100% 地传递给了后轮。当汽车转弯时，电脑会通过转角传感器测得一个转向角度，然后通过这个转向角度计算出一个前、后车轮的理论转速。

1）如果后轮的转速与前轮的转速相匹配（差别在误差允许范围内），那么视为正常转向。

2）如果前后车轮转速差超过正常范围，那么电脑则会判断此时后轮已经开始打滑，然后自动控制中央黏性耦合器接通，将一部分动力分出来传递给前轮。这时前轮获得的动力大概只有 35%，其目的是让后轮摆脱打滑。如果此时后轮仍然打滑，那么电脑则会判断，35% 的动力不足以让汽车摆脱打滑的局面，从而自动锁死多片离合器。这时相当于刚性地把前、后驱动桥连接起来，前、后按照 50∶50 的固定比例传递动力。换个角度来看，相当于差速器被差速锁锁死。当然这种方式最多也只能实现前后 50∶50 的动力分配，如果 50% 的动力仍然不能把车从泥坑里拉出来，那就没有办法了。

2. 全时四驱系统

奔驰第二代 4MATIC 采用了前、中、后三个开放式差速器的全时四驱系统，其核心技术是差动限制方式。如图 3.20 和图 3.21 所示。

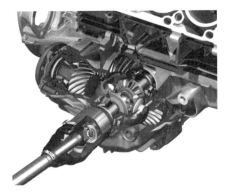

图 3.20　奔驰 4MATIC 差速器

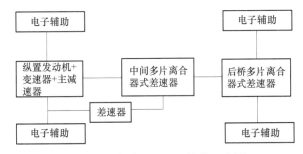

图 3.21　奔驰 4MATIC 结构示意图

为了克服开放式差速器的缺点，奔驰 4MATIC 采用了 4ETS 技术。虽然开放式差速器能够自动调节动力的分配，把动力自动分配给受阻力小的车轮，但是它的缺点也显而易见，一旦有一个车轮失去抓地力，那么车辆将陷入困境。

4ETS 就是利用了 ABS 的电子制动力分配（EBD）功能来实现差动限制的。其工作原理是：4 通道 4 传感器 ABS 能实现制动力自动分配，对需要制动的车轮逐个进行制动，而不是同时给全部车轮制动。每个车轮上的制动器都由一个电磁阀来控制，电磁阀能在电脑的控制下处于三种状态，即加压状态、平衡状态和减压状态，从而实现对逐个车轮的单独制动，而这一切都可以由电脑来进行自动控制。

因此，当 4MATIC 全时四驱的车辆有一个车轮打滑时，电脑可以通过控制 ABS 对这个打滑车轮制动的办法来限制它的空转，这样差速器就不会把动力传递给这个打滑的车轮了，而是将其传递给未打滑的其他三个车轮。如果制动系统把这个打滑的车轮锁死，那么其他三个车轮就能得到所有的动力，也就是说其他每个车轮能得到 33% 的动力。

如果车辆有三个车轮都在打滑，只有一个车轮能获得抓地力的话，同样的道理，4ETS 也能使这三个车轮产生制动力限制其打滑，而让动力 100% 地传递给未打滑的这一个车轮，使车摆脱困境。不过遇到三个车轮都打滑的可能性是非常小的。

奔驰 4MATIC 的另一个特点是：在高速行驶时能提高汽车的主动安全性能。汽车高速行驶时最危险的是轮胎丧失抓地力导致汽车失控，这在湿滑路面上尤为多见，而在 4MATIC 的帮助下，能够保证汽车更好地在安全的驾驶极限内行驶。虽然这与 ESP（电子稳定程序）所起到的作用不同，但原理有些相似。

对于 4MATIC 来说，同样是对可能失去抓地力的单个车轮进行制动，但情况却不相同。由于采用了三个开放式的差速器，在给这个将要打滑的车轮进行制动时动力并没有被损耗掉，而是通过差速器传递给了其他三个车轮。正因为 4MATIC 的 4ETS 技术能把传递到每个车轮的转矩在 0%~100% 内进行动态调节，所以极大地优化了驱动力的合理分配，从而保证了车辆高速行驶的主动安全性，而且转弯的速度和极限也能更高。

3.6.4　宝马 X-Drive 全时四驱系统

宝马早期的四驱系统采用的也是前、中、后三个开放式差速器，动力通过这三个差速器被分配给每个车轮。当有车轮打滑时，也是通过 ABS 的制动来实现差动限制的。为了克服在高速行驶时的缺陷，宝马推出了 X-Drive 全时四驱系统，该系统在中央差速器上安装了一套多片离合器。图 3.22 和图 3.23 所示分别为齿轮传动中央差速器和链条传动中央差速器。

X-Drive 全时四驱系统对中央差速器的差动限制比较独特，其不是采用 ABS 制动，而是采用多片离合器的分离和结合来实现差动限制。这套多片离合器由一个液压阀控制，液压阀能产生很大的推力，在电脑的控制下实现多片离合器的分离和结合。如传递扭矩在 400N·m 以下的车型，中央分动器采用齿轮传动；在 400N·m 以上的则采用链条传动。

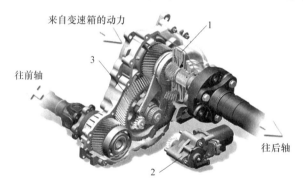

图 3.22　宝马 X-Drive 齿轮传动中央差速器
1—多片式离合器；2—电控机构；3—传动齿轮

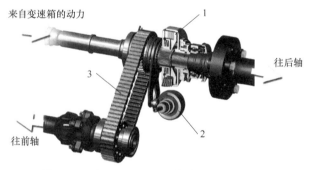

图 3.23　宝马 X-Drive 链条传动中央差速器
1—多片离合器；2—电控机构；3—传递钢链

当多片离合器分离时，中央差速器按照把动力分配给受阻力小的车轮的原则分配动力，但当车轮打滑时，多片离合器结合，把动力分配到抓地力大的车轮上。

宝马 X-Drive 四驱系统的中央差速器采用电控多片离合器，前后均为开放式差速器，带电子辅助功能（可以理解为 ESP 的一个扩展功能，能对单个车轮进行制动）。作为四驱系统的核心部件——电控多片式中央差速器，可以根据传感器接收到的信息（如车轮转速、转向盘角度，等等）了解车身状态，进而主动分配前、后桥的动力传递。在正常行驶条件下，X-Drive 智能全时四驱系统大致按照 40∶60 的比例将发动机的动力分配至前、后桥；而遇到复杂路况时，四驱系统检测到车身状态的变化，进而通过电脑控制多片离合器的接合来进行前、后轴的动力分配。理论上，X-Drive 全时四驱系统可以将 100% 的动力传递到前轴或后轴上，不过由于前、后桥均为开放式差速器，故遇到单侧车轮打滑时，只能依靠电子辅助制动进行左、右两侧车轮的动力分配。

汽车加速特别是急加速时，由于重心会后移，后轮的负载增大，后轮能获得的抓地力也就更大，最好的办法就是让后轮获得更大的动力，这样能够在加速时使车辆获得更多的有效牵引力。X-Drive 正好能实现这样的功能，而且在高速行驶和急加速时不会有制动系统的介入，也不会有过多的能量损耗。

3.6.5 大众 4Motion 全时四驱系统

奥迪和大众虽然属于同一个集团，但是在四驱技术上很多车型并没有实现共享。大众有着自己的四驱方式 4Motion，这跟奥迪的 Quattro 截然不同。大众 4Motion 并非是大众自己开发的，而是与瑞典的四轮驱动开发商 Haldex（翰德）合作开发的。

大众之所以不能直接应用奥迪成熟的四驱技术，主要与大众的传动方式有关。我们知道，奥迪和大众的主打车型虽然都为前驱，但奥迪主要以纵置发动机为主，而大众则是以横置发动机为主。奥迪的 Quattro 之所以能够设计得紧凑，主要归功于它的前纵置发动机布置，而大众的横置发动机显然不能满足 Quattro 在布置上的需求。布置在开放式轮间差速器前的 Haldex 多片离合中央差速器如图 3.24 所示，大众 4Motion 系统如图 3.25 所示。

图 3.24 布置在开放式轮间差速器前的 Haldex 多片离合中央差速器

图 3.25 大众 4Motion 系统

事实上，大众 4Motion 跟早期的奔驰 4MATIC 非常类似。它并非完全意义上的全时四轮驱动，其与奔驰第一代 4MATIC 最大的区别就是 4MATIC 在正常情况下以后轮驱动为主，而大众 4Motion 则是以前轮驱动为主。正是因为横置发动机的设计，使得大众无法给旗下的车型装配中央差速器（因为结构上不允许），所以 4Motion 只能从前驱动桥引出一根传动轴把动力分给后轮。

刚性地把前、后桥动力连接起来是不可能的，因为会产生转向制动，但在这种情况下又不能布置中央差速器，所以大众的解决方案就是在后转动轴的末端（接近后差速器处）安装一个电控液压多片离合器，如图 3.26 所示。

图 3.26　电控液压多片离合器总成

多片离合器与输入轴采用花键连接，输出轴与壳体相连，壳体内侧安装了很多离合器片，在强大的液压力的作用下，活塞可以横向推动离合器片接合，并产生强大的摩擦力，从而把动力传递给后轮。而液压则是完全通过电脑对电磁阀的控制而实现控制的，当四个车轮上与 ABS 共用的转速传感器检测到前轮有打滑倾向时，它会迅速产生一个执行信号通过 CAN—BUS 总线传递到控制液压的电磁阀上。一旦电磁阀打开，液压就会被接通，那么活塞就有了足够的力量推动离合器片接合而把动力传递给后轮。

前轮的动力被分走了，分给了有足够抓地力的后轮，那么打滑和失控的危险也就摆脱了，所以大众 4Motion 是一套很被动的四驱系统。对于大众 4Motion 来说，虽然一切都由电脑来完成，但在操作上跟全时四驱没什么两样，其本质与分时四驱差不多。

（1）按照四驱作用方式分类，四驱类型主要有哪三种？
（2）简述分时四驱的优点和缺点。
（3）简述全时四驱的优点。
（4）简述奥迪托森 A 型差速器差速运转的工作过程。
（5）简述斯巴鲁左右对称系统的优势。
（6）简述奔驰 4MATIC 技术的原理。

第 4 章
汽车转向新技术

4.1 电动转向技术

4.1.1 电动转向概述

继电子技术在发动机、变速器、制动器和悬架等系统得到广泛应用之后，国外汽车正逐步用电动助力转向（Electric Power Steering，EPS）取代传统液压助力转向（Hydraulic Power Steering）。电动助力转向已成为世界汽车技术发展的研究热点。

EPS 用电动机直接提供助力，助力大小由电控单元（ECU）控制。它能节约燃料，提高主动安全性，且有利于环保，是一项紧扣现代汽车发展主题的高新技术，所以一经问世就受到高度重视。近几年来，随着电子技术的发展，大幅度降低 EPS 的成本已成为可能，加上 EPS 具有一系列优点，使得它越来越受到人们的青睐。

1988 年 2 月，日本铃木公司首次装备 EPS，经过二十几年的发展，EPS 技术日趋完善，其应用范围已经从最初的微型轿车向更大型轿车和商用客车方向发展。EPS 的助力型式也从低速范围助力型向全速范围助力型发展，并且其控制形式与功能也得到了进一步加强。

在一些汽车上，装载了所谓的电子液压助力（Electro-Hydraulic Power Steering，EHPS），其助力原理与机械式液压助力完全相同，而与机械式液压助力最大的区别就是不再使用由发动机通过皮带驱动的液压泵，而是换成了电力驱动的电子泵。这种助力形式也被一些人称作电动助力转向。

4.1.2 EPS 的结构与特点分析

1. 基本结构与工作原理

EPS 是一种直接依靠电动机提供辅助扭矩的助力转向系统，其实物如图 4.1 所示。不同类型的 EPS 的基本原理是相同的，其没有了液压泵、储液罐、液压管路和转向柱阀体结构，而是由传感器、控制单元和助力电动机构成。电动助力转向系统原理如图 4.2 所示，在转向柱位置安装了转矩传感器，当转向盘转动时，转矩传感器探测到转动力矩，并将之转化成电信号传给控制器，车速传感器也同时将信号传给控制器，控制器运算后向电动机输出适当的电流，驱动电动机转动，电动机通过减速机构将扭矩放大，推动转向柱或转向拉杆运动，实现助力。其根据速度可变助力的特性能够让转向盘在低速时更轻盈而在高速时更稳定。

图 4.1　电动助力转向器

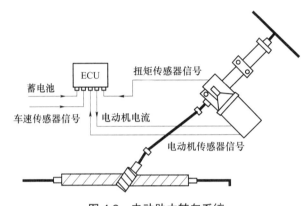

图 4.2　电动助力转向系统

2. EPS 的关键部件

EPS 主要由扭矩传感器、车速传感器、电动机、减速机构和电子控制单元等组成。

（1）扭矩传感器和车速传感器

扭矩传感器的功能是测量驾驶员作用在转向盘上的力矩大小与方向，以及转向盘转角的大小和方向。转向盘转矩传感器如图 4.3 所示。车速传感器的功能是测量汽车行驶速度。这些信号都是 EPS 的控制信号。

图 4.3　转向盘转矩传感器

（2）电动机

电动机的功能是根据电子控制单元的指令输出适宜的辅助扭矩，是 EPS 的动力源，多采用无刷永磁式直流电动机。电动机对 EPS 的性能有很大影响，是 EPS 的关键部件之一，所以 EPS 对电动机有很高的要求，不仅要求低转速、大扭矩、波动小、转动惯量小、尺寸小、质量轻，而且要求可靠性高、易控制。

（3）减速机构

EPS的减速机构与电动机相连（见图4.4），起降速增扭作用，常采用蜗轮蜗杆机构，也有的采用行星齿轮机构，如宝马的主动转向系统。有的EPS还配用离合器，装在减速机构一侧，以保证EPS只在预先设定的车速行驶范围内起作用。当车速达到某一值时，离合器分离，电动机停止工作，转向系统转为手动转向。另外，当电动机发生故障时，离合器将自动分离。

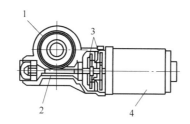

图4.4 减速机构
1—蜗轮；2—蜗杆；3—电磁离合器；4—电动机

（4）电子控制单元

电子控制单元（ECU）的功能是根据扭矩传感器信号和车速传感器信号进行逻辑分析与计算后，发出指令，控制电动机动作。此外，ECU还有安全保护和自我诊断功能，ECU通过采集电动机的电流、发电机电压、发动机工况等信号判断其系统工作状况是否正常，一旦系统工作异常，助力将自动取消。

3. EPS的分类

根据电动机布置的位置分为转向轴助力式、齿轮助力式、单独助力式及齿条助力式4种形式。

（1）转向轴助力式（见图4.5）

该电动转向系统的电动机固定在转向轴一侧，由离合器与转向轴相连接，直接驱动转向轴助力转向。

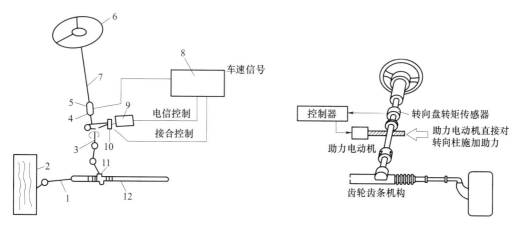

图4.5 转向轴助力式原理
1—连接杆；2—车轮；3—输出轴；4—扭力杆；5—转矩传感器；6—转向盘；7—输入轴（转向轴）；
8—控制器；9—电动机；10—离合器；11—转向齿轮；12—转向齿条

（2）齿轮助力式（见图4.6）

该电动转向系统的电动机和离合器与小齿轮相连，直接驱动齿轮助力转向。

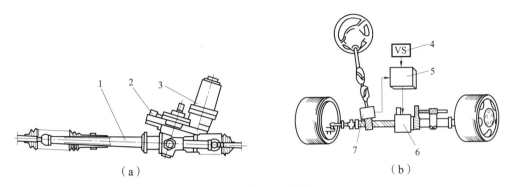

图 4.6 齿轮助力式结构

1—转向器；2—传感器；3—电动机和离合器；4—车速传感器；5—控制单元；6—助力电动机；7—转矩传感器

（3）单独助力式（见图 4.7）

该电动转向系统的电动机和离合器固定在齿轮齿条转向器小齿轮相对的另一侧，单独驱动齿条助力实现转向动作。

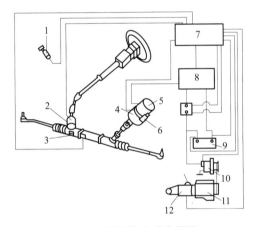

图 4.7 单独助力式布置图

1—点火起动开关；2—转矩传感器；3—转向角传感器；4—离合器和减速器；5—电动机；6—电动机继电器；7—信号控制器；8—动力控制器；9—蓄电池；10—交流同步发电机；11—发电机；12—车速传感器

（4）齿条助力式（见图 4.8）

该电动转向系统的电动机与齿条为一体，电动机带动循环球螺母运动，使齿条—螺杆产生轴向位移，直接起助力转向作用。

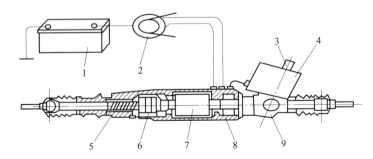

图 4.8 齿条助力式结构图

1—蓄电池；2—发电机；3—螺杆；4—控制计算机；5—螺旋滚道；6—循环球螺母；7—直流发电机；8—齿轮箱；9—导向壳

4. EPS 的特点

与液压动力转向相比，EPS 有以下特点：

1）EPS 能在各种行驶工况下提供最佳助力，减小由路面不平所引起的对转向系统的扰动，改善汽车的转向特性，减轻汽车低速行驶时的转向操纵力，提高汽车高速行驶时的转向稳定性，进而提高汽车的主动安全性，并可通过设置不同的转向特性来满足不同使用对象的需要。

2）EPS 只在转向时电动机才提供助力（不像机械液压助力一样，即使在不转向时，油泵也一直运转），因而能减少燃料消耗。

3）由于直接由电动机提供助力，且电动机由蓄电池供电，因此 EPS 能否提供助力与发动机是否起动无关，即使在发动机熄火或出现故障时也能提供助力。

4）EPS 取消了油泵、皮带、皮带轮、液压软管、液压油及密封件等，其零件比 HPS 大大减少，因而质量更轻、结构更紧凑，在安装位置选择方面也更容易，并且能降低噪声。

5）EPS 不存在渗油问题，可大大降低保修成本，并可减少对环境的污染。

6）EPS 比 HPS 具有更好的低温工作性能。

4.1.3　EPS 的优势和劣势

1. EPS 的优势

（1）转向轻便性

EPS 的基本目标是提高汽车停车泊位和低速行驶时的转向轻便性及高速行驶时的操纵稳定性。

（2）操纵稳定性

转向力与路感也是相互制约的，转向力小意味着转向轻便，能减少驾驶员的体力消耗；但转向力过小，就会缺乏路感。传统液压助力转向由于不能对助力进行实时调节与控制，所以协调转向力与路感的关系困难，特别是汽车高速行驶时，仍然会提供较大助力，使驾驶员缺乏路感，甚至感觉汽车发"飘"，从而影响操纵稳定性。由于 EPS 由电动机提供助力，助力大小由电控单元（ECU）实时调节与控制，故可较好地解决上述矛盾。

（3）燃油经济性

EPS 只在转向时电动机才提供助力，而 HPS 即使在不转向时油泵也一直在运转，所以 EPS 能减少燃料消耗。

（4）助力特性

EPS 可与其他电子系统联用，有着强大的功能扩展性。最基本的是"助力力度随速可变"，能够根据车速传感器的信息调节助力力度大小，满足车辆高速和低速行驶时对助力大小的不同需求，响应速度较液压助力系统更快、更直接。

在一些高端车型上，电动助力转向与其他系统共享总线数据，与可变阻尼悬挂、电子稳定系统等电子系统联动，以提升车辆的操控性能和主动安全表现。同时，伺服式的电动助力转向系统能够依靠电动机非常精确地控制车辆的转向角度，因此可以实现自动泊车及车道保持系统自动纠正方向的功能。

当前 EPS 已在轻型车（轿车）上得到应用，其性能已得到人们的普遍认可。随着直流电动机性能的改进、EPS 助力能力的提高，其应用范围将进一步拓宽。EPS 代表未来动力转向技术的发展方向，将作为标准件装备到汽车上，并将在动力转向领域占据主导地位。

2. EPS的劣势

电动助力转向系统比较大的问题是可靠性的问题，现在电动助力转向技术已经非常成熟。但是电子系统还是要比纯机械结构复杂一些，尤其是在激烈驾驶情况下，助力电动机容易过载，影响助力系统工作，所以很多考虑激烈驾驶工况的性能车型都还在使用液压助力转向系统。

其次，就像电子液压助力系统一样，电动助力转向遇到的仍然是功率的瓶颈问题，对于目前的大多数车辆来说，使用的都是12V的电源系统，能够带动的助力电动机功率有限，虽然可以通过搭配不同的减速机构改变助力电动机的承载能力，适应范围较电子液压助力更广，但是改变范围毕竟有限，对于转向负荷较大的大型车辆来说，电动助力仍然有些力不从心，只有在搭载高容量电池的混合动力车或电动车这类车型上，才能够有希望匹配大功率的助力转向电动机。

4.1.4 奥迪动态转向系统

奥迪公司使用动态转向系统解决了恒定转向传动比的折中问题，且根据车速和转向盘的转角即可实现最佳转向传动比。无论是在驻车、在多弯道的乡间公路行车，还是在高速公路上高速行车，动态转向系统都能提供最合适的转向传动比。图4.9所示为奥迪动态转向系统。

图 4.9 动态转向系统

1. 基本结构和基本功能

转向系统内集成了一个并行的（叠加的）转向机（执行元件），转向盘和前桥之间的机械式耦合器总是通过这个并行的转向机来保持接合。在系统出现严重故障时，这个并行转向机的电动机轴被锁住，以避免功能失误。而控制单元会计算出转向角应该增大还是应该减小，这个控制单元可操纵一个电动机，这个电动机会驱动并行转向机来工作。车轮总转向角是这个并行转角与驾驶员在转向盘上施加的转角之和。并行转角可以通过驾驶者施加的转角而增大、通过驾驶者施加的转角而减小或在驾驶者未操纵转向盘时就能实现转角。动态转向控制原理如图 4.10 所示。

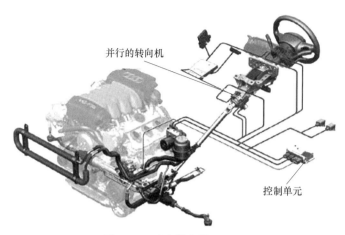

图 4.10　动态转向控制原理

2. 系统一览 / 系统元件

主动转向系统控制单元 J792，该控制单元位于驾驶员脚坑处的座椅横梁前，它的功能有以下两个：

1）基本功能：该控制单元用于计算出并行转角，以实现可变转向传动比。一般是根据车速和驾驶员所实施的转角来确定的。只要系统无故障，这个调节过程就一直在进行着。

2）辅助功能：具有稳定作用的转向介入。

ESP 控制单元通过稳定功能来计算出动态行驶时所期望的转向角校正值，这些校正值通过组合仪表—底盘 CAN 总线被传送给控制单元 J792，控制单元 J792 将相应的校正值加到计算出的并行转角中，于是作用到车轮上的转向角就是经过校正的转向角了。

有一个安全系统，用于监控控制单元的这个校正功能，这个安全系统可以判断出有可能导致执行元件误动（可能影响安全）的所有故障，且会根据故障情况来采取相应措施，从而关闭部分功能直至完全关闭系统。

（1）执行元件

转向角的校正是通过执行元件带动转向主动齿轮转动而实现的。这个执行元件由一个轴齿轮构成，轴齿轮用一个电动机来驱动。这套齿轮装置尤其适用于将较快的转动（比如电机）转换成很慢的转动的情况。基本原理：两个齿数不同的齿轮彼此啮合。在装备了动态转向系统时，由电动机直接驱动的齿轮有 100 个齿，输出齿轮有 102 个齿。在动态转向系统中，与转向盘直接相连的转向轴也与转向主动齿轮相连，这个连接是通过齿轮来实现的。杯形件与转向轴上部（它也直接与转向盘相连）通过花键实现无间隙连接。杯形件外形像个盆，壁薄而有弹性，其壁上装备有 100 个齿的外齿，与之配对使用的是一个内齿圈，齿数为 102 个。这个齿圈与转向轴下部，即与转向主动齿轮刚性连接。如果驾驶员转动了转向盘，那么杯形件与齿圈会像轴与轮毂那样运动，转动动作就会传递下去。这个工作模式与普通转向器是一样的。动态转向系统执行元件如图 4.11 和图 4.12 所示。

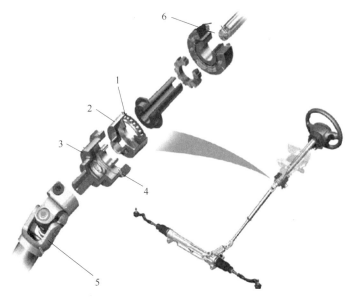

图 4.11　执行元件示意图 1

1—外齿；2—杯形件；3—齿圈；4—内齿；5—转向轴下部（齿圈转向与主动齿轮的连接件）；
6—转向轴上部（转向盘与环形件之间的连接）

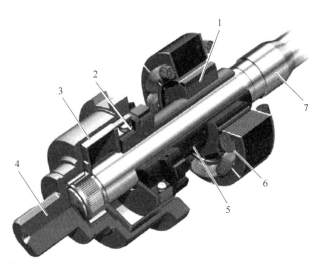

图 4.12　执行元件示意图 2

1—电动机转子；2—轴承内圈；3—杯形件；4—齿圈；5—空心轴；6—电动机定子；7—转向轴

转向轴上部装有一根空心轴，这个空心轴独立地在执行元件壳体内转动，其由一个电动机直接驱动，即电动机的转子在一侧与空心轴连接在一起。轴承外圈是弹性钢圈，轴承内圈的离心外形可以把力传递到轴承外圈上。杯形件通过较松的过盈配合装在轴承外圈上，其弹性壁也会跟随轴承的离心外形进行变形。由于具有离心外形，所以杯形件的外齿并不是在整个圆周上都与齿圈的传统（圆的）内齿相啮合的。

如果电动机工作，即空心轴被驱动起来，则滚动轴承内圈也会转动，于是离心形状就随着这个转动而转动。由于杯形件的齿数与齿圈齿数是不同的，所示在啮合时，杯形件的一个齿就无法精确地与齿圈上的齿槽啮合。杯形件的齿在侧面是呈错开状压到齿圈的齿侧上的，于是在齿侧上就作用有一个力，这会导致齿圈产生一个极小的转动。在电动机工作时，由于离心率的"转动"，所有的齿在整个圆周上都会暂时出现这种错开啮合现象。于是齿圈就会连续转动，则与之相连的转向主动齿轮也会转动，相应地车轮的转动就会发生变化。这个过程可实现电动机转速、转向转动齿轮之间约为50∶1的减速比。

（2）电动机

电动机采用三相交流电压来工作，因此在固定不动的线圈周围建立了可转动的磁场，这个交变磁场的力作用在空心轴转子的永久磁铁上，转子就会转动。电动机这种结构形式的主要优点是反应快。对于起稳定作用的转向介入来说，必须能够针对控制状况的变化而做出快速反应。定子由6个线圈组构成，线圈布置在执行元件壳体内，由控制单元来进行触发控制。屏蔽线插在执行元件壳体上。

（3）动态转向锁

为了能在系统失灵时保证系统回到原来的状态，可以通过机械方式将动态转向锁锁止，即在正常工作状态下，只要内燃机已经关闭，则这个锁就已经锁止了。而当发动机起动时，就会将动态转向系统开锁。锁止是通过一块电磁铁来完成的，这个电磁铁用螺栓拧在齿轮箱的壳体上。动态转向锁如图4.13所示。

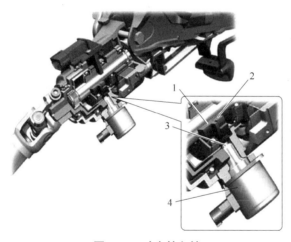

图4.13　动态转向锁
1—空心轴；2—锁圈；3—撑杆；4—锁止

（4）传感器

1）电动机位置传感器。

空心轴的位置和轴承的离心由一个电动机位置传感器来感知，这个传感器就是空心轴上的磁圈（这个磁圈由八个电极组成）。其磁场由一个传感器来感知，这个传感器带有三个霍尔元件。电动机每转15°（相当于转向盘转3°）就产生一个信号，该信号经单独的导线被送往控制单元J792。在关闭点火开关时，控制单元J792内会存储当前的位置信息。

2）基准传感器。

转向盘每转一圈或者执行元件输出轴每转一圈，基准传感器（使用的是磁性预紧的霍尔传感器）就输出一个信号，这个信号用于评定转向器的中间位置以及完成故障后的初始化。基准传感器和电动机位置传感器共同装在一个壳体内。输出侧齿圈外面的一个缺口可以用来产生传感器的信号。

3) ESP 传感器 G419 和 ESP 传感器 2-G536。

装备有动态转向系统的车上使用两个 ESP 传感器，功能正常时两传感器传递的都是相同的偏摆率和横向加速度信号。从外表看，这两个传感器的区别在于插头不同。这种双传感器结构设计是为了防止误操作（这种误操作是由传感器信号而引起的）。两个传感器的信号采用同一个信号曲线来校验，并通过传感器 CAN 总线来与 ESP 控制单元及主动转向系统控制单元 J792 相连接。ESP 控制单元使用这两个传感器信号来计算所需要的并行转向角，以便稳定车辆。这两个传感器一般安装于驾驶员座椅下。

4) 转向角度传感器。

一个必不可少的输入信号就是当前的转向角了。计算所需要的并行转向角来实现可变转向比要用到转向角信号，计算所需要的并行转向角来使车辆稳定也要用到转向角信号。

4.2 四轮转向和后轮转向

4.2.1 四轮转向概述

四轮转向 4WS（Four Wheel Steering）是指后轮也和前轮相似，具有一定的转向功能，不仅可以与前轮同方向转向，也可以与前轮反方向转向。其主要目的是增强轿车在高速行驶或者在侧向风力作用下的操纵稳定性，改善低速时的操纵轻便性；在轿车高速行驶时便于由一个车道向另一个车道的移动调整，以及减小掉头时的转弯半径。

四轮转向装置按照前后轮的偏转角和车速之间的关系分为两种类型：一种是转角传感型，另一种是车速传感型。转角传感型是指前轮和后轮的偏转角度之间存在着一定的因变关系，即后轮可以按前轮偏转方向做同向偏转，也可以做反向偏转。车速传感型是根据事先设计的程序规定当车速达到某一预定值时（通常为 35~40km/h），后轮能与前轮同方向偏转；当低于某一预定值时，则与前轮反方向偏转。目前的四轮转向轿车既有采用转角传感型的，也有采用车速传感型的，还有二者兼而用之的。

当汽车转向盘的转角和车速都确定下来时，那么前轮转向汽车的行驶状态是单一的，而四轮转向汽车的行驶状态则会随着后轮与前轮之间的角度不同或相同而变得多种多样，这是两轮转向和四轮转向的根本差别所在，也是后者比前者优越的关键之处。汽车前轮在做转向时，会产生一个作用于前轮的侧向力，这时后轮也会产生一种离心力，这种作用力就会使车辆在垂直轴线的方向上产生一个转矩，增大了倾翻作用力而使车辆不能稳定。而有四轮转向装置的汽车，前、后轮会相互配合，减弱倾翻作用力，侧滑也会减少，从而保障了行车的安全。

4.2.2 大陆公司的后轮转向技术

大陆公司汽车系统部门（Continental Automotive Systems）生产的零部件是汽车界知名的零部件，其特别擅长于汽车电子和汽车底盘系统。大陆公司研制的带有多连杆的后轮转向系统使车辆的每个车轮都具有了转向能力，提高了操控性和安全性，同时避免了传统车辆后悬架空间受限的不足，如图 4.14 所示。

底盘的制动、转向和车轮悬架部件在本质上决定了车辆的操控性能。随着微电子科学的

图 4.14　大陆公司研制的后轮转向系统
1—电子控制单元；2—带电控电动机的转向拉杆；3—蓄电池；4—转向盘转角传感器

不断发展，这些部件正在逐步通过电子化来提高安全、操控和舒适性能，并提升各系统的协调工作能力。

在驾驶中要获得最佳的驾驶操控性能必然是 4 个车轮受力均匀，并协同工作。在后轮增加转向功能并不像将前轮转向提升为电子控制主动转向那么简单，后轮结构上的复杂性、安装上的限制（排气系统、油箱、电子制动、驱动轴部件等）使它比想象的要复杂。

大陆公司研制了两种后轮转向机构：电子机械可调整转向臂和液压可调整转向臂。

电子机械可调整转向臂使用智能电动机驱动，以调整转向臂的长度。驾驶者的转向操作会变成电信号传输到底盘电子控制单元，控制单元会综合分析其他各种驾驶情况信息，再将转向指令传输到智能电动机执行后轮转向操作。

液压可调整转向臂使用了一个中心泵来提供调整的动力，通过调整转向臂上的液压缸来控制转向臂的长度以达到控制后车轮转角的目的。液压系统有着它有利的一面，它能很容易扩展到其他系统，并与其他系统形成联动，如电子可调减振系统。

后轮转向的好处是减小了转弯半径及提高了高速驾驶平稳性，并提升了操控性和安全性。

4.2.3　标致后轮随动转向技术

所谓后轮随动转向指的是汽车在转弯时，除了前轮能提供转向力和转向方向以外，后轮也能产生一定程度的转向角度。虽然角度很小，但在一定程度上能提高汽车的机动性。标致车的随动转向通常只提供同相位的转向角度，也就是说后轮的转向方向与前轮的转向方向相同。虽然在低速行驶时这样小的后轮转向角度似乎不能起到多大作用，但在高速行驶时却能起到重要的作用。

该机构结构并不复杂，只是在后轮与悬架、悬架与车身之间布置了一些橡胶软垫，通过橡胶把悬架与车身柔性连接。由于橡胶存在一定的弹性，而在弹性限度内又有相当高的强度，所以在汽车转弯时，后悬架连接点的橡胶软垫在横向力的作用下能发生一定程度的弹性变形，从而带动车轮做一定角度的前束角调整，那么后轮就能随着前轮的转向而做一个很小角度的转向了。这个转向角度取决于橡胶软垫的软硬程度。

橡胶垫越软，后轮可变转向角度越大，但悬架刚度降低，稳定性差；橡胶软垫越硬，后轮转向角度越小，但悬架刚度大，稳定性高。因此在设计时需要权衡其优缺点，根据汽车实际用途的侧重点做调校。因为车子几乎没有纯粹直线行驶的时候，所以实际上几乎在任何时候，此技术都在起作用，以使车辆的行驶更加稳定、操纵更为容易，而成本并没有因此而提高。一般来说，后轮的转向角度都在 3° 以下。虽然这是一个被动的转向机构，但是其结构相对简单、技术含量低、成本低，所以它可以应用在一些经济型轿车上。如图 4.15 所示。

图 4.15　后轮随动转向技术

4.2.4　宝马后轮主动转向技术

传统的转向系统有它自身的优点，如转向可靠、故障率低等，同时也存在着一定的弊病，那就是转向传动比如果较大，则车辆在低速下转向比较轻便，但在高速状态下转向则显得过于灵敏，转向稳定性变差。相反，如果转向传动比较小，车辆在高速时转向会显得稳重，但在低速状态下转向会比较吃力。

在传统的转向系统上装配 EPS（电子助力转向系统）后，上述问题就好转了许多。车辆在 EPS 的帮助下，在低速下可以获得较大的助力，以使转向轻便；而在高速行驶中，转向助力减小，从而增加了车辆的转向稳定性。不过，由于车速、路面状况的影响，往往会使车辆在转弯时产生转向不足或者转向过度的问题，从而造成很大的危险。对于有经验的驾驶者来说，可以通过修正转向角度来避免危险；而对于一般的驾驶者而言，则有些力不从心了。

停车及低速行驶时转向灵敏而高速行驶时驾驶更加稳定对于驾驶者而言是一种驾驶享受。但对于传统转向来说，这两点是不可调和的矛盾。对于大型豪华车来说，不断加长的轴距为车内带来了良好、舒适的乘坐空间，但是这也给车辆的操控性带来了一定的负面影响，无论是低速时的转弯半径，还是高速行驶时的稳定性都会打折扣。宝马为了解决轴距过长造成的转向不足和转弯半径过大这两个固有顽疾，研发了后轮主动转向技术。后轮主动转向结构如图 4.16 所示。

加入后轮转向系统则可以弥补轴距增加后对车辆行驶特性造成的影响，同时可以让一款豪华车同样具有很好的驾驶乐趣。这套主动式后轮转向系统的原理并不复杂，其主要构成就是一套丝杠螺母机构，如图 4.17 所示。电动机驱动螺母带动丝杠产生轴向移动，这种轴向移动会带动后轮产生小幅度的转向，当车速在 60km/h 以上时，后轮与前轮同向偏转，提升高速过弯的稳定性；在 60km/h 以下时则反向偏转，增加车辆的灵活性。

这样，无论是急转弯还是在停车场泊车，整体主动转向系统都可使转向更容易。低速行驶时，后轮可转向与前轮相反的方向，以减小转弯半径，并确保每一次都精准过弯。

图 4.16 宝马后轮主动转向结构示意图

图 4.17 宝马后轮主动转向的电动机

（1）助力转向主要有哪些类型？
（2）简述电动助力转向的基本原理。
（3）EPS 的主要部件有哪些？
（4）EPS 的优势和劣势是什么？
（5）简述奥迪汽车动态转向的基本原理。
（6）简述宝马汽车主动转向技术在高速和低速时的工作过程。

第 5 章
汽车悬架系统新技术

5.1 空气悬架

空气悬架诞生于 19 世纪中期,早期用于机械设备隔振。1941 年,美国首先在普尔曼汽车上使用了空气悬架。之后,意大利、英国、法国及日本等国家相继对汽车空气悬架做了应用研究。经历了一个世纪的发展,到 20 世纪 50 年代,空气悬架才被应用于载重车、大客车、小轿车及轨道列车上。目前,国外高级大客车几乎全部使用空气悬架,重型载货车使用空气悬架的比例已达 80% 以上,空气悬架在轻型汽车上的应用量也在迅速上升,部分轿车也逐渐开始安装和使用空气悬架。在一些特种车辆(如对防振要求较高的仪表车、救护车、特种军用车及要求可调节车身高度的集装箱运输车)上,空气悬架几乎是唯一的选择。图 5.1 所示为空气悬架结构。

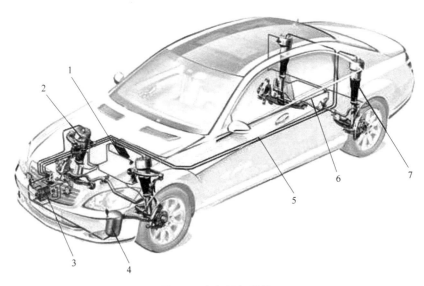

图 5.1 空气悬架结构
1—控制单元;2,7—空气减震器;3—空气泵;4—储气罐;5—空气管道;6—控制线路

5.1.1 空气悬架结构及其工作原理

空气悬架由空气弹簧、导向机构、减振阻尼装置、横向稳定器、高度阀、压气机、储能

器及管路等组成。

1. 空气弹簧

空气弹簧是以空气作为弹性介质,即在一个密闭的容器内装入压缩空气(气压为 0.5~1MPa),利用气体的压缩弹性实现弹簧的作用。空气弹簧随着载荷的增加,容器内压缩空气压力升高,其刚度也随之增加;载荷减少,刚度也随空气压力的降低而下降。因而这种弹簧具有较好的变刚度特性。空气弹簧可分为囊式空气弹簧和膜式空气弹簧两种,如图5.2和图5.3所示。

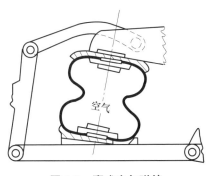

图 5.2 囊式空气弹簧

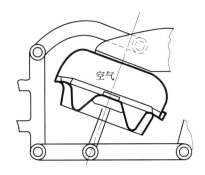

图 5.3 膜式空气弹簧

囊式空气弹簧主要靠橡胶气囊的挠曲获得弹性变形;膜式空气弹簧主要靠橡胶气囊的卷曲获得弹性变形。囊式空气弹簧寿命较长、制造方便、刚度较大,常用于载货汽车上;膜式空气弹簧尺寸较小、弹性特性曲线更理想、刚度较小,常用于乘用车上。

2. 高度阀工作原理

车架高度控制机构包括一个高度传感器、控制机构和执行机构,其功能如下。

1)随车载变化保持合理的悬架行程。

2)高速时降低车身,保持汽车稳定性,减少空气阻力。

3)在起伏不平的路面情况下,提高车身高度以提高汽车通过性。

在空气弹簧悬架中,高度阀是用来控制空气弹簧内压的执行机构。高度阀固定在车架上,其进、排气口分别与储气筒和空气弹簧相接。当空气弹簧上的载荷增加时,弹簧被压缩,储气筒内的气体通过高度阀的进气口向气囊注入,气囊内压增加,空气弹簧升高,直至恢复到原来的位置进气口关闭为止;当空气弹簧上的载荷减小时,弹簧伸张,气体通过高度阀的排气口排出,直至空气弹簧下降到原来的位置排气口关闭为止。所以在高度阀的作用下,空气弹簧的高度可以保持在平衡位置附近波动,从而保证车身不随载荷的变化而变化。

3. 导向传力机构

导向传力机构是空气悬架中的重要部件,主要承受汽车的纵向力、侧向力及其力矩,因此要有一定的强度,布置方式要合理。空气弹簧在悬架中主要承受垂直载荷、减振、消振,如果导向机构设计得不合理,则会增加空气弹簧的负担,甚至会发生扭曲、摩擦等现象,恶化减振效果、缩短弹簧的寿命。

一些空气悬架的导向传力机构采用钢板弹簧式,钢板弹簧兼起导向元件和弹性元件的作用,如图5.4所示。采用这种导向机构时,易于在原来的钢板弹簧基础上变型,结构简单,但是汽车的纵向力、侧向力及其力矩均由钢板弹簧来承受。

图 5.4 在钢板弹簧上安装的空气悬架

空气悬架导向杆系统的布置方式多种多样，各有利弊，总的原则是要根据整车的整体布置需要来选择。

5.1.2 空气弹簧的布置方式

空气弹簧在悬架系统中的布置对整车性能有极大的影响。在布置允许的情况下，应尽可能把空气弹簧布置在车架以外，以便加大弹簧的中心距，获得充分大的侧倾角刚度。

1. 转向桥空气悬架

转向桥空气悬架的空气弹簧一般与主销的方向保持一致，以方便转向，如图 5.5 所示。因空气弹簧直径一般较大，若偏离主销位置，在车轮转向时易与车轮相碰引起摩擦，一方面会缩短弹簧的寿命，另一方面会限制转向轮的最大转向角。

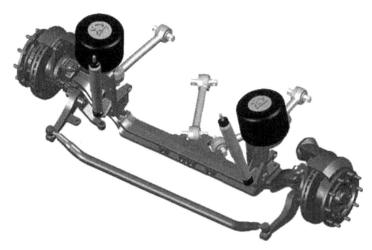

图 5.5 转向桥空气悬架

2. 驱动桥空气悬架

驱动桥空气悬架一般要承受更大的力，因此空气弹簧布置在驱动轴的后面，以提高承载能力，如图 5.6 所示。刚性导向杆可以控制驱动桥的布置，承受驱动和制动作用力以及垂直载荷。

图 5.6 驱动桥空气悬架

在一些大客车的后悬架上，采用了一种变梁结构，如图 5.7 和图 5.8 所示。在每个弯梁的端部都安装了与前悬架气囊尺寸相同的两个气囊，这样就可以加大气囊与气囊之间的中心距。

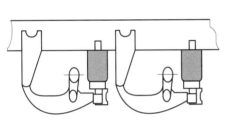

图 5.7 串联式驱动桥空气悬架

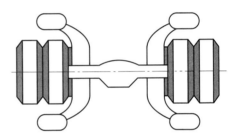

图 5.8 托臂梁式空气悬架

5.2 可调阻尼减震器

传统悬架减震器（即阻尼装置）的阻尼特性一般是固定不变的，因此装备有传统悬架系统的汽车在行驶过程中，其悬架性能也是不变的，这使得汽车的行驶平顺性和乘坐舒适性受到了限制。现代汽车对悬架系统的减震器有了更高的要求，希望悬架的阻尼可以根据汽车具体的行驶状况进行动态调节，可调阻尼减震器便可满足这一需求。下面介绍两种可调阻尼减震器：阻尼连续可调减震器和电磁减震器。

5.2.1 阻尼连续可调减震器

采用电控技术调节阻尼特性的筒式液阻减震器的调节机构，通常由传感器、控制装置以及执行机构等组成，阻尼既可以分级调节也可以连续调节，通常是由电控执行器改变节流阀通流面积，以调节减震器的阻尼特性。由传感器采集的信号包括车速、转向盘转角、节气门开度、制动管路压力及纵向加速度等。

这种系统通常在驾驶室内设置驾驶风格选择装置，系统根据驾驶员选择的不同驾驶风格按软、中、硬三级或软、硬两级转换阻尼特性。目前阻尼分级调节的电子控制式减震器使用得较多，其执行器一般采用置于减震器上方的步进电动机，由步进电动机的旋转带动空心活塞杆内部的转子阀旋转，从而改变转子阀节流孔与活塞节流孔的相对位置，进而改变活塞两侧腔室之间的节流面积以实现阻尼特性的转换。对于阻尼分级调节的减震器，转子阀的位置在短时间内改变往往会产生冲击，导致阻尼力出现不连续的问题。

德国 ZF 公司下属的 Sachs 公司生产的阻尼连续调节（Continuous Damping Control，CDC）系统完全摒弃了传统悬架的螺旋弹簧，采用电控方式调节悬架刚度和阻尼，其典型车型是君威。

CDC 系统的核心部件由中央控制单元、CDC 减震器、车身加速度传感器、车轮加速度传感器以及 CDC 控制阀构成，CDC 原理如图 5.9 所示。其中减震器是基于传统的液力减震器构造，在减震器内注有油液，有内、外两个腔室，油液可通过连通两个腔室间的孔隙流动，在车轮颠簸时，减震器内的活塞在套筒内上下移动，其腔内的油液便在活塞往复运动的作用下在两个腔室间往返流动。油液分子间的相互摩擦以及油液与孔壁之间的摩擦对活塞的运动形成阻力，将振动的动能转化为热量，热量通过减震器外壳散发到空气中。CDC 系统工作原理如图 5.10 所示。这样就实现了减震器的"减振"过程，而 CDC 系统在"孔隙"上做文章，通过电子控制的阀门来改变两个腔室间连通部分的截面积，在流量一定时，截面积的大小与流体的阻力成反比，这样就改变了油液在腔室间往复的阻力，从而实现对减震器阻尼的改变。

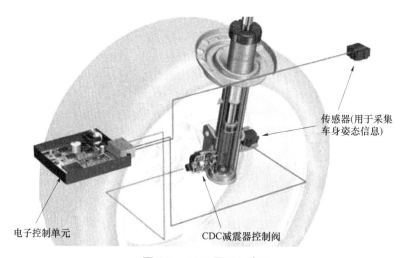

图 5.9 CDC 原理示意图

图 5.10 CDC 系统的工作原理

CDC 系统根据车辆上的车身加速度传感器、车轮加速度传感器以及横向加速度传感器等传感器的数据判断车辆行驶状态，由中央控制单元 ECU 进行运算，随后 ECU 对减震器上的 CDC 控制阀发出相应指令，通过控制阀门的开度来提供适应当前状态的阻尼。

实际驾驶时，CDC 在遇到颠簸路面时能够大大削弱来自路面的振动和弹簧的反弹，使车身保持稳定，从理论状态讲，CDC 能够做到在车轮上下剧烈抖动时，车身仅如海中的行船一般上下起伏；而在激烈驾驶时又能够提高悬架的阻尼，提供足够的支撑力，并使底盘响应更加迅速，以提高车辆的操控性。

5.2.2 电磁减震器

电磁减震器也常称为磁流变液减震器。

磁流变液（Magnetorheological Fluid, MRF）是一种新型智能材料，它可用于电磁减震器，制成阻尼力连续、顺逆可调的新一代高性能、智能化减振装置。该装置结构简洁，功耗极低，控制应力范围大，并可实现对阻尼力的瞬间精确控制，且对杂质不敏感，工作温度范围宽，可在 -50℃ ~140℃ 内工作。磁流变液减震器可以直接通过普通低伏电源（一般电池）供电，以避免高伏电压带来的危险。与传统的汽车减震器相比，其运动部件大为减少，几乎无碰撞，故噪声小。

如图 5.11 所示，在电磁减震器内采用的不是普通油液，而是磁流变液 MRF。它是由合成碳氢化合物以及 8~10μm 大小的磁性颗粒组成的。如果悬架控制单元发出脉冲信号，线圈内便会产生电压，从而形成一个磁场，这些粒子会马上按垂直于压力的方向排列，阻碍油液在活塞通道内流动的效果，从而提高阻尼系数，调整悬架的减振效果。没有加高电压时，处于无磁状态磁流变液的阻尼系数会相对降低，悬架会变得较软。这样便可根据汽车的实际行驶状况动态地调节悬架的阻尼特性。

最早采用这一悬架的是 2004 年的凯迪拉克 SRX。

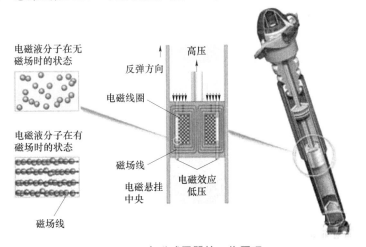

图 5.11 电磁减震器的工作原理

5.3 主动悬架

传统悬架系统的刚度和阻尼是按经验或优化设计的方法确定的。根据这些参数设计的悬架结构，在汽车行驶过程中其性能是不变的，也是无法进行调节的。也就是说，传统的悬架系统只能保证在一种特定的道路状态和行驶速度下达到最佳性能，以致使汽车行驶平顺性和乘坐舒适性受到了限制。随着高速公路网的发展和路面条件的改善，人们希望汽车不仅有很高的行驶速度，而且还要有很好的行驶平顺性、安全性和乘坐舒适性。因而在20世纪60年代，国外根据汽车行驶条件（车辆的运动状态和路面状况以及载荷等）的变化，而对悬架的刚度和阻尼进行了动态的调节，研制了使悬架系统始终处于最佳减振状态的主动悬架系统。

主动悬架系统按其是否包含动力源可分为全主动悬架（有源主动悬架）和半主动悬架（无源主动悬架）系统两大类。

5.3.1 全主动悬架

悬架的主动控制就是根据汽车在行驶过程中的实际需要，对悬架弹簧的刚度和阻尼进行动态的自适应调节，从而使汽车达到最佳的行驶平顺性和乘坐舒适性。例如，汽车在好路面上正常行驶时，希望悬架刚度软一点，而在坏路面上行驶或起步、制动时，希望悬架刚度硬一点，以减少车身姿态的变化，从而改善汽车的行驶平顺性；低速时希望悬架软一点，高速时又希望悬架硬一点，但是汽车在高速行驶时，为了提高行驶稳定性，又希望悬架变软来降低车身高度；而当车身垂直振动位移过大时，又希望增加悬架系统的刚度和阻尼，从而使悬架变硬。因此，主动悬架就是能根据汽车的运动状态和路面状况，适时地调节悬架的刚度和阻尼，使其处于最佳减振状态的悬架。它是在被动悬架系统（弹性元件、减震器、导向装置）中附加一个可控制作用力的装置而制成的，通常由执行机构、检测系统、反馈控制系统和能源系统4部分组成。

1）执行机构的作用是执行控制系统的指令，一般为力发生器或转矩发生器（液压缸、气缸、伺服电动机、电磁阀等）。

2）检测系统的作用是检测系统的各种状态，为控制系统提供依据，其包括各种传感器：车身加速度传感器、车身高度传感器、车速传感器、转向盘转角传感器、节气门位置传感器等。它们检测出汽车行驶的速度、起动、加速度、转向、制动和路面状况、汽车振动状况、车身高度等信号，并输送给电子控制模块。

3）反馈控制系统的作用是处理数据和发出各种控制指令，其核心部件是电子计算机。

4）能源系统的作用是为以上各部分提供能量。

目前全主动悬架系统主要有全主动油气悬架、全主动空气悬架和全主动液力悬架3种类型，其中最常见的是全主动空气悬架。

图5.12所示为全主动空气悬架的结构原理简图，囊式空气弹簧5的上下端分别固定在车架和车桥上，由压气机1产生的压缩空气经油水分离器10和压力调节器9进入储气筒8。压力调节器可使储气筒中的压缩空气保持一定压力。储气罐6通过管路与两个空气弹簧相通。储气罐和空气弹簧中的空气压力由车身高度控制阀3控制。

空气弹簧只承受垂直载荷，因而必须加设导向装置，车轮受到的纵向力和横向力及其力矩由悬架中的纵向推力杆和横向推力杆来传递。

一般汽车减震器在硬阻尼状态下会获得较好的汽车高度控制，在软阻尼状态下会获得良好的乘坐舒适性。此外，在紧急制动、加速、减速、高速行驶和路面崎岖不平时，需要使减震器在硬阻尼状态下工作。电控空气悬架系统的控制功能主要包括以下3方面的控制：车速与路

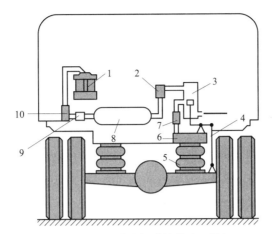

图 5.12　全主动空气弹簧非独立悬架

1—压气机；2，7—空气滤清器；3—高度控制阀；4—控制杆；5—空气弹簧；6—储气罐；
8—储气筒；9—压力调节器；10—油水分离器

面感应控制；车身姿态控制；车身高度控制。

1. 车速与路面感应控制

这种控制主要是随着车速和路面的变化，改变悬架的刚度和阻尼，使之处于低、中、高 3 种状态。车速和路面感应主要有以下 3 种。

（1）高速感应

当车速很高时，控制模块输出控制信号，使悬架的刚度和阻尼相应增大，以提高汽车高速行驶时的操纵稳定性。

（2）前后车轮关联感应

当汽车前轮在遇到路面单个的突起时，控制模块输出控制信号，相应减小后轮悬架的刚度和阻尼，以减小车身的振动和冲击。

（3）坏路面感应

当汽车进入差路面行驶时，为了抑制车身产生大的振动，控制模块输出控制信号，相应增大悬架的刚度和阻尼。

2. 车身姿态控制

当车速急剧变化（起步、制动等）以及转向时，会造成车身姿态的急剧改变。这种车身姿态的改变既降低了汽车的乘坐舒适性，又造成车身的过度倾斜，容易使汽车失去稳定性，所以应该对其进行控制。这种控制主要包括以下 3 个方面。

1）转向时车身的倾斜控制。当驾驶员急打转向盘使汽车急转弯时，转向角度传感器将转向盘的转角以及旋转速度信号输入悬架 ECU，悬架 ECU 经过计算分析向悬架执行元件输出控制信号，增大或减小相应悬架的刚度和阻尼，以抑制车身的倾斜。

2）制动时车身的点头控制。当汽车在紧急制动时（见图 5.13），车速传感器将车速信号和制动灯开关信号输入悬架 ECU，悬架 ECU 经过计算分析后输出控制信号，增大相应悬架的刚度和阻尼，以抑制车身的点头。

3）当汽车突然起步或急加速时（见图 5.14），车速传感器将车速信号和节气门开度信号输入悬架 ECU，悬架 ECU 经过计算分析后输出控制信号，增加相应悬架的刚度和阻尼，以抑制汽车的后坐（抬头）。

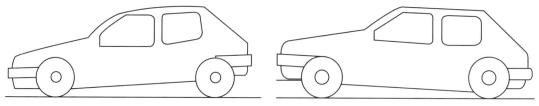

图 5.13　汽车紧急制动时的点头　　　　图 5.14　汽车突然起步或急加速时的后坐

车身高度控制是在汽车行驶车速和路面变化时，悬架 ECU 对执行元件输出控制信号，控制车身的高度，以确保汽车行驶的稳定性和通过性。

现在，有些悬架系统当点火开关处在运行位置时，还会有下列动作：当一个车门打开时，制动踏板桥开启，悬架 ECU 会输出控制信号提高车身高度；车门关好后，又降低车身高度。这样就能防止开着的车门碰到人行道凸边或其他物体。制动器工作且一个车门打开时，悬架 ECU 输出控制信号，以提高车身高度。

5.3.2　半主动悬架

半主动悬架与主动悬架的区别是，半主动悬架用可控阻尼的减震器取代执行器。因此它不考虑改变悬架的刚度，而只考虑改变悬架阻尼的悬架系统。半主动悬架由无动力源且可控的阻尼元件（减震器）和支持悬架质量的弹性元件（与减震器并联）组成。减震器则通过调节阻尼力来控制所耗散掉的能量的多少。

半主动悬架与主动悬架相比较，具有以下优点：结构简单（省去了油泵、蓄能器、油管、滤油器、油罐等）；工作时几乎不消耗车辆的动力；制造可控阻尼器没有制造电液伺服的液力执行元件那么复杂，故制造成本低。因而半主动悬架有较好的应用前景。

半主动悬架按阻尼级别又可分成有级式和无级式两种。

（1）有级式半主动悬架

它将悬架系统中的阻尼分成两级、三级或更多级，可由驾驶员选择或根据传感器信号自动进行选择所需要的阻尼级，即可以根据路面条件（好路或坏路）和汽车的行驶状态（转弯或制动）等，来调节悬架的阻尼级，使悬架适应外界环境的变化，从而较大幅度地提高汽车的行驶平顺性和操纵稳定性。

（2）无级式半主动悬架

它根据汽车行驶的路面条件和行驶状态，对悬架系统的阻尼在几毫秒内由最小变到最大进行无级调节。

5.4　多连杆悬架和双叉臂悬架

常见的汽车悬架类型主要有麦弗逊式悬架、双叉臂式独立悬架和多连杆式独立悬架。在这三种悬架中，麦弗逊是结构最简单的，也是制造成本最低、用途最广的。它主要用在大多数中小型车的前桥上，结构相对简单。也正是因为其结构简单，故其较轻、响应速度快，并且在一个下摇臂和支柱的几何结构下能自动调整车轮外倾角，使其能在过弯时自适应路面，让轮胎的接地面积最大化，而且占用空间小，适合小型车以及大部分中型车使用。但是由于其结构简单，使得悬架刚度较弱、稳定性差，故转弯侧倾明显。

本书主要介绍多连杆和双叉臂悬架。

5.4.1 双叉臂悬架

双叉臂悬架又称双 A 臂式架，双叉臂悬架拥有上下两个叉臂，横向力由两个叉臂同时吸收，支柱只承载车身重量，因此横向刚度大。双叉臂悬架的上下两个 A 字形叉臂可以精确地定位前轮的各种参数，前轮转弯时，上下两个叉臂能同时吸收轮胎所受的横向力，加上两叉臂的横向刚度较大，所以转弯的侧倾较小。典型的双叉臂悬架如图 5.15 所示。

双叉臂悬架通常采用上下不等长叉臂（上短下长），让车轮在上下运动时能自动改变外倾角并减小轮距变化以减小轮胎磨损，且能自适应路面，轮胎接地面积大，贴地性好。图 5.16 所示为大众途锐双叉臂悬架。

相比麦弗逊式悬架，双叉臂多了一个上支臂，不仅需要占用较大的空间，而且其定位参数较难确定，因此小型轿车的前桥出于空间和成本考虑一般不会采用此种悬架。但其具有侧倾小、可调参数多、轮胎接地面积大、抓地性能优异等特点，因此绝大部分纯正血统跑车的前悬架均选用双叉臂悬架，可以说双叉臂悬架是为运动而生的悬架，法拉利、玛莎拉蒂等超级跑车以及 F1 方程式赛车均采用了双叉臂前悬架。

图 5.15　典型双叉臂悬架结构

图 5.16　大众途锐双叉臂悬架简图

双叉臂悬架可以衍生出另一种悬架——双横臂悬架。双横臂悬架只是结构比双叉臂式简单些，故可以称其为简化版的双叉臂悬架。同双叉臂悬架一样，双横臂悬架的横向刚度也较大，一般也采用上下不等长摇臂设置。双横臂式悬架设计偏向运动性，其性能优于麦弗逊式悬架，但比起真正的双叉臂悬架以及多连杆前悬架要稍差一些。图5.17所示为本田思域的双横臂悬架。

图5.17　本田思域的双横臂悬架

5.4.2　多连杆悬架

通过各种连杆配置（通常有三连杆、四连杆和五连杆），首先能实现双叉臂悬架的所有性能，然后在双叉臂的基础上通过连杆连接轴的约束作用使得轮胎在上下运动时前束角也能相应改变，即其弯道适应性更好，如果用于前驱车的前悬架，则可以在一定程度上缓解转向不足的缺点，给人带来精确转向的感觉；如果用在后悬架上，则能在转向侧倾的作用下改变后轮的前束角。这就意味着后轮可以在一定程度上随前轮一同转向，以达到舒适、操控两不误的目的。

多连杆悬架能实现主销后倾角的最佳位置，大幅度减小来自路面的前后方向力，从而改善加速与制动时的平顺性和舒适性，同时也保证了直线行驶的稳定性，因为由螺旋弹簧拉伸或压缩导致的车轮横向偏移量很小，故不易造成非直线行驶。

在车辆转弯或制动时，多连杆悬架结构可使后轮形成正前束，提高了车辆的控制性能，减少了转向不足的情况。

多连杆悬架在收缩时能自动调整外倾角、前束角以及使后轮获得一定的转向角度。通过对连接运动点的约束角度设计使得悬架在压缩时能主动调整车轮定位，能完全针对车型做匹配和调校，以最大限度地发挥轮胎抓地力从而提高整车的操控极限。

跟双叉臂悬架一样，多连杆悬架同样需要占用较多的空间，而且多连杆悬架无论是制造成本还是研发成本都是最高的，所以常用在中高级车的后桥上。图5.18所示为奔驰多连杆前悬架。

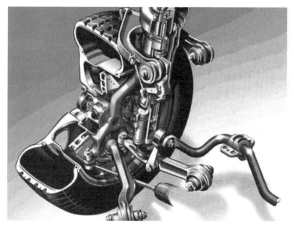

图 5.18 奔驰多连杆前悬架

微课 多连杆式独立
悬架结构

（1）简述空气弹簧的布置形式。
（2）简述阻尼可调减震器的原理和工作过程。
（3）简述电磁减震器的原理和工作过程。
（4）简述双叉臂悬架和多连杆悬架的结构。

第 6 章
汽车制动系统新技术

6.1 制动盘新技术

6.1.1 通风盘式制动盘

汽车制动的过程实质上是一个能量转换的过程。它把汽车行驶所具备的动能转换成了热能。要把一个一吨多重甚至几吨重的汽车加速到时速上百公里需要非常大的能量，而要把时速上百公里的汽车减速到零也需要同样的能量，这就需要把汽车的动能转换成热能散发到空气当中去。这所有的过程，都是由汽车制动系统完成的，即通过制动蹄片与制动盘的摩擦来进行能量转换，这些能量也是通过制动盘散发到大气当中的。因此，在制动时制动盘温度较高。

传统的制动盘是用金属材料制造的，金属的特点是耐热性差，如果温度攀升得过高，甚至表面接近金属熔点，那么金属的工程强度会大大减弱。而金属强度减弱后，整个汽车的制动效果也会削弱。这就是我们常说的热衰减。为了避免热衰减，通常的做法是尽可能地让制动盘有良好的通风和散热。所以，很多大功率汽车都装备了前后通风盘式制动盘，有些高性能车甚至制造专门的导流板把冷空气引导到制动系统，以达到更好的散热效果。

通风盘式制动盘设计的初衷就是为了改善传统实心式制动盘的散热效果。汽车制动时产生的热量会随着制动盘高速旋转产生的离心力快速散发到空气中去，从而有效避免了制动时产生的热量在制动盘内积聚使制动盘温度急剧升高而降低制动效能。此外很多通风盘式制动盘不仅在内部开有通风槽，在其表面还加工有许多小孔，其目的也是改善汽车制动时制动盘的散热效果。图 6.1 所示为打孔通风盘。

尽管通风盘式制动盘具有良好的散热效果，但由于制造工艺与成本的关系，一般小型车基本往往还是采用前轮通风盘式制动器、后轮鼓式制动器，即便是在中高级轿车中，也是普遍采用前、后通风盘的配置。一般只在豪华商务车和对制动性能要求很高的高档跑车才在前、后轮制动器上全部都采用打孔式通风盘制动器。

6.1.2 陶瓷制动盘

要想从根本上解决制动系统的热衰减问题，就必须让制动盘拥有更好的耐热性能。所以，陶瓷制动盘就应运而生了。

图 6.1 高性能轿车使用的打孔式制动盘

陶瓷具有质地坚硬、耐磨性好以及抗高温等优点,因此由陶瓷制成的产品在汽车上不断得到应用。利用陶瓷在高温下具有良好的刚度和形状变化很小的特性,陶瓷被制成了制动盘、三元催化器、涡轮增压器的涡轮和泵轮、轴承、发动机活塞以及气门等部件。图 6.2 所示为安装在宝马 M 级轿车上的陶瓷制动盘。

图 6.2 宝马 M 级轿车使用的陶瓷制动盘

陶瓷制动盘指的并不是真正意义的陶瓷,它的制造原理是将碳纤维和合成树脂以及其他液态聚合物混合在一起,再注入模具中压缩,冷却烘干后成为坚硬的制动盘毛坯。将毛坯放入充满氮气的高温分解炉中加热至 1 000 ℃,直到碳聚合物完全转化成碳元素,这样就制成了碳纤维制动盘。最后一步是将碳纤维制动盘置于硅化炉中,加热到 1 500 ℃,使制动盘的表面吸收液态硅,冷却后制动盘的表面就形成了硅碳化合物,也就是通常所说的陶瓷材料,这种材料的硬度几乎和金刚石一样。同时,这种陶瓷制动盘内部的碳纤维材料可以使制动盘具有很好的刚度。

陶瓷制动盘在低温时也具有很好的制动效果,能承受 1 400 ℃ 的高温而不变形、不产生裂缝、不抖动。陶瓷制动盘与铸铁制动盘相比具有更明显的优势。

1）陶瓷制动盘比铸铁制动盘的质量降低了 50% 左右。例如安装在保时捷 911 Turbo 跑车上的陶瓷制动盘的直径比传统制动盘直径大 2cm，但 4 个车轮的制动器总质量却减少了 16kg。

2）陶瓷制动盘的摩擦系数比铸铁制动盘高 25% 左右，大大提高了制动效率。

3）由于陶瓷制动盘的表面硬度很高，因此它在制动时的磨损很小。测试结果表明，陶瓷制动盘的使用寿命能够超过 30 万 km，是钢制制动盘平均寿命的 4 倍。

目前，陶瓷制动盘的价格仍然很高，主要是因为其制造所需的时间很长。强化的碳纤维制动盘已经出现，这种制动盘的制动性能能够与陶瓷制动盘相媲美，而且其制造周期更短，所以其经济性更好。

6.1.3 全接触式制动盘

全接触式制动盘（Full Contact Disc Brake）是由加拿大的 NewTech 公司设计研发的一种新型制动盘，这种制动盘可以说是汽车制动器的一次革命性改进。如图 6.3 所示，全接触式制动盘主要由内侧制动块、外侧制动块、浮式制动盘、毂盘和散热片等组成。

图 6.3 全接触式制动盘

1—散热片；2—浮式制动盘；3—外侧制动块；4—毂盘；5—驱动轴；6—内侧制动块；7—轮毂总成

传统的汽车盘式制动器在制动的时候，制动块与制动盘的接触面积只占制动盘总面积的 15%。而全接触盘式制动器在制动盘的两侧都另加了 5 个制动块，这样在汽车制动的时候，制动盘与制动块的接触面积将高达 75%，大大提高了汽车的制动效率。全接触式制动盘外部盖着毂盘，毂盘内部有 6 个制动块。制动时，液压系统推动内侧制动块，与外侧制动块一起夹紧制动盘，这样制动盘与所有 12 个制动块接触并产生摩擦，提供制动力。另外，为了使制动器能够在合适的温度下工作，在外侧制动块以及轮毂总成中都加工有散热片，这些散热片可以将制动时产生的热量及时散发出去，以保证制动器制动效能的稳定性。

6.2 制动辅助系统

6.2.1 电子制动力分配系统 EBD

汽车制动时，如果 4 个轮胎附着地面的条件不同，比如，左侧轮附着在湿滑路面而右侧轮附着于干燥路面,则4个轮子与地面的附着力不同,在制动时(4个轮子的制动力相同)就容易产生打滑、倾斜和侧翻等现象。电子制动力分配(Electronic Brake force Distribution,EBD)系统的功能就是在汽车制动的瞬间,高速计算出4个轮胎由于附着条件不同而导致的附着力数值,然后调整制动装置,使制动力与附着力匹配,以保证车辆的平稳和安全。

本质上讲,EBD是ABS的辅助功能,它可以提高ABS的功效,所以在安全指标上,汽车的性能更胜一筹。当驾驶员用力踩制动踏板时,EBD在ABS作用之前,依据车辆的质量和路面条件,自动以前轮为基准去比较后轮轮胎的滑动率,如发觉此差异程度必须被调整时,制动油压系统将会调整传至后轮的油压,以得到更平衡且更接近理想化制动力的分布。所以EBD+ABS就是在ABS的基础上,平衡每一个轮的有效地面附着力,改善制动力的平衡,防止出现甩尾和侧滑,并缩短汽车制动距离。

现在,一般配备ABS系统的车辆都配有EBD系统,即许多车型制动系统的说明已经改为EBD+ABS。从文字上,就不难看出EBD+ABS是ABS的升级版本。EBD系统和ABS系统共用同样的传感器,以及EBD和执行机构(制动装置),并且EBD系统必须配合ABS使用,在汽车制动的瞬间,分别对4个轮胎附着的不同地面进行感应、计算,得出附着力数值,根据各轮附着力数值的不同分配相应的制动力,避免因各轮制动力不同而导致的打滑、倾斜和侧翻等危险。

6.2.2 电控辅助制动系统 EBA/EVA

在正常情况下,大多数驾驶员开始制动时只是施加很小的力,然后根据情况调整对制动踏板施加的制动力。如果必须突然施加非常大的制动力,或驾驶员反应过慢,则上述做法会阻碍他们及时施加最大的制动力。

据统计,在紧急情况下,有90%的汽车驾驶员踩制动踏板时缺乏果断,另外传统的制动系统,其设计是将驾驶员施加于制动踏板上的力以固定的倍数放大,因此对于体力较弱的驾驶员而言,其可能面临制动力不足的问题,而若是在紧急的状况下,将可能发生事故。汽车电控辅助制动系统(Electronic Brake Assist,EBA)正是针对上述情况设计的。

紧急制动分为三部分。

1)当驾驶人意识到危险状况的出现到将右脚从加速踏板移动到制动踏板,根据不同的人和不同的反应状况,这个过程要持续0.7~1s。如果这时车速在100km/h,则右脚踏在制动踏板的过程,车子又向前行驶了一段距离。

2)制动系统对车轮的制动作用由零到制动最大限量,也就是ABS介入工作,车辆也会行驶一段距离。但很多客观原因会使驾驶人不能在最短时间内让制动处于最大限量,所以这段距离很难确切地把握,可能为十几米到几十米。

3)制动系统进入最大限量的工作状态,ABS系统启动,轮胎与地面产生剧烈摩擦,车速骤然下降,直到完全停下来。EBA/EVA系统便是在驾驶人踩制动踏板这一过程中起作用的:通过嵌入式液压助力系统,根据驾驶人踩下制动踏板的速度和力量,可以自动感知驾驶人需要什么样的制动效果。紧急制动系统可以使驾驶者避开风险,紧急制动,驾驶人迅速且大力踩下制动踏板,这时制动系统会达到最大限量的工作状态。但有的时候,驾驶人虽然迅速地踩下了制动踏板,却由于某种原因,右脚并没有对制动踏板实施了最大力量,这时EBA/EVA系统会判断出驾驶人采取的是紧急制动,其会施加最大制动力,并让制动力一直保持到驾驶人的右脚完全离开制动踏板为止，这样可以避免驾驶人由于措施采取不当所造成的危险。

如图 6.4 所示，EBA/EVA 可以通过驾驶员踩踏制动踏板的速率来理解制动行为，如果察觉到制动踏板的制动压力恐慌性增加，EBA/EVA 会在几毫秒内起动全部制动力，其反应速度要比大多数驾驶员移动脚的速度快得多，因此 EBA/EVA 可显著缩短紧急制动距离并有助于防止在停停走走的交通中发生追尾事故，以提高行车安全。

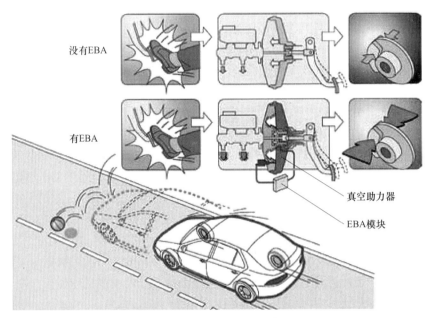

图 6.4 EBA 工作原理示意图

EBA/EVA 系统通过驾驶员踩踏制动踏板时制动压力增长的速率来判断制动行为：实时监控制动踏板的运动，一旦监测到踩踏制动踏板的速度陡增，而且驾驶员继续大力踩踏制动踏板，则确认制动压力是急速性增加，EBA/EVA 就会启动，释放出储存的 18MPa 液压压力，以施加最大的制动力，从而大幅度提高制动压力，其速度要比驾驶员用脚所产生的压力快得多。驾驶员一旦释放制动踏板，EBA 系统就转入待机模式，而对于正常情况制动，EBA/EVA 则会通过判断不予启动。

通常情况下，EBA/EVA 的响应速度都会远远快于驾驶者，这对缩短制动距离、增强安全性非常有利。此外，对于脚力较差的女性及高龄驾驶者闪避紧急危险的制动也提供了很大帮助。

6.3 制动能量回收系统

在一般内燃机汽车上，当车辆减速、制动时，车辆的运动能量通过制动系统而转变为热能，并向大气中释放。而在电动汽车与混合动力车上，这种被浪费掉的运动能量已可通过制动能量回收技术转变为电能并储存于蓄电池中，并进一步转化为驱动能量。例如，当车辆起步或加速需要增大驱动力时，电动机驱动力成为发动机的辅助动力，使电能获得有效应用。

制动能量回收系统如图 6.5 所示,包括与车型相适配的发电机、蓄电池以及可以监视电池电量的智能电池管理系统。制动能量回收系统回收车辆在制动或惯性滑行中释放出的多余能量,并通过发电机将其转化为电能,再储存在蓄电池中,用于之后的加速行驶。这个蓄电池还可为车内耗电设备供电,以降低对发动机的依赖和燃耗及二氧化碳排放。

图 6.5　制动能量回收系统示意图

(1)简述通风盘制动器的制造优点。
(2)简述陶瓷制动盘的优点。
(3)简述 EBD 和 EBA 在汽车上使用的意义。
(4)简述制动能量回收系统的工作过程。

第 7 章
汽车安全新技术

7.1 汽车安全技术概述

随着汽车时代的到来，当人们的生活因汽车的普及而越加便利时，也不得不面临汽车带来的严重威胁——交通安全事故。据公安部交通管理局的有关数据显示，中国的道路交通安全形势严峻，每年因交通事故死亡的人数高达 10 万人以上。

2001 年，《关于正面碰撞乘员保护的设计规划》开始实施，然而，这一规定直到 2003 年才上升为国家标准；2004 年，同样由国家标准化委员会制定的《乘用车正面碰撞的乘员保护》标准正式实施。

统计数据显示，汽车发生侧面碰撞时，车内乘员的致死率明显高于正面碰撞，虽然国家为此颁布了《汽车乘员碰撞保护》等一系列条款来划分汽车安全的标准，但因为没有强制执行，故一直没有引起汽车厂家的足够重视。2006 年 1 月 18 日，国家标准化委员会发布了侧碰、后碰标准。

为了提高汽车驾驶员的主观安全意识，宝马、奥迪、日产和沃尔沃等汽车公司纷纷推出各具特色的安全驾驶培训，并在宣传其产品安全性能的同时，力求提高消费者的安全驾驶观念。调查表明，88% 的汽车交通事故的原因出在驾驶员身上，摩托车、轻便车辆和步行者等造成的意外事故只占交通事故的 12%。

汽车安全对于车辆来说分为主动安全和被动安全两大方面。

主动安全系统是指通过事先防范，避免事故发生的安全系统。它有望以最彻底的方式减少交通事故中的人员伤亡，也是新世纪汽车安全性的重点研究区域。自如的操纵控制汽车，无论是直线上的制动与加速还是左右打方向都应该尽量平稳，不至于偏离既定的行进路线，而且不影响驾驶员的视野与舒适性。这样的汽车，当然就有着比较高的避免事故的能力，尤其是在突发情况下能够保证汽车安全。

被动安全是指汽车在发生事故以后对车内乘员的保护，如今这一保护的概念已经延伸到车内外所有的人甚至物体。由于国际汽车界对于被动安全已经有着非常详细规定，所以在某种程度上，被动安全是可以量化的。

驾驶员在驾驶汽车时要完成一个对环境和车的感知—判断—操作的闭环反馈过程，在行驶中要经过周而复始地循环才能完成对汽车的操纵和控制。对驾驶员而言，必须具备相应的技能才能顺利完成安全驾驶工作；对车辆而言，必须为驾驶员提供一个能够适应人的生理和心理特点的外部技术条件，以保证驾驶员能很好地完成上述循环。这就是汽车主动安全的内涵。在目前的情况下，为提高汽车的主动安全性，做到防患于未然，主要通过以下几个方面的技术加以实现。

1. 视觉识别特性

驾驶员在行车中所感觉到的道路、车辆等信息的准确性将直接影响汽车的主动安全性，所以良好的视觉识别特性是汽车主动安全性的重要组成部分。汽车在行驶过程中，大约95%以上的外部环境信息是通过人的观察来进行收集的。视认特性包括视野性能、被视认性、防炫目性等。其中视野性能包括前方视野、后方视野以及特殊环境下的视野性能（如：寒冷、雨天及夜晚等的视野）；被视认性则通过车辆示宽、紧急闪烁、报警、反射等信号装置加以实现。

2. 车辆底盘电子综合控制技术

该技术是汽车主动安全技术中非常重要的项目，也是世界各大汽车公司显示其技术实力、占据汽车技术有利制高点的重要方面。因此，发展中的汽车主动安全技术在此得以集中体现。驾驶员驾车的过程就是人、车和环境三者之间信息交流的过程，构成人—车—环境信息流的闭环系统，车辆性能的完善取决于闭环系统中人、车和环境三者之间相互协调与各自特性的最佳匹配，即实现系统内驾驶员行为特性、车辆机械特性以及道路设施和交通法规之间的最优协调，以追求系统整体的最佳效益。

3. 信息传递技术

驾驶员在操纵和控制汽车时，必须不断地从各方面获得所需要的信息。信息传递系统收集的人、车和环境三者的信息经过处理器处理后，除了服务于车辆底盘电子综合控制装置外，还可以输出对驾驶员更加有用的深加工信息，甚至包括驾驶员注意力状况等信息，并用数据或图像显示，帮助驾驶员更加完整地获得信息，及时处理各种情况。

现在，汽车上应用的主动安全新技术主要有：德国的电子稳定程序 ESP，日本丰田的车身稳定控制 VSC、安全车身结构、防撞安全技术，等等。

被动安全系统是指在交通事故发生后尽量减小损伤的安全系统，包括对乘客和行人的保护，如乘客约束系统和安全气囊技术、汽车主动预防碰撞系统及头部保护系统等。

7.2 世界各国各地区汽车安全评价体系

7.2.1 欧洲新车安全评价体系

新车安全评价体系又称新车评价规程。E-NCAP（New Car Assessment Program）是一个行业性组织，它定期地将企业送来的或者市场上新出现的车型进行碰撞试验，其规定的实车碰撞速度往往比政府制定的安全法规的碰撞速度要高，从而在更严格的碰撞环境下评价车辆的安全性能。车界最具权威的安全认证机构创始于1997年，由欧洲七个政府组织组成，主要有英国交通研究实验室以及英国运输部，随后其他政府也相继加入该组织（法国、德国、瑞典、荷兰和加泰罗尼亚——西班牙的一部分）。许多消费者团体是国际消费者研究及测试组织的成员。汽车俱乐部是由会员国的国际汽联基金会以及德国汽车俱乐部和意大利汽车俱乐部的个人会员组成的。

自 2009 年起，E-NCAP 对于每个车型用一个统一的星级来评价，最高为 5 星。对于车型安全性的评价由四部分组成：成人保护、儿童保护、行人保护和安全辅助系统。整体得分是由四部分测试得分加权计算而得，同时还要确保每一部分不能低于整体星级。

成人保护评价由正面碰撞试验、侧面碰撞试验、侧面撞柱试验以及 Whiplash 鞭打试验组成，得分通过上述试验中成人假人的试验数据为基础经过主观评价扣分计算而得。正面碰撞速度为 64km/h，侧面碰撞速度为 50km/h。碰撞测试成绩则由星级（★）表示，共有 5 个星级，星级越高，表示该车的碰撞安全性能越好。现取消了 100% 正碰试验。

儿童保护评价由正面碰撞试验、侧面碰撞试验和儿童座椅安装兼容性检查综合计算而得。

行人保护评价由成人及儿童头型撞击试验、大腿撞击试验和小腿撞击试验测量结果计算而得出。车辆对被撞行人的安全保护程度进行测试，并将结果划分为 4 个等级：★★★★分数为 28~36 分，★★★分数为 19~27 分，★★分数为 10~18 分，★分数为 1~9 分。

安全辅助系统由安全带提醒装置、限速装置以及 ESC 装置的配置情况计算而得。

根据欧洲的法律，任何新车型在出售之前都要经过某些特定的安全测试才能投放市场。但是法律也提供了新车安全标准的最低限度，其原因是欧盟 NCAP 组织鼓励汽车公司的汽车能够达到并超过这些最低限度的安全标准。因为部分车型不能做某些制定试验内容，故下面列举常见几个 E-NCAP 的试验，未涉及全面测试的车型。

1）正面 40% 重叠可变形壁障撞击测试如图 7.1 所示，正面碰撞速度为 64km/h，图 7.2 所示为碰撞试验中使用的假人。

图 7.1　正面 40% 重叠可变形壁障撞击测试

图 7.2　碰撞试验中使用的假人

2）驾驶人头部保护安全测试。

该测试主要是针对车祸中致命率较高的侧面撞击，即乘坐者头部遭受侧面撞击时车辆的损害所做出的安全防范测试。为了鼓励汽车公司改进乘坐者头部的保护装置，该测试主要针对车辆侧面气囊的安全进行考核。

在测试中，车辆以 29km/h 的速度从侧面向一根坚硬的杆状物撞去，杆的直径为 254mm，并不是很粗，如图 7.3 所示。

图 7.3　侧面撞柱试验

3）可变形壁障侧面撞击吊车被牵引以 50km/h 的速度撞击驾驶室一面，以模仿侧面撞击的效果，如图 7.4 所示。

图 7.4　侧面碰撞示意图

4)行人安全测试。

这是一系列模仿儿童以及成年行人车祸的测试,车辆时速为 40km/h,评分有良好、差和极差三类,如图 7.5~图 7.7 所示。

图 7.5 行人安全试验头部碰撞示意图

图 7.6 行人安全试验大腿碰撞示意图

图 7.7 行人安全试验小腿碰撞示意图

7.2.2 中国新车安全评价体系

中国汽车技术研究中心在深入研究和分析国外 NCAP 的基础上,结合我国的汽车标准法规、道路交通实际情况和车型特征,并进行广泛的国内外技术交流与实际试验确定了中国新车安全评价体系(C—NCAP)的试验和评分规则。与我国现有汽车正面和侧面碰撞的强制性国家标准相比,不仅增加了偏置正面碰撞试验,还在两种正面碰撞试验中于第二排座椅增加假人放置,以及更为细致严格的测试项目,技术要求非常全面。

C-NCAP 要求对一种车型进行车辆速度 50km/h 与刚性固定壁障 100% 重叠率的正面碰撞、车辆速度 64km/h 与可变形壁障 40% 重叠率的正面偏置碰撞、可变形移动壁障速度 50km/h 与车辆的侧面碰撞及低速后碰撞颈部保护试验(鞭打试验,15km/h)等四种碰撞试验,根据试验数据计算各项试验得分和总分,由总分多少确定星级。评分规则非常细致严格,最高得分为 62 分,星级最低为 1 星级,最高为 5 星级。

1. C-NCAP 工作流程（见图 7.8）

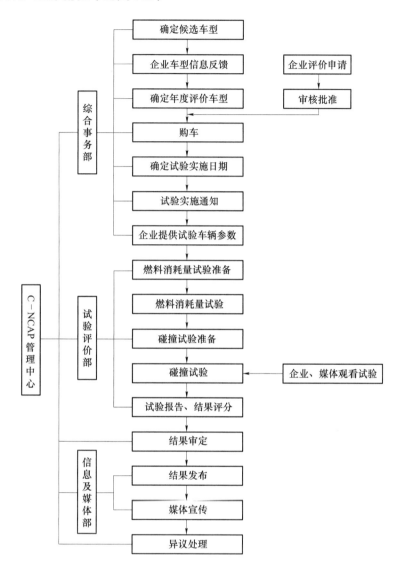

图 7.8　C-NCAP 工作流程

2. C-NCAP 测试项目

C-NCAP 的评分项目包括四项测试：正面 100% 重叠刚性壁障碰撞试验，50km/h；正面 40% 重叠可变形壁障碰撞试验，64km/h；可变形壁障侧面碰撞试验，50km/h；低速后碰撞颈部保护试验（鞭打试验），15km/h。另外包括三个加分项：安全带提醒装置、侧面安全气囊和气帘及电子稳定程序。

将正面 100% 重叠刚性壁障碰撞试验、正面 40% 重叠可变形壁障碰撞试验、可变形移动壁障侧面碰撞试验三项试验得分、鞭打试验得分及加分项得分求和并四舍五入保留到小数点后一位，记为总分。在 C-NCAP 中最高得分为 61 分，共划分 6 个等级：5+、5、4、3、2、1，各等级对应分数如图 7.9 所示。

总分	星级
≥60分	5+ （★★★★★☆）
≥54且<60分	5 （★★★★★）
≥48且<54分	4 （★★★★）
≥36且<48分	3 （★★★）
≥24且<36分	2 （★★）
<24分	1 （★）

图7.9　C-NCAP测试星级划分

7.2.3　美国IIHS标准

美国公路安全保险协会（Insurance Institute for Highway Safety）是世界安全标准组织的重要组成部分，如图7.10所示。

图7.10　美国公路安全保险协会

在美国每年都会有很系统和专业的碰撞测试，并由得出的安全性能指数对各个厂商的车型进行星级划分，这些安全性能指数对于汽车的销量有很大的帮助，促进了各车厂对安全性研究的投入。这些指数反映了在各种可能遇到的碰撞条件下汽车对乘员和行人的保护程度。

目前IIHS评测项目包括正前端侧角碰撞、侧面撞击、车顶强度测试和追尾对颈椎的影响，在2014年又新加了汽车预碰撞测试（Front Crash Prevention Test）。除了基本的测试之外，IIHS还时常会进行一些特殊的碰撞试验，比如会通过车辆的对撞来评测安全性能，以及以128km/h的速度撞向不可移动固体墙进行测试等。

和世界其他车辆碰撞测评标准有差异的是正面偏角碰撞（Frontal Crash Test），和E-NCAP不同的是，其除了需要做如图7.11所示的40%正面碰撞试验（Moderate Overlap Test）之外，还需要做如图7.12所示的25%小面积重叠碰撞试验（Small Overlap Frontal Crash Test）。据IIHS测试方法，正面25%小重叠碰撞试验是以64km/h的速度碰撞5ft[①]高的刚性障碍壁，前排驾驶席用一个男性Hybrid III型假人正常佩戴安全带替代真实受害者来采集碰撞信息。

---

① 1ft（英尺）=0.304 8m（米）。

图 7.11 正面 40% 面积碰撞

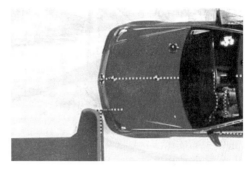
图 7.12 正面 25% 面积碰撞

在实际驾驶中,即使驾驶员进行了安全措施,但依旧很难避免撞上车辆、树木、电线杆等障碍物,而重叠面碰撞测试的目的就是模拟这样的场景而设置的,其对车身结构设计、车身材料的刚性程度、乘员舱保护程度、侧气帘及侧气囊是否起到相应的保护作用、A 柱是否变形、乘员舱上下侵入量是否超标、逃生空间是否足够等方面进行打分。

IIHS 着重强调前端侧角碰撞(Offset Crash Test),并用"最小接受指数"来表示车辆安全信息,分别以优秀(Good)、良好(Acceptable)、及格(Marginal)、差(Poor)四个级别分级评定,为消费者提供权威的汽车安全信息。

IIHS 的亮点在于对车顶强度有着自己的评判标准。方法是,使用金属板以一定的角度和速度撞击车顶,然后测量车顶凹陷程度。评为 G(Good)的条件是凹陷不超过 5in[①],并且车顶必须能承受超过 4 倍于车重的碰撞力度;达到相同凹陷程度所能承受的强度为车重的 3.25 倍以上 4 倍以下时,评价为 A(Acceptable:允许范围内);2.5 倍以上 3.25 倍以下时,评价为 M(Marginal:允许范围最底线);不到 2.5 倍时,评价为 P(Poor:差)。

7.3 汽车行驶稳定性控制系统

7.3.1 ESP 电子稳定程序

ESP 是德国博世公司开发的一套电子稳定程序,从字面上理解其实只是"一套车身稳定控制程序"的英文缩写,本身不包含任何部件,只是一套软件(控制算法)的名称,后来人们习惯了才把它当作整套系统的名称。要让 ESP 发挥它的控制功能,必须有一套传感机构、一套伺服机构和一台行车电脑。这种技术或者类似的技术有多种名称,如 ESC、DSC、VSC,等等。

车辆在转弯时,车身会向转弯的反方向发生侧倾,转向角度越大,侧倾就越厉害,如果车速加快,侧倾也会随之加大,当侧倾的角度超过极限值时,就会发生翻车事故。同样的道理,如果车速过快或转向角度过大,超过轮胎抓地力极限,车辆的横向加速度会突然减小,让车辆偏离原有运动轨迹,循迹性降低,严重时会使整车失控,这种情况在雨天和冰雪路面更加容易发生。

ESP 的作用就是当驾驶员操纵汽车超过极限值后电脑自动介入修正驾驶。电脑控制车辆运动的手段有两种:第一是控制节气门收油,衰减汽车动力,让车速降下来;第二种手段就是对某些车轮进行制动,让汽车的速度能够减小到极限值以内。那么电脑怎么样知道车辆的

---

① 1in(英寸)=0.025 4m(米)。

运动状况是否接近极限呢？这就需要两套传感器为电脑搜集行车信息，一套是转向盘转向角度传感器，一套是车轮转速传感器（每个车轮上都装有一个）。前者用来收集驾驶员的转向意图，后者用来监测车辆运动状况。当转向盘转向角度传感器检测到驾驶员的转向角度以后，就会通知ESP，与此同时，各个车轮转速传感器测得的车轮转速信息也会传递到ESP，ESP可以根据各个车轮的转速计算出车辆的实际运动轨迹。如果实际运动轨迹跟理论运动轨迹有区别，或者检测出某个车轮打滑（丧失抓地力），电脑就会通知节气门减小开度（收油），然后通知制动系统对某个车轮进行制动，以修正运动轨迹。当实际运动轨迹与理论运动轨迹（驾驶员意图）相一致时，ESP自动解除控制。

有了ESP的介入，车辆在湿滑路面情况下失控的概率就会大大降低，整车的主动安全性也会相应提高。所以很多车厂喜欢把ESP系统当成安全设备来宣传。但ESP也不是万能的，它只是一套辅助设备，千万不要以为有了ESP就可以随意狠踩加速踏板或者高速过弯。

正因为在ESP的介入下，电脑会自动控制收油和制动，车辆驾驶起来也中规中矩，很难玩出侧滑、甩尾，甚至漂移的动作。所以很多追求驾驶乐趣的人喜欢在驾车时把ESP关掉，彻底寻求激烈驾驶的刺激。

在任何时候，只要驾驶状况变得紧急，ESP都能保持车辆稳定，使主动行车安全大为改善。ESP实际上是ABS的扩展，ESP整合了ABS和TCS/ASR的功能，并大大拓展了其功能范围。ESP还可降低各种场合下车辆发生侧滑的危险，并能自动采取措施。通过有针对性地单独制动各个车轮，ESP能使车辆保持稳定行驶，从而避免重大意外事故。

7.3.2　ESP的结构与原理

ESP最主要的作用是在紧急情况下可以帮助驾驶员保持对车辆的控制，从而避免重大意外事故，主要是通过防止车辆侧滑，在车辆和地面间还有附着力的前提下保证车辆的方向操控性；通过对驾驶员的动作和路面情况的判断，对车辆的行驶状态进行及时的干预。如图7.13所示。

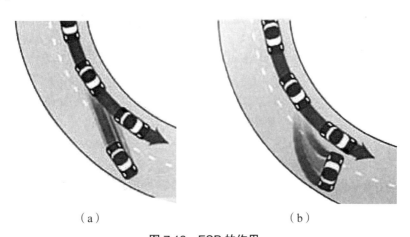

（a）　　　　　　　　　　　　（b）
图7.13　ESP的作用
（a）防止转向不足的前轮侧滑；（b）防止转向过度的后轮侧滑

1. ESP结构简介

ESP的组成如图7.14所示。

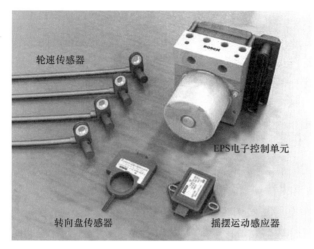

图 7.14　ESP 的组成

微课　ESP 系统控制原理

2. ESP 在车上的整体结构

ESP 系统可大致分为 4 个部分：用于检测汽车状态和驾驶员操作的传感器部分；用于估算汽车侧滑状态和计算恢复到安全状态所留的旋转动量的 ECU 部分；用于根据计算结果来控制每个车轮制动力和发动机输出功率的执行器部分；用于告知驾驶员汽车失稳的信息部分。ESP 在车上的安装布置如图 7.15 所示。

图 7.15　ESP 在车辆上的布置

1—附有控制单元的液压单元；2—轮速传感器；3—转向角传感器；4—横摆角速度和侧向加速度传感器；
5—与发动机管理系统通信

3. ESP 工作情况

单独对车轮进行制动是 ESP 的首要功能。为了使车辆恢复稳定行驶，必须相应对各个车轮单独施加精确的制动压力。ESP 能降低发动机转矩并干预自动变速器的挡位顺序，故 ESP 利用微处理器分析来自传感器的信号并输出相应的控制指令。

在任何行驶状况下，不管是紧急制动还是正常制动，以及在车辆自由行驶、加速、节气门开度或载荷发生变化时，ESP都能让车辆保持稳定，并确保驾驶员对车辆操纵自如。

ESP以每秒25次的频率对车辆当前的行驶状态及驾驶员的转向操作进行检测和比较，即将失去稳定的情况、转向过度和转向不足状态都能立即得到记录。一旦针对预定的情况有出现问题的危险，ESP就会做出干预以使车辆恢复稳定。

车辆在行驶时同时承受纵向力和侧向力，只要保持轮胎上有适当的侧向力，驾驶员就可以稳定地控制车辆。然而，当这些力下降到给定的最小值以下时，则会对车辆的方向稳定性产生负面作用。

例如，纵向不均匀的制动力可能会导致车辆不稳定，就像在光滑路面上加速时所产生的效果一样。如果车辆转弯太快或者猛打转向盘，就会产生侧向力，导致车辆绕其垂直轴过度转动，使车辆打滑，从而使驾驶员失去对车辆的控制。

ESP能够同时精确测量4个车轮的制动力。这样，在车辆不按转向意图行驶时，车辆可以被"拉"回到正确的行驶轨迹上。一辆具有转向不足特性的汽车，在左转向时会在前轮上产生向外拉的效果，而通过ESP在左后轮上施加制动力，车辆将被拉回到正确的行驶轨道上来。在同样的弯道上，一辆具有转向过度特性的车会在后轮上产生向外拉的效果而跑离弯道，此时，通过在右前轮上施加制动力，ESP会相应产生一个具有稳定作用的顺时针转矩，从而将车辆拉回到正确的行驶轨迹上来。ESP工作控制如图7.16所示。

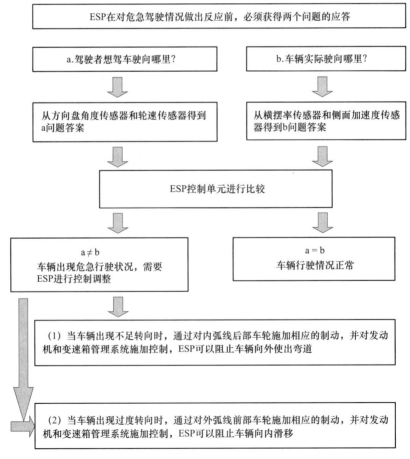

图 7.16　ESP 工作控制

无论是在弯道上或紧急避让状态，还是在制动、加速过程中，或是在车轮打滑时，一旦行驶状态变得危急，ESP 都能利用这一原理来增加车辆行驶的方向稳定性。同时，ESP 还能缩短 ABS 在弯道和对开路面（车辆的一侧为光滑路面）上的制动距离。

通过微处理器对 ESP 传感器信号进行分析，才能使 ESP 具有稳定车辆的效果。转向角传感器记录转向盘位置，每个车轮上还装有轮速传感器来测量轮速。通过使用这些传感器发出的信息，微处理器可以识别驾驶员的操作意图。横摆角速度传感器居于 ESP 系统的核心，用于记录所有绕车辆垂直轴方向的转动。高灵敏度的侧向加速度传感器用于测量车辆转弯时所产生的离心力。这两个传感器向 ECU 传递所有关于车辆实际状态的必要信息。微处理器不断比较实际工况和理想工况，一旦车辆表现出跑偏的趋势，微处理器能迅速地进行干预。由于使用了逻辑运算以及专门为该车辆编制的数据，微处理器在不到 1s 的时间内就能得出必要的解决方案。它适时向制动系统发出指令，使得每个车轮上的制动压力都准确可靠。另外，从车辆动力学的角度来说，当车辆的加速度达到临界情况时，ESP 还能降低发动机的输出转矩。

4. 安装 ESP 与未安装 ESP 装置的车辆对比

（1）在多变的路面上行驶时（见图 7.17）

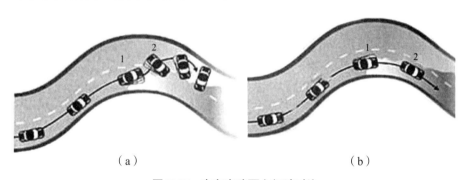

图 7.17 在多变路面上行驶对比
（a）未装 ESP 的汽车；（b）加装 ESP 的汽车

1）对于安装 ESP 的车辆：

①车辆表现出转向不足的趋势，即将跑偏。ESP 系统立即进行干预，在增加右后轮制动力的同时降低发动机输出转矩。

②车辆保持稳定。

2）对于未安装 ESP 的车辆：

①车辆出现跑偏（转向不足），即汽车的前轮向外侧偏离弯道，车辆失去控制。

②一旦车辆驶入干燥的沥青路面就开始打滑。

（2）在避让障碍物时（见图 7.18）

1）对于安装 ESP 的车辆：

①紧急制动，猛打转向盘，车辆有转向不足的倾向。

②增加左后轮制动压力，对左后轮制动，车辆按照转向意图行驶。

③恢复正常的行驶路线，车辆有转向过度的倾向。ESP 系统自动干预，在左前轮上施加制动力。

图 7.18 避让障碍物对比

（a）未装 ESP 的汽车；（b）装备 ESP 的汽车

④车辆保持稳定。

2）对于未安装 ESP 的车辆：

①紧急制动，猛打转向盘，车辆转向不足。

②车辆继续冲向障碍物，驾驶员反复打转向盘，以求控制车辆，从而避开障碍物。

③当驾驶员尝试恢复正常的行驶路线时，车辆产生侧滑。

（3）在驾驶员转弯过快时（见图 7.19）

1）对于安装 ESP 的车辆：

①车辆有甩尾的倾向。ESP 系统自动干预，在右前轮上施加制动力。

②车辆保持稳定。

③在过第二个弯时，车辆有甩尾的倾向。ESP 系统自动干预，在左前轮上施加制动力。

④车辆保持稳定。

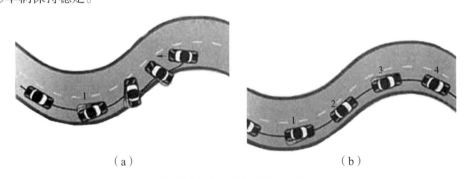

图 7.19 高速过弯情况对比

（a）未装备 ESP 的汽车；（b）装备 ESP 的汽车

2）对于未安装 ESP 的车辆：

车辆出现甩尾，驾驶员企图通过转向盘来调整方向，可惜为时已晚。车辆侧滑甩尾，导致车辆掉头，发生危险。

ESP 提高了所有行驶条件下的主动安全性，特别是转弯时，换而言之，侧向力起作用时，ESP 使车辆稳定并保持安全行驶。ABS 和 TCS/ASR 仅仅在纵方向上起作用。ESP 不仅用到了 ABS/TCS（ASR）的所有部件，还包含一个集成有侧向加速度传感器的横摆角速度传感器和方向角传感器，而且装备 ESP 系统的车辆一定具备 ABS 和 TCS/ASR 功能，换而言之，有 ESP 系统的车辆一定有 ABS 和 TCS/ASR 系统。

7.3.3 DSC 动态控制

DSC 是宝马汽车公司对"车辆稳定控制系统"的英文缩写，其意思是"动态稳定控制"，是一种在动态行驶极限范围内将行车稳定性保持在物理范围内的控制系统，此外其还能改善车辆牵引力。

DSC 可以防止在紧急操控车辆时失去转向控制，特别是在湿滑道路上，并且如果驾驶员在弯道行驶中判断失误或车速过快，系统可以通过对正确的车轮实施单独制动，帮助驾驶员保持对车辆的控制。其是由自动稳定控制＋牵引力控制、电子差速机锁和动态制动控制共同组成的动态稳定控制系统。该系统对紧急情况下的制动非常有益。

驾驶员也可以选择按一下"DSC"按钮，切换至注重驾驶的操作模式，这时一旦某个车轮发生滑转，差速锁就会通过对制动的干预发挥它的功能，而不会采用限制节气门开度而减少发动机动力的常规方式。有了这个新的功能，车辆就可以在这种模式下根据行驶速度有选择地应用制动，预防突然失控的风险。只有在更高速度时，也就是真正有必要的时候，系统才会对节气门开度进行干预。

DSC 单元除了与底盘 CAN（F-CAN）连接外，另外还与传动系 CAN（PT-CAN）连接。PT-CAN 线是一条传动系 CAN 线，连接动态稳定控制系统 DSC、数字式发动机电子控制系统 DME、电子变速器控制系统 EGS、自适应巡航控制系统 ACC、主动转向系统 AFS、自适应转向灯 AHL、动态行驶稳定装置 ARS 及安全网关模组 SGM 等。F-CAN 线是一条底盘 CAN 线，连接动态稳定控制系统 DSC、主动转向控制 AFS、带转向角度传感器的转向柱开关中心 SZL 和 DSC 传感器等。这两种 CAN 线均由 H（高电位）线和 L（低电位）线两条线组成，完成数字信号的传输任务。除了 PT-CAN 线和 F-CAN 线外，还有其他的 BUS 线，如车身 K-BUS 线、音响系统 MOST 数据总线、气囊总线、Local-BUS 线（本地电子气门控制系统 BUS 线）等。

动态稳定控制系统 DSC 主要由下列元件组成：

1）DSC 单元。
2）车轮转速传感器。
3）DSC 传感器。用以识别车辆的横向加速度和偏航角速率，通过 F-CAN 线与 DSC 电脑连接，传输车辆的行驶状态信号。
4）DSC 开关。
5）转向角度传感器。安装在转向柱开关中心上，监测转向盘的转向角度信号。该信号由转向柱开关中心电脑通过 F-CAN 线传输给 DSC 电脑。
6）内部制动压力传感器。
7）管路制动压力传感器。
8）制动片磨损传感器。
9）制动信号开关。
10）制动液位开关。
11）其他通信信号。

7.4 防撞安全新技术

7.4.1 防撞控制系统（主动预防碰撞系统）

1. 防撞控制的基本概念

汽车碰撞包括汽车碰撞到固定的物体及与行驶中的汽车相撞两种形式。为了防止汽车在行驶中，特别是在高速行驶中发生碰撞，一些现代汽车装备了自动防碰撞控制系统，这是一种主动安全系统，如奔驰 Pre-Safe 系统、沃尔沃 City Safety 系统等。

主动预防碰撞系统的基本原理是：当汽车行驶时，防碰撞控制系统处于监测状态，当汽车接近前车车尾或其他物体时，该系统将发出警告信号。在发出警告后，如果驾驶员没有采取减速制动措施，该系统便起动紧急制动装置，以避免发生碰撞事故。

防碰撞控制系统装有测距传感器，它们利用光线、激光或超声波，测得汽车与障碍物间的距离，这个距离信号及车速传感器和车轮转速传感器的信号被送入电控单元 ECU，通过计算求出行驶汽车与前方物体的实际距离以及相互接近的相对速度，并向驾驶员发出预告信号或显示前方物体的距离。当将要碰撞时，ECU 向制动装置和节气门控制电路发出控制指令，使汽车发动机降速并及时制动，从而有效避免碰撞。如图 7.20 所示。

图 7.20 预防碰撞系统的示意图

2. 防碰撞控制系统的组成和原理

（1）系统组成

防碰撞控制系统主要由行车环境监测、防碰撞判断和车辆控制三部分组成。

1）行车环境监测。

行车环境监测系统由测量车距和前面车辆方位的激光扫描雷达及能判定路面状况的道路传感器所组成。激光扫描雷达安装在车辆前端的中央位置，主要作用是测量车距和前面车辆的方位，并将所测数据传输到防碰撞判断部分。

2）防碰撞判断。

防碰撞判断分为两步，第一步是进行路径估计，即从激光扫描雷达所获"距离和方位"的大量数据组中抽取有用数据；第二步是进行安全危险判断，即判断碰撞的危险程度。

3）车辆控制。

该部分由安全/危险预警信号控制的自动制动操作机构和制动防抱死系统（ABS）组成，并采用高速电磁阀进行纵向加速度闭环控制。自动制动操作机构的优点是当自动操作机构处于工作状态时，如果驾驶员的脚制动力大于自动制动控制的制动力，则驾驶员的脚制动力有效，而一旦自动制动操作机构失灵，脚制动系统并不受影响。

（2）控制原理

该系统采用激光雷达在水平面上呈扇形快速扫描，提高激光束的能量密度，可延长激光扫描雷达的监测距离，消除因车辆颠簸引起的误差，并能监测弯道上的障碍物。根据路面状况（湿/干）、后面车速及相对车速，计算出"临界车间距离"，该值是根据路径估算方法确定的车辆间距离。判断安全/危险的方法，就是将实际测量的车辆间距离与临界车辆间距进行对比，若小于临界车辆间距，则自动制动控制系统起动。

7.4.2 几种典型的汽车主动预防碰撞系统

1. 奔驰 Pre-Safe 系统（见图 7.21）

它通过 ESP 监测车辆转向角度、横向加速度和制动力度等数据，当检测到驾驶员需要规避危险时，Pre-Safe 系统可以预先收紧安全带，并把座椅调节到碰撞损伤最低的角度，同时打开的车窗可以在需要的时候自动关闭。

图 7.21 奔驰在 S 级中应用的 Pre-safe 技术

Pre-Safe 系统可以在碰撞前 2.6s 发出警告声，碰撞前 1.6s 告警三次无效后启动自动制动程序。0.6s（这个时间值是系统根据前、后车的相对速度和间距计算所得的）时如驾驶者仍无反应，制动系统的制动力将到达最大，使自动制动的力度达到最大值。

2. 本田 CMBS 系统

本田的 CMBS（Collision Mitigation Brake System）系统最初研发始于 2003 年，这是一套由本田自己开发的碰撞缓解制动系统。其主要原理是，当毫米波雷达探测到前方行驶的车辆有追尾的危险时，用警报的方式提醒驾驶员，继续接近前车时轻轻制动，以身体感受进行警告；当判断出难以避免追尾时，CMBS 会采取强烈制动措施，和驾驶员自身的制动一起降低追尾车速，以便有效地帮助驾驶员避免和降低一旦追尾时的损伤。如图 7.22 所示。

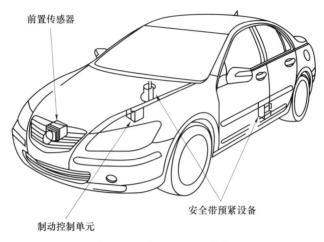

图 7.22　本田 CMBS 技术

当驾驶者所在车辆的车速高于 10mi/h[①]（15km/h）时，CMBS 系统启动，通过车头的传感器探测与前车之间的距离，当系统认为有可能导致追尾时，除提醒驾驶者和制动之外，也会自动收紧安全带（E-Pretensioner 系统），确保对前排乘客的约束作用。同时，在车辆自动制动时，也会点亮制动灯，提示后车保持安全距离。当本车与前车车速的差距小于 10 英里（15公里）时，这套系统将不起作用。

由于信息采集来自于前置传感器，因此前面探头上的冰雪、泥泞必须及时清洁，也不能用其他物体覆盖，不然 CMBS 系统将会自动关闭。在异常拥堵、越野、山路等极端情况下，CMBS 系统也可以手动关闭，并在仪表盘上面显示。同时，当 VSA 等主动安全系统关闭之后，CMBS 也会处于关闭状态并有所显示。如图 7.23 所示。

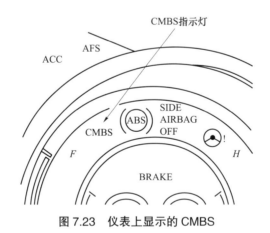

图 7.23　仪表上显示的 CMBS

3. 沃尔沃 City Safety 系统

这套系统研发的初衷主要是针对低速碰撞。City Safety 系统不是通过雷达而是通过发射激光束，然后由传感器采集发射的光束，从而搜集车辆前方的路况信息（探测距离约为 4m，相对于其他三种距离短些，这也是该系统主要考虑城市低速路况所致），并通过抬头显示器

[①] 1mi/h=1.61km/h。

（HUD）为驾驶者提供提示警示信息的，如图 7.24 所示。

图 7.24　City Safety 系统的原理

当车速高于 30km/h 时，City Safety 系统即开始工作，扫描车辆前方的障碍物，通过车辆与前方障碍物间的相对速度和距离判断是否有碰撞的风险，如果系统判断两者碰撞时的相对速度大于 15km/h，则会通过前挡风上的红色警示灯对驾驶者提供预警。如果系统已经提示驾驶者，但驾驶者没有响应，则采取自动制动措施直至车辆静止。对于速度为 15~30km/h 的情况，系统则根据计算结果减速以避免碰撞。制动系统的自动制动时间约为 1.5s，如果驾驶者没有继续采取动作踩下制动踏板，还是会发生轻微追尾的。

7.5　乘员和行人安全保护

汽车安全不仅是针对车内乘客而言，同时也要保护行人安全。因此，车辆碰撞防护技术也开始将保护行人安全列为其重点发展目标。近年来，在欧洲 NCAP 汽车碰撞测试中就不仅检验对车内乘员的安全保护程度，而且也通过划分 5 个星级来检验车辆对行人的安全保护程度。

目前世界范围内，保护行人安全的车辆装置主要有以下几种。

7.5.1　发动机罩机械系统（弹升技术）

发动机罩机械系统能够在汽车发生碰撞时迅速鼓起，使得撞击而来的人体不是硬碰硬，而是碰撞在柔性与圆滑的表面上，减少了被撞人受伤的可能或程度。研究表明，如果发动机、蓄电池和其他部件有宽裕的空间，发动机罩在碰撞过程中能开启，则对行人造成的伤害就会明显降低；如果发动机罩的前端可以向后移动，则撞击造成的损伤可以大大地降低；如果保险杠硬度降低 1/3，前围尽可能低的情况下还可减缓对膝部造成的损伤。

发动机罩机械系统能把撞向行人的动能转换成提升机器盖的能量，即在行人、发动机罩和发动机室内部件之间形成吸能区域，通过发动机罩的变形减小对行人头和肩部的冲击。当人体与车头部分刚一接触时，机械系统就会被触发，其作用力可以由弹簧力驱动，也可采用气体喷射方式。当遇到车与车相撞时，该系统不会起作用，在车辆停放时，人故意撞击也不能起动。在碰撞中起主要作用的第二接触区前保险杠也被改进，采用了高密度泡沫材料和新设计的结构，以控制对腿部的冲击过程，减小撞击力量，从而有效地保障行人的膝、腿免受严重伤害。同样，重新设计的前照灯室及周边区域能确保按受控模式吸收上腿的冲击能量，避免玻璃破碎割伤行人的腿部。其有两个目的：首先降低上腿承受的撞击力；其次确保能量吸收与前保险杠相协调。只有各部件的能量吸收相协调，才能保障行人受到安全的保护。

汽车在与行人发生碰撞时，如果速度很快，行人腿部就会被撞起，然后头部撞在发动机盖或前风挡玻璃上。发动机盖下面是坚硬的发动机，如果直接相撞的话，必定会对行人造成非常严重的伤害。因此，要想保护好行人的头部，发动机盖与发动机之间就必须有足够的缓冲距离，而如果这个距离很长，无疑会增加发动机舱的高度，影响整车的风阻系数，故在前保险杠内安装碰撞传感器，如果检测到碰撞到行人，车辆就会自动起动发动机盖弹升控制模块，车内配备的弹射装置便可瞬间将发动机盖提高，以减小碰撞时对行人造成的伤害，如图7.25所示。

图7.25　发动机盖弹升技术

7.5.2　行人安全气囊系统

行人安全气囊系统可进一步避免人体撞击汽车的前风窗玻璃，以免在猛烈碰撞下行人与车内乘客受到更大的伤害，如图7.26所示。福特汽车公司的行人安全车辆采用了两种可在碰撞中对行人进行保护的新颖安全气囊，一种是发动机盖气囊，另一种是前围安全气囊，两者配合使用可减少最常见的行人伤亡事故。

发动机盖气囊在保险杠上方紧靠保险杠处开始展开。碰撞前由一个碰撞预警传感器激发，50~75μs内完成充气，保持充气状态时间可达数秒。充气后的安全气囊在前照灯之间的部位展开，由保险杠顶面向上伸展到发动机盖表面以上。气囊的折叠模式和断面设计保证了气囊展开时能与汽车前端的轮廓相合，以保证儿童头部和成人腿部的安全。

前围安全气囊系统的作用是提供两次碰撞保护，防止行人被甩到发动机盖上后被前窗底部碰伤。该系统包括两个气囊，各由汽车中心线向一侧的A柱延伸，气囊在传感器探测到行人与保险杠发生初始碰撞后触发。在行人翻到发动机盖上滚向前窗这段时间内，气囊完成充气，两个气囊沿前窗底部将左、右A柱之间的汽车整个宽度完全覆盖，不仅能盖住前窗玻璃底部，还可盖住刮水器摆轴与发动机盖支座等"硬点"。不过，气囊不会完全封住驾驶员的视线。

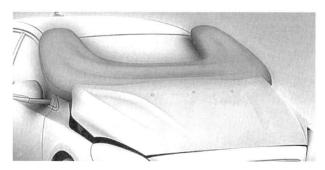

图 7.26 行人安全气囊技术

7.5.3 车辆智能安全保障系统

上述两种行人保护系统都属于汽车被动安全技术，车辆智能安全保障系统的发展，则实现了对行人的主动保护，即在事故发生以前就及时通知驾驶员，避免车祸的发生，将事故的损伤降到最低。

车辆智能安全保障系统是先进的车辆控制系统的一部分，其包括安全系统、危险预警系统、防撞系统等，涉及传感器技术、通信技术、决策控制技术、信息显示技术、驾驶状态监控技术等。这些车载设备包括安装在车身各个部位的传感器、激光雷达、红外线、超声波传感器、盲点探测器等，具有事故监测功能，由计算机控制，在超车、倒车、变换车道、雨天、大雾等容易发生事故的情况下，随时通过声音、图像等方式向驾驶员提供车辆周围及车辆本身的必要信息，并可以自动或半自动地进行车辆控制，从而有效地防止事故的发生。同时，利用车身四周的传感器分别探测车辆前后左右的路况，及时为驾驶员提供回避操作指令，并提醒驾驶员保持安全车距，防止车辆与车辆、车辆与其他物体或车辆与行人间的正面和侧向碰撞及追尾事故。

7.5.4 防撞杆

当汽车受到侧面撞击时，车门很容易受到冲击而变形，从而直接伤害到车内乘员。为了提高汽车的安全性能，不少汽车公司在汽车两侧门夹层中间设置了 1~2 根非常坚固的钢梁，即常说的侧门防撞杆。防撞杆的防撞作用是：当侧门受到撞击时，坚固的防撞杆能大大减轻侧门的变形程度，从而减少汽车撞击对车内乘员的伤害。图 7.27 所示为汽车侧门防撞杆。

图 7.27 汽车侧门防撞杆

7.5.5 主动头部保护系统

头颈部受损伤是交通事故中最常见的伤害，且这类伤害往往很难被确诊。如图 7.28 所示，乘员头颈保护系统（Whiplash Protection System，WHIPS）已成为沃尔沃所有型号汽车的标准配置，其可在发生追尾撞击事故时使永久性颈部伤害的危险减少一半。

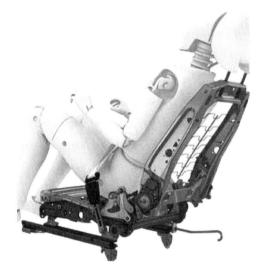

微课 自动座椅的工作原理

图 7.28 沃尔沃 WHIPS 系统

WHIPS 一般设置于前排座椅。当轿车受到后部的撞击时，头颈保护系统会迅速充气膨胀起来，其整个靠背都会随乘坐者一起后倾，乘坐者的整个背部和靠背安稳地贴近在一起，靠背则会后倾以最大限度地降低头部向前甩的力量，座椅的椅背和头枕会向后水平移动，使身体的上部和头部得到轻柔、均衡的支撑与保护，以减轻脊椎以及颈部所承受的冲击力，并防止因头部后甩所带来的伤害。

WHIPS 头颈部保护系统的工作过程：当追尾事故发生时，人的背部会陷入椅背，当弹簧拉长到一定程度后，逆时针转动，椅背和头枕会向后水平移动 50mm，接着弹簧被压缩，椅背和头枕向后倾斜 15°，在此过程中，身体的上部和头部得到轻柔、均衡的支撑和保护，与未配备 WHIPS 的座椅相比，可将颈部所受到的冲击力削减 40%~60%，防止人体最脆弱的颈部受到终身或致命的伤害，如图 7.29 所示。这一装置可以大大降低相对时速 30km/h 以下追尾事故对人的伤害，而这正是大多数追尾事故发生的速度范围。

图 7.29 WHIPS 工作过程示意图

试验统计结果证明，WHIPS 系统可使交通事故所导致的急性颈部疾病数量减少 33%，并使持续时间超过一年的慢性颈椎病的数量减少 53%。

7.5.6 儿童乘员保护技术

近几年来，对儿童乘员保护方面的研究在欧、美、日等国家和地区也得到了的极大重视，他们不但在提高儿童约束保护研究方面做了大量的研究开发工作，同时还出台了相应的法规、标准，使儿童乘员在车辆碰撞事故发生中能得到有效的保护。实际上，近几年来随着乘用车不断进入家庭，儿童乘员数量也在不断增加，如何为他们提供安全的乘车保护，是全社会乃至每个家庭关心的问题。汽车安全儿童约束系统是专门为儿童乘员提供的约束保护系统，以保证在车辆碰撞事故发生时为儿童提供安全保护，从而减少儿童的死亡数量及伤亡程度。

研究表明，CRS 的误用会严重降低 CRS 的安全性。2006 年，欧洲一份报告指出，其调查人群中 CRS 的误用率高达 63%，为此，欧洲和美国分别制定了 ISO-FIX 标准和 LATCH 标准，并分别导入欧洲的 ECE R44 和美国的 FMVSS 231 两大体系儿童约束系统法规体系中。由于我国选定欧洲 ECE R44 号法规作为主要参照，因此采用了 ISO-FIX 标准。

欧洲法规所使用的 ISO-FIX 装置的全称是 "International Standards Organization FIX"，中文意思是：国际标准化组织固定装置。2004 年 2 月，ISO-FIX 系统导入到欧洲法规 ECE R44，它是一个关于在汽车中安置儿童座椅的新标准，这一标准正在为众多汽车制造商所接受。图 7.30 所示为福特福克斯后排 ISO-FIX。

图 7.30　福特福克斯后排 ISO-FIX

制定 ISO-FIX 的目标是，让 ISO-FIX 儿童座椅适合各种车型，其安装非常方便，只需简单地将它插入儿童座椅接口就可以。ISO-FIX 装置使 CRS 安装简单，能很好地减少使用成人安全带固定 CRS 的错误使用率，以有效提高儿童乘车安全性；ISO-FIX 的另一个作用是它可以在儿童座椅和汽车之间建立刚性连接，以使其更加稳固。

当汽车出厂时座位与靠背之间安装有 ISO-FIX 接口，儿童座椅生产商在儿童座椅上安装有两个刚性 ISO-FIX 接头，这样 ISO-FIX 儿童座椅就可以轻易地固定于汽车的 ISO-FIX 接口中了，如图 7.31 所示。

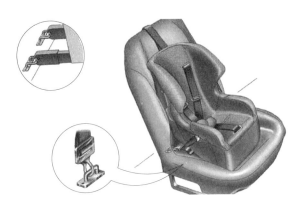

图 7.31 ISO-FIX 结构

7.5.7 蓄电池线路切断安全装置

蓄电池线路切断安全装置在发生碰撞事故时自动起动,以防止发生短路,保护连接车辆起动机、交流发电机和其他主要用电设备的线路不受损害。

该系统通过从一个安全气囊或其他传感器发出的信号触发,起动一个特别配置的高电流导体。在获得信号后 $1\mu s$ 内,热力产生的压力切断导体,从而在因碰撞事故引发的短路发生之前,将未非熔断的线路与蓄电池断开。

德尔福派克的低成本蓄电池线路切断安全装置经过调整可应用于常规的汽车和商用车,并符合业内所有发生器的规格标准。

7.6 安全气囊新技术

7.6.1 机械逼近安全气囊

机械逼近安全气囊又称机械低风险爆出安全气囊。德尔福公司的低风险爆出安全气囊是在机械逼近式的基础上开发的。虽然没有应用复杂的电子设备,但是气囊能够感应乘员的位置,并可根据实际情况确定气囊爆出级别,这样就降低了由于气囊原因引发的对小个子乘员和没有坐正乘员的伤害。在某些需要进行气囊压缩的情形下,低风险配置气囊还起到能量吸收的作用,从而替代气囊压缩。如图 7.32 所示。

图 7.32 机械逼近安全气囊

7.6.2 爆震式安全带

燃爆式安全带在系好后与身体仍有一定空间，以保证乘员的舒适与灵活，但在碰到紧急情况时，安全带会在一瞬间自动收紧，以保证乘员安全。

燃爆式安全带束紧装置：燃爆式安全带束紧装置可以在碰撞中消除或降低安全带下部和肩部的松弛现象。

燃爆式安全带的外观和结构如图 7.33 所示。

图 7.33　爆震式安全带外观和结构

7.6.3 膨胀式安全带

汽车被动安全技术中，应用最普遍的就是安全带。而随着安全气囊的问世，再度降低了车辆碰撞时对乘客的伤害。通常当车辆发生撞击意外时，安全带将会产生紧束动作，将驾驶员或乘员紧紧地固定于座椅当中，不过由于碰撞力道相当惊人，也往往会发生将乘员勒伤的情形。为避免此情况的发生，并将乘员的伤害在碰撞意外发生时降到最低，福特研发部门将安全带与安全气囊相结合，在原先设计好的安全带中预留一空气袋，并设以类似安全气囊的感知装置，在安全带产生紧束作动时，此气囊也会同时充气，产生弹性空间，让安全带紧束时对于乘员的伤害不再如此剧烈。如图 7.34 所示。

图 7.34　膨胀式安全带

7.6.4 预紧式安全带

预紧式安全带的特点是当汽车发生碰撞事故的一瞬间，乘员尚未向前移动时它会首先拉紧织带，立即将乘员紧紧地绑在座椅上，然后锁止织带防止乘员身体前倾，有效保护乘员的安全。预紧式安全带中起主要作用的卷收器与普通安全带不同，其除了具有普通卷收器的收放织带功能外，还可在车速发生急剧变化时加强对乘员的约束力，因此它还有控制装置和预拉紧装置。预紧式安全带实物如图 7.35 所示。

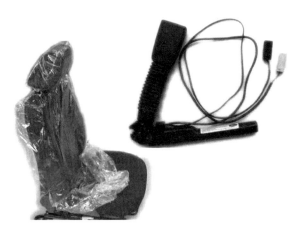

图 7.35　预紧式安全带实物

预收紧装置负责提供瞬间绷紧安全带的力。其作用过程是：首先由一个探头负责收集撞车信息，然后释放出电脉冲，该脉冲传递到气体发生器上，引爆气体，爆炸产生的气体在管道内迅速膨胀，压向所谓的球链，使球在管内往前窜，带动棘爪盘转，棘爪盘跟轴连为一体，安全带就绕在轴上。简单地讲，就是气体压力使球动，球带动棘爪盘转，棘爪盘带动轴转的一瞬间实现了安全带的预收紧功能，从感知事故到完成安全带预收紧的全过程仅持续千分之几秒。管道末端是一截空腔，用于容留滚过来的球。预紧式安全带结构如图 7.36 所示。

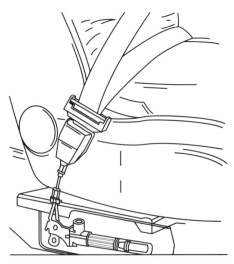

图 7.36　预紧式安全带结构

安全带拉力限制器在事故发生后，安全带在预收紧装置的作用下已经绷紧了，受力峰值过去后，安全带的张紧力度会马上降低，以减小乘员受力，这份特殊任务就由安全带拉力限制器来完成：在安全带装置上，有一个如前所述的预收紧装置，底下卷绕着安全带。轴芯里边是一根钢质扭转棒，当负荷达到预定情况时，扭转棒即开始扭曲，这样就在一定程度上放松了安全带，实现了安全带的拉力限制功能。

7.7 轿车安全车身结构技术

车架是构成车辆被动安全系统最重要的部分。一辆坚实、稳固、安全性高的车，首先必须有一副好车架。"车架"一词是从法文"Chassis"衍生而来的，早期汽车所使用的车架大多都是由笼状的钢骨梁柱所构成的，也就是在两支平行的主梁上，以类似阶梯的方式加上许多左右相连的副梁制造而成。车体建构在车架之上，至于车门、发动机盖、行李厢盖等钣件，则是另外再包覆于车体之外，因此车体与车架其实属于两个独立的结构。这种设计的最大好处在于轻量化与刚性得以同时兼顾，因此受到了不少跑车制造商的青睐，早期的法拉利与兰博基尼都是采用的这种设计。

由于钢骨设计的车架必须通过许多节点来连接主梁和副梁，加之笼状构造也无法腾出较大的空间，因此除了制造上比较复杂、不利于大量生产之外，也不适合用于强调空间的四门房车上。随后单体结构的车架成为主流，笼状的钢骨车架也逐渐被这种将车体与车架合二为一的单体车架所取代，这种单体车架一般称为"底盘"。

除了有利于共用，车体车架也可以通过材料的不同来发挥轻量化的特性，例如奥迪 A8 所使用的铝合金以及法拉利所使用的碳纤维材料等。铝合金是 20 世纪 80 年代末期相当热门的一种工业材料，虽然重量比铁轻，但是强度较差，因此如果用铝合金制成单体车架，虽然在重量上比起铁制车架更占优势，但是强度却无法达到和铁制车架同样的水准。除非增加更多的铝合金材料，通过更多的用量来弥补强度上的不足。

7.7.1 高强度车身

大众公司高强度车身 HSB（High Strength Body）充分考虑了车辆安全性、轻量化以及人性化保护等方面的要求，如图 7.37 所示。

HSB 高强度车身在充分保障了碰撞安全性及高车身强度的前提下将轻量化作为重点。为了达到这一目的，大众汽车高强度车身使用了大量不同级别的钢材。前后保险杠支架、中央通道、脚部横梁、门槛、B 柱及车顶边框等区域均使用此种材料，而这些区域也是在车辆正面及侧面碰撞时主要的受力区，它们将与车身上的碰撞吸能区域一同保证乘员区在碰撞过程中的完整，使车内成员受到伤害的可能降到最低。

在车辆发生侧面碰撞时，三层结构的侧围对整个车身结构起到了强大的支撑作用，为车内生存空间提供了保障。侧围内最关键的零件是热成型钢板材料的 B 柱加强板，它与车门共同完成碰撞过程中的能量吸收。其结构设计充分考虑了碰撞发生时车内成员所受冲击及成员区空间变形的最小化。车门内部除使用高强度钢质防撞杆外，内板还采用了不等厚激光焊接板，既保证了车门的强度，又达到了轻量化目的。

正面碰撞时，撞击力通过热成型钢板材质的保险杠支架向碰撞影响区结构分散，被纵梁吸收削弱后的碰撞能量继而被传递给同样由超高强度热成型钢板制成的脚部横梁、中央通道及门槛，这样就可以避免前排脚部区域在碰撞过程中的凸出危险。

在行人保护方面，大众汽车 HSB 高强度车身也采用了周全的设计。车身前部众多零部件结构及空间布置充分考虑到了彼此间的相互影响及协同作用。翼子板的连接、前盖及铰链也得到了优化。此外，保险杠区内还特为保护行人增加了吸能泡沫件，以将行人腿部在碰撞过程中所受的伤害降到最低。

此外，大众汽车 HSB 高强度车身大量采用激光焊接工艺，例如在速腾车身上，激光焊缝总长度达到 33.2m，而途安更达到了 41m。先进的激光焊接技术不仅给车身加工带来了更高的精度、更稳定的质量、更高的效率，同时也使车身的刚度及强度得到了大幅提升，车辆行驶舒适性、稳定性、振动及噪声均得到了明显改善。

图 7.37　大众高强度车身

7.7.2　高强度激光焊接车身

轿车车身都采用金属构件和覆盖件的分块组合，即将各种预先制好的结构件，例如风窗立柱、门立柱、门上横梁、前后翼子板、前后围板、顶盖等零部件通过焊接和铆接的方式进行组合装配。其中焊接是汽车装配流水线上不可缺少的工序。

激光焊接技术最早应用于军事方面的坦克制造领域，当时的激光焊接技术虽然能提供远远高于传统焊接技术的焊接强度，但是其焊接成本也只有靠一国之力才可以负担。后来，随着激光焊接技术的改进，20 世纪 90 年代，擅长车身制造硬技术的大众集团便把曾经在军事领域一枝独秀的激光焊接技术应用到了汽车焊接领域。

当然，激光焊接的实际使用意义并不仅仅在于提高车身强度，以提高碰撞时的安全性。一般来说，车辆在道路上行驶时的颠簸，都在考验着车身的韧性和抗疲劳性。如果车身结合精度、强度不够，轻则车辆使用不久就会发出异响、行驶噪声大，严重者则可能导致安装在车辆上的零部件如变速器、发动机固定架挪位、变形或者损坏。事实上，无论多好的路况、多优秀的汽车，都有一定的使用寿命，只不过激光焊接将这个寿命的期限大大延长，而且在同等情况下，我们的座驾会拥有更可靠的安全性。

激光技术采用偏光镜反射激光，产生的光束使其集中在聚焦装置中，从而产生巨大能量，如果焦点靠近工件，工件就会在几毫秒内熔化和蒸发，将这一效应用于焊接工艺，即为激光焊接。

激光焊接设备及其工作情况如图 7.38 和图 7.39 所示。

图 7.38　激光焊接设备

图 7.39　激光焊接工作情况

激光焊接最突出的优势在于能够将非常高的能量聚焦于一点，激光束打在两个要焊接部分的边缘，输入能量把金属加热并将其熔化。在激光束作用以后，熔化的材料将迅速冷却，在这个过程中有一小部分的能量将进入被焊接的零件中。激光焊接在减少热变形的同时，也减少了输入的热能量，从而使得加工精度成倍提高，并且激光束不会带来任何磨损，可以长时间稳定的工作。

激光焊接运用于汽车可以降低车身重量、提高车身的装配精度、增加车身的刚度。在目前的汽车工业中，激光技术主要用于车身焊接和零件焊接。激光焊接主要用于车身框架结构的焊接，例如顶盖与侧面车身的焊接。用激光焊接技术，工件连接之间的接合面宽度可以减少，既减少了板材使用量，也提高了车体的刚度，极大地提高了安全性。激光焊接零部件，零部件焊接部位几乎没有变形，焊接速度快，而且不需要焊后热处理，其常用于变速器齿轮、气门挺杆和车门铰链等的焊接。

7.7.3　丰田 GOA 车身

GOA 是英文 Global Outstanding Assessment 的缩写，意思是世界上最高水准的安全。这是丰田公司关于安全技术方面一个总的目标，也是丰田公司内部的安全标准。满足这个标准的车身结构设计就被称为 GOA 车身。丰田的安全技术面向全球市场，所以在制定 GOA 这个总目标的时候考虑了很多因素。在这个大目标里面包含了很多小项，包括各个公司的安全标准、技术前沿的最新成果、各个国家的法律法规、不同地域的典型事故形态以及不同市场中消费者关心的重点，这些要求都涵盖在里面。同时这个目标不是僵化的，比如当各个国家的法规及其他公司内部的安全标准提高时，这个 GOA 标准也会随之提高。丰田 GOA 车身结构如图 7.40 所示。

图 7.40　丰田 GOA 车身结构

GOA 车身技术包括三个方面，一是高强度的驾驶室，二是高效吸收动能的车身，三是合适的乘员约束系统（如凯美瑞的预紧三点式 ELR 安全带、WIL 概念座椅等）。前两者保证车辆在发生碰撞时，前车身的柔性结构能够吸收并分散碰撞能量，将其分散至车身各部位骨架，使驾驶室的变形减到最小，确保乘员安全；成员约束系统则在碰撞中将成员牢牢约束在座椅上，避免乘员因激烈碰撞脱离座椅而受到伤害。

丰田独有的 GOA 车身专利设计，高张力、高弹性双面镀锌钢板制作，加上车身结构强度的优化设计和先进的整体式冲压及焊接工艺，使车身扭转刚度得到了极大提高。前后保险杠内部及四个车门均设置了防撞钢梁，在发生轻微碰撞时不会伤及车身的结构部件。当车辆在发生重撞击的瞬间，安全车身以自我牺牲的方式，把冲撞力切断、吸收，再经由整体式车身，把力量均匀分散至车身各部分骨架，尽可能降低内部空间的变形程度，最大限度地保护驾驶室中的驾乘者。

GOA 安全车身的特点：
1）车身整体一次冲压而成，无焊接结构。
2）大型保险杠加强板。
3）前纵梁直线布置。
4）采用横梁至前柱的加强梁。
5）中柱部分强化。
6）前柱穿入下门口。
7）下门口加强肋与后轮罩直接相连。
8）车门内采用防撞钢梁。

7.7.4　马自达创驰蓝天车身技术（SKYACTIV-BODY）

马自达创驰蓝天车身技术（SKYACTIV-BODY）主要是通过各种优化手段——采用新的

发动机舱缓冲结构以及更简洁的车底加强梁，同时更多采用高强度钢材和铝材料——使车辆的车身强度提升的同时，也可以起到轻量化的效果。按照马自达工程师的预期，这样综合下来，可以让车身整体刚性提升 30%，但是车身重量却降低 8%。

在车身钢材部分，创驰蓝天车身使用 270~1 500MPa 高张力钢材的比例达 60%。为了尽量避免底盘的曲线，创驰蓝天车身从头到尾呈现一体式框架，至于需要弯曲的部分，则与横向框架连续焊接，形成密闭区域，如此一来即减轻了车重。在车体上半部结构采用双支柱，直接将前、后悬吊的固定点连接底盘框架，建构出四个环状结构，以利于车身刚性的提高。这些不仅加大了车身刚性，也减轻了车身重量。

为了改善碰撞安全性，马自达另外使用"复合式负载结构"，令碰撞冲击力朝数个方向分散。比如车头遭受撞击时，冲击力将从前车架分别扩散至 B 柱、车腹与 A 柱，其中上方的分散路径也会抵消前车架因受撞击而产生的抬升运动。而为了达到分散冲击力的目的，马自达将前架改良成十字形，故车身脊线从传统的 4 条增为 12 条。

马自达创驰蓝天技术车身如图 7.41 所示。

图 7.41 马自达创驰蓝天技术车身

7.7.5 全铝车身

车身是一辆汽车的根本，也是影响汽车各方面性能的关键。因此，车身设计的好坏直接影响到汽车的安全性、动力性、经济性、舒适性及操控性等。因为当汽车发身碰撞时，能直接保护车内乘员安全的就是车身，车身设计的好坏、吸收撞击能力的强弱，都是衡量一辆汽车安全性能的重要指标。车身强度的提高还能有效防止悬架冲击引起的振动和噪声。

传统的车身制造材料是钢。钢的种类有很多，根据钢性能的不同，成本也有很大的区别。因此传统的车身，习惯在重要的部分用高性能的合金钢，在车身覆盖件上用工艺较简单的冷轧钢板。但是不论设计师怎样进行优化设计，也不可能使车身质量明显减轻。

图 7.42 所示为采用全铝合金车身结构的奥迪 A8，在驾驶室周围主要是最高和中等强度的铝合金骨架，目的就是对驾驶室内成员进行良好的保护；A 柱和 B 柱用来固定车门的地方也使用了最高强度的铝合金，目的是在发生碰撞以后，尽可能不让 A、B 柱发生变形，以保证车门可以顺利打开。而车身覆盖件通常使用强度一般的铝合金，因为这些部件要求材料有良好的延展性，以保证冲压出需要的形状。

图 7.42 奥迪 A8 全铝合金车身结构

ASF 是 Audi Space Frame 的英文缩写，表示奥迪全铝合金车架的规模化生产，与钢管式车架相比，铝钢架与一体式车身非常相似，没有那么多错综复杂的钢管。

以奥迪 A2 和 A8 的车身为例，其车架就已经勾勒出了车身的线条，外形与一体式车身相似，有所不同的是少了一些一体压制的车身板件，取而代之的是大量的管状分布。

第二代 ASF 车架，部件全部由高钢仞度铝合金以高压吸塑、真空整裁或片状构成制造，并用小钢钉以非单一的焊接方法焊接而成，增加了激光的使用范围。比起第一代的 A8 车架，新技术尽量使用大一点的框架，以减少框架内铝架的数量，相对可以节省焊点数目和焊接时间。不过工序和技术同样复杂，所以成本始终较普通的钢车架高很多。

现在除了奥迪 A2 和 A8 外，使用与铝材料技术相关的车型有：宝马 5 系和 7 系的铝质悬架及法拉利 612 的铝车身等。

7.7.6 沃尔沃车身结构

沃尔沃采用的是 SPA（Scalable Product Architecture）可扩展车体架构。沃尔沃的安全性是全球共知的，其车身采用四种不同级别的钢材以实现最佳的碰撞变形保护，前部车身结构被分成若干个区，每个区在碰撞变形过程中发挥不同的作用。外侧变形区域承受最大的撞击力，越接近驾驶室的区域所采用的材料越不易变形，以确保在发生严重撞击时让驾驶室保持完好无损。前保险杠上安装了用极高强度钢材制造的横梁，这种横梁与车身的纵梁相结合形成"耐撞击箱"，吸收在低速行驶下发生撞击时的能量，以避免对车身结构其他部分造成损害。

SPA 拥有先进的车身结构及更强的刚性抗扭性能。车身结构不仅令车辆的安全级别有了很大提高，同时也提供了更高的刚性抗扭性能。此外，当车顶升起时，车身的刚度将增加 10%~15%。运动调节底盘和半独立悬架装置可以根据路况环境的变化灵活调节并保持平稳，大大增强了驾驶的可操控性。

7.7.7 钢管式车架

承载式车架的设计开发和生产工艺都很复杂，只适宜于大批量生产。但是对于少量生产的轿车又如何呢？虽然可以采用共用平台策略，但所谓的"共用平台"能共用的只是悬架、传动系统等底盘部件，承载式的车架由于必须与车身形状吻合，故对于不同的车身造型是不能共用车架的，于是钢管式（又称"框条式"）车架便应运而生。

钢管式车架就是用很多钢管焊接成一个框架,再将零部件装在这个框架上。它的生产工艺简单,很适合小规模的工作坊作业,20 世纪 50—70 年代,英国有很多小规模的车厂生产各式各样的汽车,都采用自行开发制造的钢管车架,是钢管车架的全盛时期。

时至今日,仍采用钢管车架的都是一些产量较少的跑车厂,如兰博基尼和 TVR,原因是可以省去冲压设备的巨大投资。由于对钢管车车架进行局部加强十分容易(只需加焊钢管),故在质量相等的情况下,往往可以得到比承载式车架更强的刚度,这也是很多跑车厂仍乐于用它的原因。图 7.43 所示为采用钢管式车架的跑车。

图 7.43 钢管式车架的应用

7.8 报警系统

7.8.1 盲点监测系统

该系统能够感知车辆后方盲点区域内存在的车辆,并在打开转向灯时对驾驶员发出警告:在侧视镜处会有小灯闪烁以示警告,此外还有转向盘振动或声音警告。若驾驶员没有打开转向灯,那么警示灯在检测到车辆后会保持常亮状态而不闪烁。

盲点监测系统是驾驶辅助系统中的一项关键功能,在低速状态时能覆盖车身周围 360° 的路况。主动安全循环检测体系中还包括自适应巡航控制、车道偏离警告、停车声呐等。一些驾驶辅助系统能让驾驶者行车变得更安全,尤其是在长时间驾车的过程中更是如此。

所谓盲点,就是被车辆 B 柱挡住的后方视野。系统检测到危险时,侧视镜或 A 柱内侧的黄色警告灯将开始闪烁。

不同车企对该系统的称谓不同,如并线辅助系统、盲点监测、盲点监视、盲点信息系统,等等,但其实际上都是同一系统。其中,前两者的使用比较频繁,而只有福特、沃尔沃、林肯将这类系统称为盲点信息系统,奥迪称其为侧向辅助(Side Assist)系统,有些车企则将其叫作主动盲点监测系统。相应地,有主动盲点监测就有被动盲点监测,但后者的监测能力不如前者。一些被动系统只有在后车超越本车保险杠后才能够监测到,即后车已经在本车的侧方;也有一些则能监测后方 3~5 个车身范围外的车况。

福特盲点信息系统如图 7.44 所示,奥迪的侧向辅助系统如图 7.45 所示。

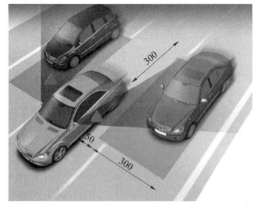 

图 7.44 福特盲点信息系统　　　　图 7.45 奥迪的侧向辅助系统

7.8.2 车道偏离预警系统

车道偏离预警系统，有的厂商又称其为车道保持系统。

车道偏离预警系统主要由 HUD 抬头显示器、摄像头、控制器以及传感器组成，当车道偏离而系统开启时，摄像头（一般安置在车身侧面或后视镜位置）会时刻采集行驶车道的标识线，通过图像处理获得汽车在当前车道中的位置参数，当检测到汽车偏离车道时，传感器会及时收集车辆数据和驾驶员的操作状态，之后由控制器发出警报信号，整个过程大约在 0.5s 完成，为驾驶者提供了更多的反应时间。而如果驾驶者打开转向灯，正常进行变线行驶，那么车道偏离预警系统不会做出任何提示。在不同汽车品牌的车道偏离预警系统中，除称呼不同外，其提醒驾驶员的方式、方法都也本质的区别。有些车型会在仪表盘中亮起预警灯，并在车内发出鸣叫声来提醒驾驶者。但当遇到杂乱的环境时（如开车窗、后方车辆长时间鸣笛），就会听不清提示声，造成安全隐患，就此问题，一些品牌车型进行了改进，它们的车道偏离预警系统以转向盘振动的形式警示驾驶员，相比提示声方式更为安全可靠。此外，一些品牌的车型还采用了座椅振动的提醒方式，还有少数品牌车型采用自动改变汽车转向的方式。

奥迪主动车道保持系统如图 7.46 所示。奥迪主动式车道保持功能是奥迪目前正在使用的辅助系统之一，大部分配备电子机械式转向助力的奥迪车型都能配备这一功能。当车速超过 60km/h 时，奥迪主动式车道保持功能利用安装在车内后视镜前的摄像头检测车道标记。摄像头可覆盖汽车前方超过 50m 的距离以及约 40° 视场的道路范围，每秒提供 25 幅高清晰图像。车载软件负责从这些图像中检测出车道标记以及两条车道中标记的车道。如果在没有打转向灯的情况下汽车偏向某一侧车道标记，该系统将通过对电子机械式转向系统进行微小而有效地干预，帮助汽车驶回正道。

目前，各厂商所配备的车道偏离预警系统均是基于视觉（摄像头）方式在采集数据的基础上研发的，但在雨雪天气或能见度不高的路面上，采集车道标识线的准确度会下降。为了解决这个难题，工程师开发了红外线传感器的采集方式，其一般安置在前保险杠两侧，并通过红外线收集信号来分析路面状况，即使在恶劣环境的路面，其也能识别车道标识线，便于在任何环境的路况下及时提醒驾驶员汽车道路偏离状态。图 7.47 所示为车道偏离预警系统工作示意图。

图 7.46 奥迪主动车道保持系统

微课 车道保持系统工作原理

图 7.47 车道偏离预警系统工作示意图

根据摄像头安装位置不同，可以将车道偏离预警系统分为：

侧视系统——摄像头安装在车辆侧面，斜指向车道；

前视系统——摄像头安装在车辆前部，斜指向前方的车道。

无论是侧视系统还是前视系统，都由道路和车辆状态感知、车道偏离评价算法和信号显示界面三个基本模块组成。系统首先通过状态感知模块感知道路几何特征和车辆的动态参数，然后由车道偏离评价算法对车道偏离的可能性进行评价，必要时通过信号显示界面向驾驶员报警。

7.8.3 疲劳监测系统

疲劳监测系统又被称为疲劳识别系统、注意力辅助系统、驾驶员安全警告系统等。

日常行车时我们都会碰到前一天睡眠时间过少，睡眠质量过差；道路条件好，致使路面情况单一；风沙、雨、雾、雪天气状况；长时间、长距离行车；车速过快或过慢；到达目的地有时间限制等情况。这些都是诱发疲劳驾驶的因素，甚至车辆自身或车外噪声和振动严重、座椅调整不当等原因也会造成疲劳驾驶，从而诱发交通事故。在危急情况发生之前，疲劳驾驶的最初迹象是可以被探测出来的，这可以帮助我们脱离危机。

常见的疲劳监测系统工作原理主要有两方面：一是对驾驶员面部识别或身体状况进行的疲劳监测；二是对汽车驾驶行驶轨迹或驾驶员操作行为进行监测。

疲劳驾驶预警系统（BAWS）是基于驾驶员生理图像反应，由 ECU 和摄像头两大模块组成，利用驾驶员的面部特征、眼部信号、头部运动性等推断驾驶员的疲劳状态，并进行报警提示和采取相应措施的装置，以给予驾乘者主动、智能的安全保障。

丰田针对驾驶者眼部的侦测，内置于驾驶者前方一个摄像头，记录驾驶者的眼部状态，此摄像头一般在转向柱外壳上。如果系统侦测驾驶者的眼睛已经闭上，车内会立即发出警报提醒驾驶者。在正常驾驶情况下，驾驶员头部会在一定的范围内活动，因此在图像处理过程中，常在提取到的图像中围绕双眼划分一个特定大小的矩形框，处理时仅对框内图像进行处理，一旦框内提取不到眼睛信息，则可扩大矩形框的大小再进行搜索。如图 7.48 所示。

图 7.48　丰田疲劳监测系统的摄像头

此外丰田还在研发身体状况监测系统，该技术利用汽车转向盘测量驾驶员的心电和脉搏，可以检测驾驶员发生突变情况前的预兆性体征，从而避免交通事故的发生。据丰田开发之初所做的调研结果显示，在驾驶过程猝死的原因中，人体循环系统突变的比例占到 80% 以上。而应对人体循环突变的关键是掌握自律神经系统的活动，这种神经不受意识的控制，对我们身体的各个内脏器官进行调控，其本身具有一定节奏的韵律，对其进行监测可以更早地感知身体状况有可能发生的突然改变。

通过在转向盘上安装用于测量心电的电极及测量脉搏的光传感器，只要驾驶者握着转向盘，就可以实时对心电、脉搏进行测量记录，并通过对这些数据进行分析，找出预示身体状况突变的图形，如图 7.49 所示。当系统发现驾驶者身体状况可能发生突变时，会自动启动安全停车等控制系统，从而避免交通事故的发生。而这一系列安全系统开发的基础都来自于目前正在开发的利用转向盘应对驾驶人员身体状况突变的技术。

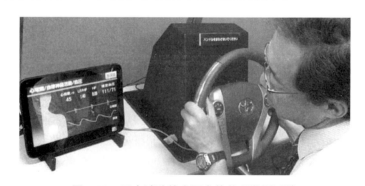

图 7.49　正在试验的丰田身体状况监测系统

其余的如大众、奔驰、沃尔沃等疲劳监测系统的原理大同小异，都是对驾驶员操作行为或车辆实时轨迹进行监测的方法。

大众的疲劳识别系统从驾驶开始时便对驾驶员的操作行为进行记录，并能够通过识别长途旅行中驾驶操作的变化，对驾驶员的疲劳程度进行判断。驾驶员转向操作频率变低，并伴随轻微但急骤的转向动作以保持行驶方向是驾驶精力不集中的典型表现。根据以上动作出现的频率，并综合诸如旅途长度、转向灯使用情况、驾驶时间等其他参数，系统对驾驶员的疲劳程度进行计算和鉴别，如果计算结果超过某一定值，仪表盘上就会闪烁一个咖啡杯的图案（见图 7.50），提示驾驶员需要休息。驾驶员疲劳识别系统将驾驶员注意力集中程度作为衡量驾驶员驾驶状态的重要考虑因素，以致力于道路安全的提高。此外，只要打开疲劳识别系统，无论是否进行监测，每隔 4 小时系统都会提醒驾驶员需要休息了。

图 7.50　大众疲劳识别系统的提示图标

7.8.4　警告灯自动点亮技术

在交通追尾事故中，因为前车紧急制动而后车误以为它在减速，没有及时采取相应的应对措施而发生碰撞的事故常常发生。还有一种情况也经常出现，发生事故后车辆停在道路上没有及时点亮警告灯，结果发生多辆汽车相撞。

针对这种情况，奔驰采用了一种新技术——警告灯自动点亮技术，以便区分普通减速和紧急制动。警告灯自动点亮技术是法国标致公司率先采用的，目前我国生产的标致汽车也采用了这一技术。其原理是：进行紧急制动，当减速度达到一定值时，紧急警告双闪灯会自动点亮。如果在三个制动灯点亮的同时，双闪灯也同时点亮，后车就会知道前面发生了紧急状况，提前采取措施，避免或减少出现追尾事故的概率。图 7.51 所示为标致 307 自动点亮警告灯示意图。

图 7.51　标致 307 自动点亮警告灯

若真的与前车发生追尾，通常在事故发生后，应该点亮双闪灯，提醒后车注意。但由于驾驶员可能忘记或受伤无法进行这些操作，该车就会在没有任何提示的情况下停在道路中间，这对自己或其他车辆都是非常危险的，有可能再次导致事故发生。如果加装了自动点亮警告灯就不会发生这种情况，因为撞车的减速度会明显大于紧急制动，这时双闪灯会自动点亮，就能避免再次发生事故。

7.9 轮胎安全技术

7.9.1 轮胎气压自动监测系统

汽车轮胎气压监测系统 TPMS（Tire Pressure Monitoring System）主要用于汽车行驶过程中对轮胎气压进行实时监测及对轮胎漏气和低压进行报警，以保障汽车行驶安全。

当胎压过高时，会减小轮胎与地面的接触面积，而此时轮胎所承受的压力相对提高，轮胎的抓地力会受到影响。另外，当车辆经过沟坎或颠簸路面时，轮胎内因为没有足够空间吸收振动，除了会影响行驶的稳定性和乘坐舒适性外，还会加大对悬挂系统的冲击力度，由此也会带来危害。所以合适的胎内气压不仅有助于提高行车的舒适性，而且能极大地保障安全行车。

通常轮胎气压不足对轮胎的损害并不会突然造成严重伤害，但是轮胎一点点地漏气不会被驾驶入注意。轮胎气压监测系统主要有 DDS（Deflation Detection System）和 TPMS 两种，其分别使用不同的方法来监测轮胎是否跑气。

1）直接式胎压监测装置（TMPS）是利用安装在每一个轮胎里的压力传感器来直接测量轮胎的气压，然后利用无线发射器将压力信息从轮胎内部发送到中央接收器模块上的系统，以对各轮胎气压数据进行显示，如图 7.52 所示。当轮胎气压太低或漏气时，系统会自动报警。

直接式胎压监测系统的好处是：在每一个车轮上都安装有压力传感器和传输器，如果任何一个轮胎胎压低于驾驶员手册上推荐的冷胎胎压的 25%，便会警示驾驶员。其警示信号比较精确，而且如果轮胎被刺破而使胎压快速降低，则直接式胎压监测系统能立即提供警示。

图 7.52 直接测量胎压 TMPS 系统

另外即便是车胎缓慢地漏气,直接式胎压监测系统也能透过行车电脑感知到,直接让驾驶者从驾驶座上检视目前四只轮胎的胎压数字,从而实时了解到四个车轮的真实气压状况。

2）DDS系统是造价较低的间接压力监测系统（见图7.53）,即当轮胎压力减小到一定程度就会发出报警信号。DDS系统与智能报警系统综合在一起,精确地区分轮胎压力的波动,可根据不同的压力减少而发出不同级别的报警信号。

微课 胎压监测系统的工作原理

图7.53 间接测量胎压的DDS系统

DDS系统并不具有自身的传感器,而是根据车轮转速传感器对给出的数值进行判断。任何轮胎气压亏损都会导致轮胎半径的改变,结果就会通过精确的车轮转速信号反映出来。当某个轮胎的气压降低时,车辆的重量会使该轮的滚动半径变小,导致其转速比其他车轮快,这样就可以通过比较轮胎之间的转速差达到监视胎压的目的。间接式轮胎报警系统实际上是依靠计算轮胎滚动半径来对气压进行监测的。

间接式胎压监测装置成本要比直接式低得多,它实际上是利用汽车ABS制动系统上的速度传感器来比较四只轮胎的转动次数,如果其中一只轮胎胎压较低,这只轮胎的转动次数会和其他轮胎不同,如此采用ABS系统同样的传感器和感测信号,只要车内计算机在软件上做调整,便可以在行车计算机建立新功能,警告驾驶员一只轮胎和其他三只相比胎压较低的信息。

间接测量胎压装置的局限性,一般会出现两个问题,一是绝大多数采用间接式胎压监测装置的车型都不能具体指示出具体是哪一只轮胎胎压不足；其次如果四只轮胎的胎压同时在下降,那么这种装置也就失效了,而这种情况一般在冬天气温下降时尤其明显。此外,当车辆行驶过弯路时,外侧轮转动次数会大于内侧轮转动次数,或者轮胎在沙地或冰雪路面打滑,特定轮胎旋转数会特别高。所以这种计算胎压的监测方法有很多局限性。

7.9.2 防爆胎

防爆轮胎学名叫"泄气保用轮胎"（RUN STABILITY CONTROL）,英文缩写为RSC,又称零胎压行驶系统,如图7.54所示。充气后的轮胎胎壁是支撑车辆重量的主要部位,特别是一些扁平比（扁平比是轮胎高度与宽度的比）较大的轮胎,胎壁非常"肥厚","爆胎"严重时通常会导致胎壁瞬间崩坏,从而使轮胎瞬间失去支撑力,导致车辆重心立刻发生变化,特别是前轮驱动车的前轮爆胎,爆胎后瞬间的重心转移很可能会令车辆失控。如果驾驶者没有车辆爆胎的驾驶经验，可能会做出错误的驾驶动作，例如紧急制动，这将导致车辆严重失控。

爆胎是非常严重的安全事故，特别是在高速公路爆胎。据统计，国内高速公路70%的意外交通事故是由爆胎引起的，而速度在160km/h以上发生爆胎的死亡率接近100%。

图7.54　防爆轮胎示意图

RSC技术为汽车的安全性和舒适性带来了巨大的进步，即使在轮胎压力完全消失为零的情况下，RSC仍能够使驾驶者以中等车速继续驾驶车辆，一般情况下RSC爆胎后能支持车辆行驶250km，实际中如果遇到较大的破损（例如被大面积尖锐物刺穿）或路面状况恶劣，行驶里程可能缩短为几十公里，驾驶者可以将车辆驾驶到不太远的维修中心，然后由维修车间的技师以更为稳妥的方式对轮胎进行更换，从而避免了因轮胎漏气而不得不在一些有潜在事故风险的地点停车。

现阶段防爆轮胎的价格依然比普通轮胎贵许多，且其不动用专业的换胎工具是没法更换的，但无论如何，防爆轮胎仍然是未来汽车轮胎发展的最重要方向之一，因为它带来的安全性和方便性是人们所需要的。随着技术的进步，防爆轮胎的成本最终也将会走到一个合理的阶段。

7.9.3　防扎胎

这种技术的原理是使用自动数控喷胶设备将MPN胶料均匀地喷涂在轮胎内壁，形成一层3~5mm的轮胎保护涂层，当直径在6mm以下的尖锐物体刺入轮胎时迅速被MPN胶料涂层紧密包裹而不会漏气。当尖锐物体被拔出时，穿孔被MPN胶料涂层瞬间填充和密封好，有效地解决了真空胎被刺扎或者砂眼造成的泄气和慢漏现象。同样，MPN胶料涂层能承受胎面长达10cm的创口而不漏气。以每辆车4条轮胎为例，做一次轮胎防扎处理所需要的时间为1.5~2h。MPN胶料是一种成半固态胶状的树脂，具有高韧性、高聚合度、高剥离强度、可记忆自修复等特性，软化点温度为110℃，低温弯曲无裂纹，在−40℃~110℃温度内也可以保持性能不变。防扎胎演示如图7.55所示。

图7.55　防扎胎演示

7.10 紧急呼救系统

从 2015 年起，按照欧盟的规定，要求所有的新型车辆都配备这种紧急呼救系统。泛欧电子紧急呼救系统将会带来全新的革命。

欧盟制定这一规定的主要目的是确保当救护人员听到自动发出的紧急呼救信号时，能够很快地做出反应，有效提供救护帮助。这样，在欧盟内部每年将会挽救 2 000 人的生命，交通事故的伤亡将减少 50%。

欧盟所要求的基本技术 Pan-European-E-Call 泛欧电子呼救将会在汽车释放安全气囊的同时自动发出 112 紧急呼救 E-Call 信号，并且整个欧盟统一的救护站都会收到这样的信号。原则上，紧急呼救系统可分为两大类型：一种是泛欧电子呼救系统，这种紧急呼救信号既可自动发出，也可以手动发出；另一种替代解决方案就是 TPS-E-Call 系统（第三方支持的电子呼救系统）。

泛欧电子呼救总与救护调度员直接保持联系，而且按照欧盟的计划，其他人也会收到紧急呼救的信号和数据，这些信号和数据是较短的数据语句，数据信息限制在所需的最小范围之内，但足以保证最快找到受害者。这些数据和信息的内容包括：呼救位置、发生事故时的行驶方向及所驾驶车辆的型号。同时，发送的数据信息也会建立起一个通话联系。另外，还有一个手动触发的紧急呼救按钮，如发生事故时安全气囊没有释放，则可以按下按钮发出紧急呼救信号，进行呼救。

若在车辆中安装了 SIM 卡和事故评判算法语言模块，则可将它们方便地用于其他技术服务，而不是仅仅满足欧盟要求的自动发出事故报警信号，这就是 TPS-E-Call 系统。目前，该系统已经安装于宝马、标致和沃尔沃等轿车中。

紧急呼救系统的应用如图 7.56 所示。

图 7.56 紧急呼救系统的应用

宝马公司提供了无线远程服务诊断和无线远程帮助两个服务项目，而且这也都是 Connected Drive 互联驾驶服务包中的组成部分。在车辆抛锚之后，驾驶员可以利用故障帮助功能与故障排除技术服务企业中的员工建立联系，分析故障原因并排除故障。其中，利用车载的移动通信网络，可以读取车辆在线维护保养系统中的数据以及当前的错误报警提示，并且也有利用宝马公司故障帮助功能直接排除故障的可能性。例如利用重置指令将特定车辆部件的控制器重新赋值，使其恢复正常工作。

7.11 无人驾驶技术

英国和美国的科学家研究分析表明，每起交通事故均会不同程度地涉及驾驶员、汽车和道路环境因素。英国的研究结果表明，道路交通事故肇事发生的唯一原因是由驾驶员因素引起的占65%（美国为57%），而其中与驾驶员因素有关的又占到近95%（美国占94%）。我国道路交通事故的统计也表明，主要由于驾驶员造成的事故占90%左右。总之，驾驶员失误作为肇事发生交通事故的主要原因已被世界各国所公认。如果要从根本上解决这一问题，就需要将"人"从交通控制系统中请出来，从而提高安全性。由于无人驾驶电动车不需要驾驶员，故系统效率也相应提高。这种新型车辆控制方法的核心就是实现车辆的无人自动驾驶，而车辆安全是无人驾驶车成败的关键。

无人驾驶汽车的智能主要体现在以下4个方面：
1）行车路径规划能力。
2）环境实时感知能力。
3）车辆行为决策能力。
4）车辆驾驶控制能力。

7.11.1 无人驾驶电动汽车的原理

无人驾驶电动汽车系统主要由传感器系统、控制系统和执行机构等组成。现在无人驾驶汽车设计的主要技术有采用磁传感器来检测路径，但这需要在地面下预埋磁钉，并需对路面重新改造，会对路面造成破坏。另一种是采用CCD摄像头作为传感器来检测路径，然而CCD摄像头的价格一般较高，并且需要对采集到的图像进行实时处理，故对系统的硬件和软件要求都较高。

在此介绍一种基于光电传感器基础的自动导航系统，其根据光电传感器测得的反射光强的信号来自动辨识行驶路径，实现车辆的无人自动寻迹行驶。与其他导航方案相比，该方案导航系统具有结构简单、安装方便、对道路无损坏和价格低廉等特点。

无人驾驶电动汽车系统主要由传感器系统、控制系统和执行机构等组成。传感器系统主要由导航系统、防撞传感器和启/停系统等组成；执行机构主要由轮毂电动机、线控转向和液压制动等系统组成。如图7.57所示。

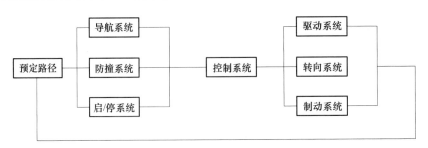

图7.57　无人驾驶电动汽车自动循迹系统组成

导航系统自动检测出车辆相对于预定路径的横向偏差，控制系统根据横向偏差来计算转向系统所需的转角，并输出指令控制电动机驱动系统、线控转向系统和液压制动系统。电动机驱动系统根据控制器的速度指令进行速度闭环控制，线控转向系统根据控制器转角指令进行转角闭环控制，液压制动系统根据控制器的制动指令进行开环控制。

7.11.2 无人驾驶汽车的发展方向

无人驾驶汽车的研究可以归纳为3个方面：高速公路环境、城市环境和特殊环境下的无人驾驶系统。就具体研究内容而言，3个方面相互重叠，只是技术的侧重点不同。

1. 高速公路环境下的无人驾驶系统

这类系统将使用在环境限定为具有良好标志的结构化高速公路上，主要完成道路标志线跟踪、车辆识别等功能。这些研究把精力集中于简单结构化环境下的高速自动驾驶上，其目标是实现进入高速公路之后的全自动驾驶。尽管这样的应用定位有一定的局限性，但它的确解决了现代社会中最为常见的、危险的，也是最为枯燥的驾驶环节的驾驶任务。

2. 城市环境下的无人驾驶系统

与高速环境研究相比，城市环境下的无人驾驶由于速度较慢，因此更安全可靠，应用前景更好，短期内可作为城市大容量公共交通（如地铁等）的一种补充，以解决城市区域交通问题，例如大型活动场所、公园、校园、工业园、机场等。但是城市环境也更为复杂，并对感知和控制算法提出了更高的要求。城市环境中的无人自动驾驶将成为下一阶段的研究重点。

3. 特殊环境下的无人驾驶系统

无人驾驶汽车研究走在前列的国家，一直都很重视其在军事和其他一些特殊条件下的应用。但其关键技术及基于高速公路和城市环境的车辆是一致的，只是在性能要求上的侧重点不一样。

目前大部分的科学家、学者以及车企将自动驾驶分为三个阶段，即辅助驾驶阶段、半自动驾驶阶段和全自动驾驶阶段。

阶段一：辅助驾驶阶段。车道保持、自适应巡航（见图7.58）等驾驶功能属于这个阶段的技术，驾驶员仍然是驾驶操作的主要发起者和控制者。

图7.58 沃尔沃自适应巡航

阶段二：半自动驾驶阶段。这个阶段下，电脑操纵汽车可以完成自动驾驶到目的地的过程。这个操作可以作为备用操作，但是受到当地法律法规的限制，仍旧不能作为驾驶的主体。

阶段三：全自动驾驶阶段。技术、成本等都不是影响因素，驾驶员可随时切换人工驾驶和自动智能驾驶模式，在智能模式下，电脑可以完全替代驾驶员完成驾驶意图。

目前，世界各大厂商都在研发或者已经研发了无人驾驶技术，如奥迪的 Audi Piloted Driving、沃尔沃的 City Safety、日产的自动紧急避让系统等。在技术上，核心部件的运算能力以及成本过高并不是阻碍其推广的最大问题，主要是传统观念的束缚、法律法规的约束、行业间的利益关系等制约着它的推广。

无人驾驶汽车尤其适合从事旅游、应急救援、长途高速客货运输、军事用途等，以发挥其可靠、安全、便利及高效的性能优势，减少事故，弥补有人驾驶汽车的不足。无人驾驶汽车在交通领域的应用，从根本上改变了传统车辆的控制方式，可大大提高交通系统的效率和安全性。随着高科技的发展，无人驾驶车辆技术将会不断发展，其功能也将更加完善，学科内容将会更丰富，产业化前景也将更加美好。

（1）主动安全技术主要由哪三个方面来实现？
（2）主动安全和被动安全技术都有哪些？
（3）E-NCAP 的四个测试项目分别是什么？其主要内容有哪些？
（4）简述 C-NCAP 的工作流程。
（5）IIHS 评测项目有哪些？
（6）ESP 的作用和控制原理是什么？
（7）常见的防碰撞控制系统的组成和原理是什么？
（8）什么是膨胀式气囊？
（9）简述预紧式安全带的工作过程。
（10）简述车身激光焊接的优势。
（11）丰田的 GOA 车身技术主要有哪三个方面？
（12）盲点监测系统的主要工作过程是什么？
（13）车道保持系统的工作过程是什么？
（14）轮胎气压监测系统的主要工作过程是什么？
（15）紧急呼救系统的工作过程是什么？

第 8 章
汽车电子与电气新技术

8.1 汽车导航系统

8.1.1 概况

车辆导航系统整合了汽车、交通、计算机、通信、系统科学等领域的技术。早期的导航系统主要是利用惯性导航设备，如陀螺、罗盘等实现定位车辆方向和航位推算。由于使用局限大，故一直没有得到广泛应用。微电子技术、计算机技术、空间技术及制图技术的发展使车辆导航系统得到快速发展。目前，随着 GPS 定位技术的应用，车辆定位系统可确定行驶在每个街道和十字路口的车辆的准确位置。汽车导航系统如图 8.1 所示。

图 8.1 汽车导航系统

1. 汽车导航系统的发展史

（1）第一代导航系统——自助导航

自助导航系统由全球卫星定位系统 GPS 和液晶显示器两部分组成。内置的 GPS 天线根据接收到的至少 3 颗卫星信号，计算出汽车所处的位置。导航系统本身安装着储存有电子地图信息的光盘，通过 GPS 卫星信号确定的位置坐标与此相匹配，便可确定汽车在电子地图中的准确位置，并在此基础上实现导航、路线推荐等功能。

（2）第二代导航系统——多媒体导航

多媒体导航系统是在第一代的基础上增加了电话和播放的功能，并具有 GPS 卫星定位、路线规划、VCD/DVD 播放、电视等功能。多媒体导航除保留了第一代电子地图和电子语音提示功能外,还增加了前方转向提示信息功能。由于第二代只是在第一代导航系统的基础上进行的升级,故其并没有突破性的发展。

(3)第三代导航系统——GPS 导航与无线通信结合实现联网功能的导航

第三代导航取得了质的变化。第一,导航地图可以在信息服务中心和车辆上两地进行存储,寻找目的地较为方便,可由服务中心帮助寻找;第二,可有效利用实时交通信息实现"疏堵式"图。另外还可增加安全控制、远程检测、网络连接和救援呼叫等服务。

2. 导航系统的分类

(1)驾驶信息系统

驾驶信息系统为驾驶员提供各种形式有利于决定如何到达目的地的导航信息,范围可包括从最小的方向信息到根据实时的分步路线引导指令得出的距目的地的直线距离。

(2)交通管理系统

车载路线引导系统在改善交通方面的潜力早已被公认,事实上这一系统是 20 世纪 60 年代末期美国联邦公路局 ERGS 的中心系统,即使这一研究到目前为止仍只限于美国本土,但在日本和欧洲它已成为发展社区导航和路线引导系统的基础。

(3)车队管理系统

多年来各种远距离监视汽车位置和状态的系统已成为车队管理的重要手段,特别是车队调度和警车调遣更是如此。车队汽车提供的位置信息几乎一成不变地通过无线网同调度中心通信,而不是作为导航信息提供给驾驶员。

8.1.2 全球卫星定位方法——全球定位系统 GPS

1. 组成

汽车 GPS 导航系统由两部分组成:一部分由安装在汽车上的 GPS 接收机和显示设备组成;另一部分由计算机控制中心组成。两部分通过定位卫星进行联系。

计算机控制中心是由机动车管理部门授权和组建的,它负责随时观察辖区内指定监控的汽车的动态和交通情况,因此整个汽车导航系统起码有两大功能:一个是汽车踪迹监控功能,只要将已编码的 GPS 接收装置安装在汽车上,该汽车无论行驶到任何地方都可以通过计算机控制中心的电子地图指示出它的所在方位;另一个是驾驶指南功能,车主可以将各个地区的交通线路电子图存储在软盘上,只要在车上的接收装置中插入软盘,显示屏上就会立即显示出该车所在地区位置的交通状态,既可输入要去的目的地,预先编制出最佳行驶路线,又可接受计算机控制中心的指令,选择汽车行驶的路线和方向。

2. 原理

系统由 24 颗 GPS 卫星在离地面 12 000km 的高空上,以 12h 的周期环绕地球运行,使得在任意时刻,在地面上的任意一点都可以同时观测到 4 颗以上的卫星。

由于卫星的位置精确,故在 GPS 观测中,我们可得到卫星到接收机的距离,利用三维坐标中的距离公式,利用 3 颗卫星,就可以组成 3 个方程式,解出观测点的位置 (X, Y, Z)。考虑到卫星的时钟与接收机时钟之间的误差,实际上有 4 个未知数,X、Y、Z 和钟差,因而需要引入第 4 颗卫星,形成 4 个方程式进行求解,从而得到观测点的经、纬度和高程。如图 8.2 所示。

事实上,接收机往往可以锁住 4 颗以上的卫星(见图 8.2),这时接收机可按卫星的星座分布分成若干组,每组 4 颗,然后通过计算挑选出误差最小的一组用作定位,从而提高精度。

为提高定位精度，普遍采用差分 GPS（DGPS）技术，建立基准站（差分台）进行 GPS 观测，利用已知的基准站精确坐标与观测值进行比较，从而得出一修正数，并对外发布。接收机收到该修正数后，与自身的观测值进行比较，消去大部分误差，得到一个比较准确的位置。实验表明，利用差分 GPS，定位精度可提高到 5m。

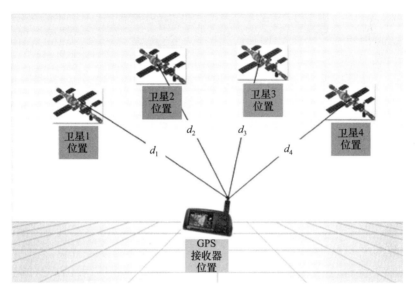

图 8.2　通过 4 颗已知位置的卫星来确定 GPS 接收器的位置

车用导航系统主要由导航主机和导航显示终端两部分构成。内置的 GPS 天线（见图 8.3）会接收到来自环绕地球的 24 颗 GPS 卫星中的至少 3 颗所传递的数据信息，由此测定汽车当前所处的位置。导航主机通过 GPS 卫星信号确定的位置坐标与电子地图数据相匹配，便可确定汽车在电子地图（见图 8.4）中的准确位置。

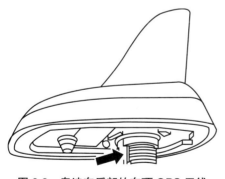

图 8.3　奥迪车后部的车顶 GPS 天线

图 8.4　汽车导航地图

3. 影响因素

为汽车驾车人指路的卫星导航系统有下述 4 个重要因素：卫星信号、信号接收、信号处理和地图数据库。

（1）卫星信号

汽车卫星导航系统需要依靠全球定位系统（GPS）来确定汽车的位置；最基本的，GPS 需要知道汽车的经度和纬度；在某些特殊情况下，GPS 还要知道海拔高度才能准确定位。有了这三组数据，GPS 定位的准确性就可以达到 2~3m。

隧道、桥梁或是高层建筑物都会挡住导航系统的直接视线，使得导航系统无法工作。再者，导航系统是利用三角、几何的法则来计算汽车位置的，所以汽车至少要同时在 3 颗同步卫星的视线之下，才能确定位置。在导航系统直接视线范围内的同步卫星越多，定位就越准确。当然，大多数的同步卫星都是在人口密集的大都市的上空，所以当车辆远离城区时，导航系统的效果就不会太好甚至根本就不能工作了。

（2）信号接收

GPS 系统的工作原理是：解析从同步卫星那里接收到的信号，投影到竖直的平面上，这些信号可以形象地表示为一个个倒漏斗形，当这些"漏斗"的下半部分有一定的重叠时，GPS 的解析程序就能够计算出汽车所在位置的坐标。在汽车行驶的过程中，一个类似于飞机或轮船导航用的陀螺仪装置可以连续地提供汽车的位置；但当卫星信号有所间断时，则可用计速器所提供的数据来填补其中的空白，并用来记载行驶时间。

（3）信号处理

GPS 接收到的信号和计速装置所提供的信息，要通过接收器提供给汽车导航系统，并由软件系统分析处理，重叠在存储的地图之上。

（4）地图数据库

当 GPS 提供的坐标信息重叠到电子地图上时，驾车人就可以看出自己的位置以及前进的方向了。这最后一个环节即为成图，也是车载导航系统中最重要的一环。离开了成图，导航系统就等于没有了方向。

8.2 移动无线数据传输

8.2.1 汽车通信技术

无线移动的电子通信技术是车联网信息传输的重要技术手段，目前汽车将逐渐成为移动的多媒体信息中心，与办公场所、家庭住宅通过先进的通信技术密切相连，充分体现"无缝移动通信"的互联要求，并逐渐向灵活性、数字化、互联性、整合性及私密性趋势发展。随着电控器件在汽车上越来越多的应用，汽车电子的网络化功能将得到进一步拓展，从初期的多子系统分别工作发展到分布式模块化控制器局域网络。而且，汽车车载电子设备间的数据通信也会变得越来越重要。在汽车比较普及的发达国家，汽车通信安全理念已经深入人心，安装专用汽车通信设备已经成为购车者的自觉行为。

汽车通信技术主要有移动通信技术、移动互联网技术、移动传真技术和移动电话技术等。

1. 移动通信技术

移动通信（Mobile Communication）是移动体之间的通信，或移动体与固定体之间的通信。移动体可以是人，也可以是汽车、火车、轮船、收音机等在移动状态中的物体。移动通信系统由移动台、基台和移动交换局组成。

移动通信系统从 20 世纪 80 年代诞生以来，到 2020 年将大体经过 5 代的发展历程，而到 2010 年，已从第 3 代过渡到第 4 代（4G），目前，除蜂窝电话系统外，宽带无线接入系统、毫米波 LAN、智能传输系统（ITS）和同温层平台（HAPS）系统包已投入使用。未来几代移动通信系统最明显的趋势是要求高数据速率、高机动性和无缝隙漫游。从车联网应用角度看，可以使用的接入技术包括：车载电话；车载台、车载传真、车载对讲等。

2. 移动互联网技术

移动互联网就是将移动通信和互联网二者结合起来，成为一体。在最近几年里，移动通信和互联网已成为当今世界发展最快、市场潜力最大、前景最诱人的两大业务，它们的增长速度都是任何预测家未曾预料到的。

移动互联网向多媒体信息应用发展。随着技术的进步，向移动用户提供多媒体业务将是未来十年内移动通信发展的主要潮流。无线技术仍然在高速发展，未来空中接口的带宽将不断增加，手持终端的功能将不断完善和增强，它们为多种移动应用的发展开辟了广阔空间。

3. 移动电话技术

车载电话抗干扰、抗屏蔽较强，接收信号的性能比一般商用手机要高 25%，是汽车移动电话技术产品。为了在行车时便于记录有关信息，某些车载电话还专门设置了录音功能、网络遥控功能，车主可以通过预先设定的电话对车辆实施 GSM 网络范围内的远程遥控，其功能包括遥控启动、开启空调、声光报警、追踪定位及切断油、电路等。值得一提的是，某些车载电话设有紧急报警按钮，紧急时刻轻触 0.5s，系统便会马上接通预先设定的报警电话通知警方或家人。此外，在智能防盗功能方面，当系统受到异常而开启车门或起动等现象时，车载电话会马上按预设的报警电话语音提示警情报警，即使切断车辆的电源，通信防盗主机的后备电池也可持续工作 8h，确保防盗功能的持续性。

4. 车载传真技术

车载传真机主要应用于全方位移动办公及应急救援，可清晰准确地收发重要信息及指令，及时签发文件和签订合同。其广泛用于各级公安、海关、消防、部队、政府部门、机要部门等。

8.2.2 车载无线通信技术的模式

车载无线通信的模式按照通信距离长短可以分为车内通信、车外通信、车路通信及车间通信等四类。

1. 车内通信

车内通信的通信距离为数十米之内，涵盖的范围是车辆内部空间，主要采用无线传输方式，传输速度快、抗噪声性能强，多被应用于语音通话及设备接口。目前比较成熟的是蓝牙技术（Bluetooth）。

2. 车外通信

车外通信是指车辆与外部通信设备进行信息资源交换的应用，其所覆盖的通信范围是四类模式中最长的，有效距离可达数百公里。车外通信主要用于 GPS 全球定位、汽车行驶导航等。车外通信技术要求在高速移动的状态下也能可靠传输，所以目前主要采用 2G、2.5G、3G、4G 蜂窝系统以及全球定位系统（Global Positioning Syslem，GPS）等技术。

3. 车路通信

车路通信是指车辆与外部设施（如交通标识等）的无线通信，如自动电子收费系统、车辆指挥调度、环境参数采集等。目前采用的技术主要有微波、红外技术、专用短程通信（Dedicated Short Range Communications，DSRC）等。

4. 车间通信

车间通信应用于多动点之间的双向传输，主要应用于车辆安全、防撞等意外的及时提醒与防止，所以车间通信对安全性和实时性的需求都很高。目前采用的技术有微波、红外技术、专用短程通信等。

车路通信与车间通信其实是同一技术的两种不同应用模式，通信距离介于数百公尺[①]到一公里内。

8.2.3 车载无线通信采用的技术分析

超宽带（Ultra Wideband，UWB）技术以其传输速率高、抗干扰能力强、保密性好等优点迅速发展起来，目前成为蓝牙技术的有力竞争技术，有望在未来的汽车内得到应用。

WiMAX 是一项新兴技术，能够为高速数据应用提供更出色的移动性，凭借这一特点，其有望应用于车外通信系统中。WiFi 是最早期的高速无线数据技术之一，它在距离无线接入点设备 100m 的范围内可以实现高速连接。其将会在车路通信中占有一席之地，甚至一些最新的平台能够支持多个 WiFi 标准，从而支持数个无线网络之间的兼容性。

DSRC 已经在电子收费系统（Electronic Toll Collection System，ETC）中得到应用，今后可能会在支线汇合至主干线、交叉点、丁字路口时为车辆提供相关道路的交通信息。

车载无线通信技术比较见表 8.1。

表 8.1 车载无线通信技术比较

通信模式		传输速率	工作模式	移动能力
车内通信	蓝牙（BT）	720Kb/s~3Mb/s	点对点/点对多点	低
	超宽带（UWB）	a：480Mb/s b：110Mb/s	点对点/点对多点	低
车外通信	蜂窝系统	2.5G：114Mb/s 3G：384Mb/s 3.5G：7.2Mb/s	双向交换	高
	GPS	9.6 Kb/s	单向广播	高
	WiMAX（802.16）	移动：2~15Mb/s 静止：70Mb/s	点对点/双向交换	高
车路通信	微波	数十到数百 Kb/s	双向交换	中
	红外线	数十到数百 Kb/s	双向交换	中
	DSRC	3~27Mb/s	单向广播 双向交换	高
	WiFi（802.11b）	11a：54Mb/s 11b：11Mb/s 11g：54Mb/s	单向广播 双向交换	中
车间通信	微波	数十到数百 Kb/s	双向交换	中
	红外线	数十到数百 Kb/s	双向交换	中
	DSRC	3~27Mb/s	单向广播 双向交换	高

---

① 1公尺=1米。

8.2.4 车载无线通信技术的发展前景

车载无线通信技术近几年得到了快速发展，这是因为随着汽车电子技术的进步，无线通信技术也在迅速发展，同时车载无线通信技术的产业链比较完善（包括芯片、车载单元、数据供应商，等等）。

未来车载无线通信技术将会得到全方位的提升和发展，以保证车辆安全顺畅运行，同时让驾驶员享受到电子科技带来的便利和舒适。

1）蓝牙技术将替代 DVD 播放器、立体声耳机等现有后坐娱乐系统所需要的线缆和红外线技术，从而避免线缆容易缠绕、红外线易受阳光影响等问题。而且，蓝牙技术将支持无线汽车通信，如使用遥控钥匙打开车门及与车内检测系统交换数据等。

2）汽车与外部通信设备的无线通信和数据交换，如别的车辆信息、道路交通信息等，车辆通过收集外部信息，从而了解前方道路上的障碍物、交叉点（特别是无红绿灯的交叉点等）有无与自身可能相撞的车辆、行人等，防止与前车追尾，降低进入弯道时的危险车速。

3）汽车与外部设施的无线通信，如路标提示系统、电子收费系统等，车辆通过自动识别技术和无线通信技术的应用，将自动接收交通信息和提示，对车辆的行驶做出调整，保障车辆安全行车。

4）新型汽车嵌入式技术的集成度越来越高，将进一步增强车载无线通信技术的实时性、可靠性和网络通信的能力。

5）车载无线通信技术并不会像电子产品那样立即采用最先进的技术，可能会滞后 3~5 年的时间。其原因除成本高之外，还有：可靠性，车载无线通信系统一般要能使用 10 年以上而无须维护，因此，在应用前必须先证明其可靠性；工作环境，汽车上恶劣的工作环境对电子系统提出了比办公计算机更高的要求；产品开发周期，汽车的开发时间通常为 3~5 年，这一周期也会延缓新技术的应用。

8.3 车灯新技术

汽车大灯，也称汽车前照灯，作为汽车的眼睛，其不仅关系到一个车主的外在形象，更与夜间开车或坏天气条件下的安全驾驶紧密相关。现在许多消费者在选购汽车时，也开始愈发在意大灯的配置（从最基本的卤素、高级的氙气前照到新生力量 LED、充满未来感的激光前照灯）。

8.3.1 氙气前照灯

1. 氙气前照灯的含义

氙气灯的英文简称是 HID（High Intensity Discharge），即气体放电灯，其最早应用于航空运输上，被大批量使用到汽车上则是最近十多年的事情，其由海拉公司于 20 世纪 90 年代初开发而来，如图 8.5 所示。

图 8.5 氙气前照灯

氙气灯是用包裹在石英管内的高压氙气替代传统的钨丝，通过增压器（Ballast）将车上 12V 的直流电压瞬间增压至 23 000V 的电压，经过高压振幅激发石英管内的氙气电子游离，在两电极之间产生光源，以提供更高色温、更聚集的照明，其类似于白昼的太阳光芒。

利用汽车电池 12V 电压产生 23 000V 以上的触发电压使灯启动，启动 0.8s 的亮度是额定亮度的 20%，达到卤素灯的亮度，并使前照灯在 4s 以内达到额定亮度的 80% 以上。在灯稳定后镇流器向灯提供约 85V 供电电压，保持灯以恒定功率运转。

2. HID 氙气灯的优势

（1）高亮度

HID 灯的亮度是肉眼所无法直视的，因为它的亮度是传统卤素灯的 3 倍，不但照得更亮，也照得更广，让白天的清楚视野在夜里重现。

（2）长寿命

HID 灯的寿命可长达 3 200h 以上，几乎是传统卤素灯的 10 倍，由于不再使用传统卤素灯中最容易耗损的钨丝，因此整体寿命有了很大的提升，一般可超越车辆夜间行驶的总时数。

（3）强省电

HID 汽车灯只有 35W 的电力，耗电量仅为传统卤素灯的 50%（传统的卤素灯为 55~65W），大大减轻了车辆电力系统的负担，可提供更多的电力给车上的其他电力系统，让整体的电力使用状态更完善。

（4）更安全

HID 灯的灯光非常接近正午太阳光的白光，是眼睛视线最能接受的光色，可使驾驶者精神更集中。

3. 前照灯的静态与动态自动照明

主动转向照明系统又称自适应转向前照灯系统或者自适应前照明系统（AFS，见图 8.6），其能够根据汽车转向盘角度、车辆偏转率和行驶速度，不断对前照灯进行动态调节，以适应当前的转向角，保持灯光方向与汽车的当前行驶方向一致，以确保对前方道路提供最佳照明并为驾驶员提供最佳可见度。它能够根据行车速度、转向角度等自动调节大灯的偏转，以便能够提前照亮"未到达"的区域，提供全方位的安全照明，从而显著增强了黑暗中驾驶的安全性，可在路面无（弱）灯或多弯道的路况中扩大驾驶员的视野，以提前提醒对方来车。

自适应转向灯系统有三种形式：

1）转向头灯形式的，就是头灯内灯具可以左右旋转 8°~15°，以照明弯道死角。

2）利用独立弯道照明系统的，就是在灯具里有一个固定的灯泡照向弯道，转弯的时候自动点亮。

3）利用左右雾灯进行弯道照明，转向时候对应弯内侧雾灯亮起，以照明弯道死角。

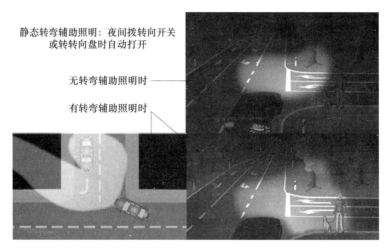

图 8.6　有、无 AFS 的比较

8.3.2　LED 灯

1. LED 灯介绍

早在 21 世纪初期，LED 就迈入了进军汽车领域的征程，目前，LED 在车内照明和制动灯、应急灯、日行灯等方面的应用已经取得了显著的成效，LED 在整车内、外部照明光源的比重已经超过了 80%。随着 LED 照明技术的快速发展和成本的逐步下降，LED 前照灯经过近年来的技术验证、概念车展示等阶段之后，越来越接近大范围应用于量产车系统中的美好前景。继奥迪 R8 电子系统全面使用 LED 车灯之后，奔驰、宝马、凯迪拉克、丰田等公司也相继推出了 LED 前照灯替代传统白炽光、HID 灯的汽车车型。

发光二极管简称为 LED（见图 8.7），其发光成分主要有镓（Ga）、砷（As）、磷（P）、氮（N）等的化合物。LED 主要由 PN 结芯片、电极、光学系统及附件等组成，如图 8.7 所示。LED 的发光体叫晶片，其面积为 10.12mil（1mil = 0.025 4mm²），

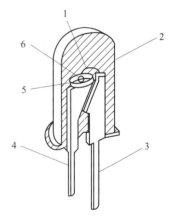

图 8.7　发光二极管的结构
1—金线；2—环氧树脂；3—阳极；
4—阴极；5—反光碗；6—芯片

在洁净的环氧树脂中封装半导体晶片。在半导体 PN 结的 P 型端加正电压，空穴就会流向 N 型端，电子则由 N 型端流向 P 型端。当电子通过晶片时，带负电的电子移动到带正电的空穴区域，空穴和电子可以直接结合，在结合的过程中，能量以光的形式释放出光子，这就是 LSD 的发光原理。

2. LED 的优势

LED 被称为第四代光源，其主要有以下优势：

1）节能环保：LED 灯的能耗仅为卤素灯的 1/20。

2）成本低、寿命长：知名供应商供应的 LED 前照灯的寿命可长达 100 000h。

3）耐用性好：LED 元件结构简单，能更好地适应各种环境。

4）低压特性好：LED 电子元件只需要直流低压 12V 就可点亮，而氙灯则高达两万多伏，所以 LED 前照灯安全性更高，适应性更好。

5）瞬间点亮：LED 相应时间极短，不用像氙灯那样需为延迟性担心。

6）LED 体积小：设计师们非常喜欢的特点，有助于将车灯设计成更漂亮的样式。

3. LED 在汽车上的应用

各种五彩缤纷的 LED 灯具为新型车增色不少，吸引了广大消费者的眼球，同时，也为未来的汽车设计提供了一个新的亮点。很多汽车厂家会将 LED 灯作为汽车照明、指示、背光、装饰的首选。

LED 适合于各种汽车电子的照明应用中，包括前照灯（远光灯和近光灯）、雾灯、尾灯、制动灯、转向信号灯、白天行车灯（见图 8.8）、踏板照明灯、车内照明灯、示宽灯、导航系统、娱乐系统、仪表背光灯及指示灯等。

图 8.8　LED 日间行车灯

4. 矩阵式 LED（见图 8.9）

矩阵式 LED，就是按照矩阵的方式布置 LED 光源，并对其进行控制。在新奥迪 A8 家族的每部矩阵式 LED 前照灯中，5 只反射单元排列成一个远光照明组件，在每一个反射单元的上面是 5 颗小 LED 光源，每颗小 LED 光源可以独立点亮、关闭或者变暗。5 组共 25 颗小 LED 光源配合在一起，就能实现对前方区域进行可变、精确的照明。

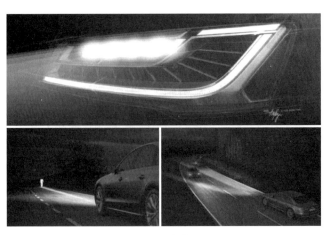

图 8.9　矩阵式 LED

8.3.3 激光灯

激光灯（见图 8.10）的光源——激光二极管并不是一个陌生的事物，它和发光二极管（LED）几乎诞生于同一时代。激光（LASER）是 20 世纪 60 年代发明的一种光源，LASER 是英文"受激放射光放大"英文首字母。

激光灯的发光元件是激光二极管，和 LED 具有很多相似的优点，比如响应速度快、节能、体积小、寿命长、亮度衰减低。但是在能耗和体积方面，则比 LED 有更大的优势，比如激光灯亮度更高、照射距离更远、导向更灵活等。

图 8.10　激光灯

8.4　车载娱乐系统

车载信息娱乐系统（In-Vehicle Infotainment，简称 IVI），是采用车载专用中央处理器，基于车身总线系统和互联网服务，形成的车载综合信息处理系统。IVI 能够实现包括三维导航、实时路况监测、IPTV、辅助驾驶、故障检测、车辆信息监测、车身控制、移动办公、无线通信及基于在线的娱乐功能和 TSP 服务等一系列应用，极大地提升了车辆电子化、网络化和智能化水平。

8.4.1　数字收音机

数字收音机是通过数字传输技术来工作，通过数字广播站的信号来收听数字广播电台的，这种数字传输技术所传输的声音质量让人震撼，具有绝对的高清质感。其所传输的音质不受外界任何信号的影响。

模拟收音机（普通的 FM 收音机）将逐渐被数字收音机（见图 8.11）所替代，数字时代将会来临。数字收音机比传统的模拟收音机在音质上具有绝对的优势，数字信号不易受到外界信号的影响，且收听的电台不再局限于模拟信号的频率范围。

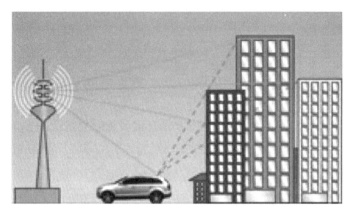

图 8.11 车载数字收音机

由于建筑和自然障碍物的反射，无线电信号往往会沿着多种路径传输至接收器。在模拟系统中（如超短波系统），通常会导致接收干扰，但对于 DAB（数字信号广播）而言，则可以通过混合信号达到提高接收质量的目的。

8.4.2 车载电视

车载移动数字电视（简称车载电视，见图 8.12）是移动数字电视的一种，通常安装在公交车、地铁和出租车等公共交通工具上，采用数字电视技术，通过无线发射、地面接收的方式进行电视节目传播。

车载电视系统可分为发送端和接收端两个子系统，从技术角度则可分为信源和信道两部分。车载电视系统主要由信源编码/解码、多路复用/解多路复用、信道编码/解码和调制/解调等部分组成。

信源编码主要包括视频编码、音频编码和数据编码。多路复用是将信源编码器送来的视频、音频和辅助数据的数据比特流处理成单路的串行比特流，送给信道编码系统。信道编码是为了保证信号传输的可靠性，通过纠错编码、均衡等技术提高信号的抗干扰能力。随后信号经调制设备调制后发送出去，接收端是发送端的逆过程。

图 8.12 车载电视

8.4.3 显示系统

1. 汽车抬头显示系统（见图 8.13）

图 8.13　奥迪汽车抬头显示系统

汽车抬头显示系统，又叫平视显示系统，是运用投影技术把重要的信息映射在风窗玻璃的全息半镜上，使驾驶员不必低头就能看清重要的信息（见图 8.14）。这种显示系统原是军用战斗机上的显示系统，飞行中常用到的数据可直接投射到飞行员前面的风挡上，飞行员不必低头，就可以阅读到所需的信息。汽车抬头显示系统最早出现在轿车上是在 20 世纪 80 年代末，其特性被当时日渐重视安全性的汽车制造商看中。目前，一些制造商已把它移植到高级汽车上来。

图 8.14　汽车抬头显示系统的使用

汽车抬头显示系统的优点：

1）驾驶员不必低头就可以看到信息，从而避免分散其对前方道路的注意力。

2）驾驶员不必在观察远方的道路和近处的仪表之间进行视觉调节，能够有效地避免眼睛疲劳。

总之，这种显示系统的作用是提高汽车的安全性。当然这种系统成本昂贵，目前还难以在汽车上普及。

2. 液晶显示屏

液晶显示屏，英文通称为 LCD（Liquid Crystal Display），是属于平面显示器的一种。LCD 显示使用了两片极化材料，在它们之间是液体水晶溶液，电流通过该液体时会使水晶重新排列，以使光线无法透过它们。因此，每个水晶就像百叶窗一样，既能允许光线穿过，又能挡住光线。如图 8.15 所示。

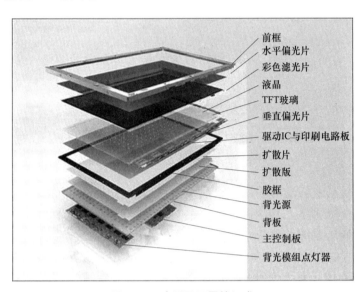

图 8.15　液晶显示屏的组成

汽车仪表，经历了单色液晶显示——单色多功能显示——彩色多功能显示的过程。

高端品牌为了能够让仪表盘更加出彩，配备了较大尺寸的液晶显示屏，可以显示更多的信息，甚至包括导航信息和媒体播放信息等。

8.5　辅助停车

8.5.1　倒车雷达系统

1. 倒车雷达系统作用

倒车雷达，即"倒车防撞雷达"，也叫"泊车辅助装置"，主要由超声波传感器、控制器和显示器等组成。

倒车雷达（见图 8.16）是汽车驻车或者倒车时的安全辅助装置，能以声音或者更为直观的显示告知驾驶员周围障碍物的情况，解除了驾驶员驻车、倒车和起动车辆时前后左右探视所引起的困扰，并帮助驾驶员扫除了视野死角和视线模糊的缺陷。

2. 系统组成

倒车雷达主要由超声波传感器、控制器和显示器或蜂鸣器等组成，如图 8.17 所示。

超声波传感器：发出和接收超声波信号，然后将信号输入到主机里面，通过显示设备显示出来。

图 8.16　倒车雷达

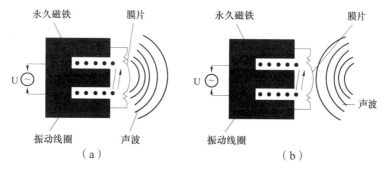

图 8.17　倒车雷达的组成
（a）探头的发射；（b）探头的接收

控制器：对信号进行处理，计算出车体与障碍物之间的距离及方位。

显示器或蜂鸣器：当传感器探知汽车距离障碍物的距离达到危险距离时，系统会通过显示器和蜂鸣器发出警报，提醒驾驶员。

3. 系统工作原理

通过倒车雷达进行倒车时，利用超声波原理，由装置在车尾保险杠上的探头发送超声波撞击障碍物后反射此声波，计算出车体与障碍物间的实际距离，然后提示驾驶员，使停车或倒车更容易、更安全，如图 8.18 所示。

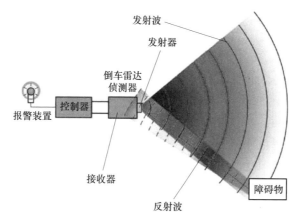

图 8.18　倒车雷达原理

1）准确的测出车尾与最近障碍物间的距离。

2）倒车至极限距离时，能发出急促的警告声提醒驾驶员注意制动。

3）能重复发出语音警告声，提醒行人注意。

8.5.2 倒车影像

倒车影像又称泊车辅助系统，或称倒车可视系统、车载监控系统等，英文名称为 Reverse Image。

该系统可与倒车雷达配合使用，合成通过车轮切角而预测出的泊车路线，如图 8.19 所示。除影像外，其还可通过声音向驾驶员发出指示，以应对纵向停车及横向停车时的各种情况。不过，该系统没有转向、加速及制动操作等辅助功能，因此驾驶员必须自己进行这些操作。

微课 倒车影像系统工作原理

图 8.19 倒车影像

该系统广泛应用于各类大、中、小车辆倒车或行车安全辅助领域。

经过多年的发展，倒车雷达系统已经升级了技术、改良了性能，并应用到各种车型上，不管从结构和外观上，还是从性能及价格上，如今的产品都各有特点，现使用较多的是数码显示、荧屏显示和多功能倒镜显示这三种。

该系统可使倒车时车后的状况更加直观，对于倒车安全来说是非常实用的配置之一。当挂倒车挡时，该系统会自动接通位于车尾的高清倒车摄像头，将车后状况清晰地显示于倒车液晶显示屏上。

倒车影像系统，即使在晚上通过红外线也能看得一清二楚。专业车载探头在防磁、防振、防水、防尘性能方面有进一步提升。车载显示器采用 TFT 真彩，经过防磁处理，无信号干扰、无频闪，同时可接收两个视频，能够播放 VCD、DVD，不用解码器，并具有倒车可视自动水平转换、自动开关功能。仪表台、内视镜式显示器通过车后的车载摄像头可将后面的信息清晰显示。除此之外，也可同时安装两个倒车后视摄像头，以达到倒车时无盲区的效果。

汽车倒车影像是一个系列整体的系统，也可以由摄像装置添加车载显示器，360°全景可视系统弥补了只能通过雷达或者单一的后视摄像头提供影像的缺陷。全景可视系统可以有四路视频输出，即前、后、左、右，摄像头装于车前、车尾以及后视镜的下面。其由遥控控制，能自动切换画面，视频可以由四个视频组成也可以由单一的视频组成，这样即加强了行车防盗监控与行车安全。

8.5.3 自动泊车

自动泊车是指汽车自动泊车入位，不需要人工控制，如图 8.20 所示。汽车制造商之所以开发能够自动泊车的汽车，主要是为了满足消费者的需求。顺列式驻车通常是驾驶员考试中最令人担心的一项，而且几乎每个人都会在某些地点碰到这样的事情，尤其是大城市的车主，他们可能每天都必须面对这种情况。

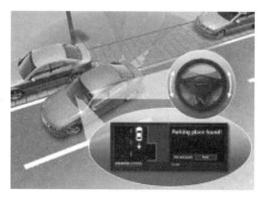

图 8.20　自动泊车入位（侧方）

微课　自动泊车辅助系统

1. 组成

自动泊车系统就是不用人工干预，自动停车入位的系统，其主要组成如下。

1）传感器系统：主要用来探测环境信息，寻找车位并实时反馈车辆位置信息。

2）中央控制系统：主要用来处理环境感知信息，并在线实时计算目标车位参数和车辆相对位置，判断可行性并确定自动泊车策略。

3）执行系统：主要根据中央控制系统的决策信息，控制转向盘和动力系统，忠实地按照决策路径控制车辆运动到泊车位。

2. 工作过程

一般由前后保险杠和两侧的超声波雷达探头、控制单元以及转向助力系统组成。按下自动泊车系统按钮后，雷达探头在行驶时测量自身与周围物体间的距离和角度，只有最高时速不大于 40km/h、车间侧向距离控制在 40~150cm，方可完成扫描。

雷达探头将扫描的信息反馈至控制单元，估算出车位是否满足停车要求，通过中控显示屏发出停车提示，驾驶员可通过转向灯拨杆选择要停靠在哪一侧，系统随即提示驾驶员挂入倒挡。但是当车位旁边出现障碍物时，系统将无法发出停车提示。

随后，自动泊车系统接管车辆，通过转向助力系统对车辆行驶方向进行干预，并以控制单元规划好的路径将车辆停入车位。由于各生产厂家系统不同，故有的可能需要驾驶员配合控制加速踏板或者制动踏板。

（1）驶入泊车位的工作过程

测量泊车位长度：自动泊车入位系统在向驾驶员提供转向帮助之前，必须先对泊车位进行测量，并识别车辆相对于泊车位的位置。

启动自动泊车入位系统：每次进行泊车过程前都需要通过按键来启动自动泊车入位系

统，指示灯亮起表示系统已开启。根据操作按键次数的不同，可以在进行泊车时选择以下不同的功能：第 1 次操作按键表示开启系统，并自动在显示屏上显示车辆右侧的平行泊车位；第 2 次操作按键表示自动在显示屏上显示车辆右侧的垂直泊车位；第 3 次操作按键表示关闭系统。

进行泊车：测量到合适的泊车位且确定车辆位置恰当后便可以进行泊车了。在驾驶员开始进行自动泊车前，必须先挂入倒车挡，并静止 0.5s 后再开动车辆。具体工作过程如图 8.21~图 8.24 所示。

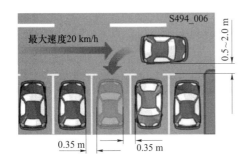

图 8.21 横向停车测量原理

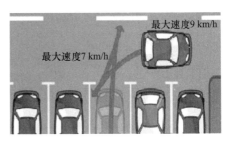

图 8.22 横向停车入位

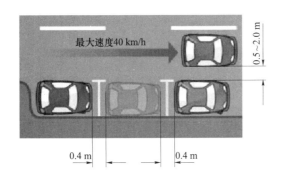

图 8.23 测量平行停车位（纵向停车）

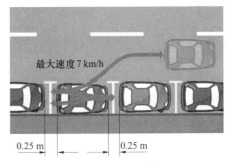

图 8.24 入位示意图

（2）驶出泊车位的工作过程

启动自动泊车入位系统：每次驶出泊车位前都需要通过按键来启动自动泊车入位系统。

测量泊车位：感应出待泊车辆与前后静止车辆或障碍物之间的距离。

驶出泊车位：驾驶员在车辆处于静止的状态下打开转向灯，挂入倒车挡后起步，系统就开始辅助车辆自动驶出泊车位。

ESP 制动辅助：ESP 系统会介入车辆驶出泊车位的过程（与泊车入位时一样），当驶出泊车位的速度大于 7km/h 时实施减速制动，在探测到障碍物时，其会制动车辆至静止，以减少损失。

8.6 夜视系统

夜视系统是一种源自军事用途的汽车驾驶辅助系统。在这个辅助系统的帮助下，驾驶者在夜间或弱光线的驾驶过程中将获得更高的预见能力，它能够针对潜在危险向驾驶者提供更加全面、准确的信息或发出早期警告。

有调查显示，60%的交通事故都发生在夜间及天气不好的情况下，其主要是由驾车的视线比较差、汽车速度比较高引起的。尤其是夜间在没有路灯的道路上行驶，受汽车大灯照射距离的限制，其行车会有安全隐患。

夜视系统（Night Vision）是一种源自军事用途的汽车驾驶辅助系统。在这个辅助系统的帮助下，驾驶者在夜间或弱光线的驾驶过程中将获得更高的预见能力，从而提高安全性。目前汽车夜视系统主要使用的是热成像技术，也被称为红外线成像技术。其原理是：任何物体都会散发热量，不同温度的物体散发的热量不同。人类、动物与行驶的车辆和周围环境相比散发的热量要多。夜视系统能收集这些信息，然后转变成可视的图像，把本来在夜间看不清的物体清楚地呈现在驾驶者眼前，以增加夜间行车的安全性。

8.6.1 用途

车载夜视系统给驾驶安全提供了保障。据试验表明，一般汽车等只能照射100m左右，而夜视系统至少可看到450m以外的路况信息，而其耗电量却是前照灯的1/4。如果汽车行驶前方有一个成年行人，一个视力好的驾驶员用近光灯可以在距其88m处看到他，用远光灯可达到164m，而用夜视系统却能在458m外发现前方的行人，尽管它在屏幕上只是一个小发光点。另一方面，即使打开汽车前照灯也不影响图像的显示，迎面驶来汽车的强烈车灯光也不会使夜视系统致盲。此外，夜视系统是全天候的电子眼，在雨雪、浓雾天气，公路上的物体及路旁的一切也都能尽收眼底，大大提高了汽车行驶的安全性。

夜视系统在夜间可以将车灯照射范围以外的潜在危险情况显示在风挡玻璃上，从而开阔驾车人的视野，避免交通事故的发生。夜视系统也可以帮助驾驶者在夜间会车出现炫光时看清前方情况。

夜视系统不能替代车灯，它只是一种辅助装置。由于夜视系统价格昂贵，故其只是作为豪华车的选装件出售。

夜视系统主要由两部分组成：一部分是红外线摄像机，另一部分是风挡玻璃上的光显示系统。

8.6.2 夜视系统应用简介

1. 奔驰的夜视系统（见图8.25）

奔驰的夜视系统为"主动红外照射"，也就是所谓的短红外（NIR–Near-Infrared Ray）。这套系统并不依赖热源，而是通过使用多套照射系统和摄像机来识别红外反射波，并将识别后的数据以图像的形式传递给驾驶者，其特点是画面清晰、反应快。

（1）结构

1）在前照灯内装有红外线发射装置，会发出短红外线。

2）通过前风挡玻璃上方中央的摄像装置来识别红外反射波，将识别后的数据转换成影像显示在仪表显示屏上。

前照灯结构：

1）外道辅助灯，在转向时可以照亮弯道内侧路面。

2）夜视系统的核心，能发出短红外线，它能照射车辆前方的一切物体。

图 8.25　奔驰的夜视系统

3）这个过滤镜能过滤可见光，只让波长在 780~1 100nm 的红外线光通过，这样可以避免驾驶员看到的光线颜色发红。

4）外侧透镜。

5）带有随动转向的双氙气前照灯。

奔驰的前照灯结构如图 8.26 所示。

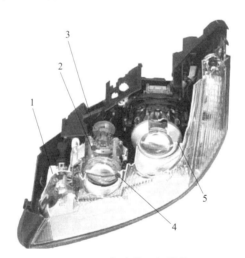

图 8.26　奔驰前照灯结构

1—外道辅助灯；2—夜视系统的核心；3—过滤镜；4—外侧透镜；5—双氙气前照灯

（2）使用

在光线较暗时，可以手动开启，首先必须保证前照灯是开启状态，然后打开仪表台左边的夜视功能开关（见图 8.27）即可（白天光线好的情况下是无法启动的）。

开启后仪表盘中央显示屏会切换为和驾驶员视角基本一致的影像，可以辅助观察前照灯没覆盖到区域的路面情况，这时候车速表就变成了一个横向的刻度条，其他信息也会同时显示在影像上。

图 8.27　夜视功能开关

一般来说，近光灯的照射范围为 30~50m，而奔驰主动夜视系统的探测范围为在车头方向向外 200m。另外，在对面有车来时，CMOS 传感器能够借助电子手段减弱强光并提高其他物体的显示亮度（互补型金属氧化物半导体 + 红外线摄像机），以确保画面清晰。

在黑暗的道路上，打开夜视功能可以很好地辅助驾驶员获得更远的路况信息，而且位于仪表台中央的显示屏也不会让驾驶员产生过大的动作，只需每隔一段时间低头扫一眼显示屏即可。但即使显示很清楚，也不能一直盯着屏幕，对其过于依赖也是有隐患的，因为显示屏是不会显示侧面车窗和后视镜里的情况的。

（3）优缺点

优点：画面清晰，可识别出行人。

弊端：提供的信息较多，容易分散驾驶员的注意力或导致驾驶员过于依赖此系统。

2. 奥迪夜视系统

（1）摄像头

奥迪汽车夜视系统的摄像头暗藏于车头四环 LOGO 之内，分辨其是否配有夜视系统主要看车头标右侧的环中是否有一个黑色圆点即可，很容易辨认，如图 8.28 所示。这个镜头并非是玻璃做的，而是一种金属，使用的材料是半导体材料锗（Ge），因为玻璃会影响热辐射的穿透。

图 8.28　奥迪夜视摄像头位置

开启夜视系统的条件：将前照灯开关置于"AUTO"（并且是近光灯打开的状态）或"近光灯"的位置，然后按下开关左侧的夜视功能按钮，即可开启，再次按下则关闭。在气温低于6℃时，单独加热元件对保护窗进行加温，以保证摄像头表面不结冰、霜而影响夜视效果。另外夜视摄像头附近还设计有一个单独的喷嘴，用于清洗摄像头，使用条件是开启前照灯+开启清洗玻璃，此时即可对前风挡玻璃+前照灯+夜视摄像头一同进行清洗。

（2）识别人像

道路上行驶的车辆是有灯光的，即使处于前照灯照射范围外的远处也可以很早被发现，而行人本身是不发光的，所以如果在灯光照射范围之外是无法提前发现的。从使用角度来讲，与其说这是夜视系统，不如把它理解成一套对于识别行人可以留出更多提前量的辅助系统。

夜视系统对于行人有单独的识别功能已经不是新的配置，因为人体在环境中算是热量比较高的，加上正常行走的人的形态比较容易识别，所以识别率还是非常高的，并且如果镜头中出现多个行人，则其会将每个行人都单独标记出来。

（3）紧急提示

随着车辆与前方行人接近，系统判断车辆可能与行人发生碰撞的可能时会提示并发出警告音（其类似于很多车上搭载的碰撞提示功能），同时仪表上的黄色行人提示会变成红色。

（4）自动关闭

因为开启夜视系统的前提是前照灯为点亮状态，也就是前照灯开关位于"AUTO"或"近光灯"挡位，但在"AUTO"挡位存在一个问题，即它在光线变充足的时候会自动关闭，比如凌晨、傍晚，或者是出地库的时候，这时候夜视系统就会自动取消。

（5）夜视系统不能代替驾驶员观察

夜视系统是一个很实用的被动安全辅助系统，但不能完全依赖这个功能去驾驶，因为热成像只能识别不同热量区域和热量的变化，而前车制动的一瞬间，其尾灯部分的热量变化可以忽略不计，所以在显示屏上并看不到前车是否踩制动踏板了。

3. 宝马夜视系统

利用热感成像照相机的成像来提高黑暗中的安全性，如BMW的红外线技术在黑暗中监测人、动物和物体的效率更高。红外线技术可让驾驶人看得更远，其涵盖范围最远至车前方300m。红外线技术可以看到的距离是其他系统的两倍，驾驶人可以更早注意到危险，在100km/h的时速时可以提前5s发现目标。目前这套新系统还不够完善，在进行研制时宝马也考虑到了驾驶人眼睛所主要观察的视野，实验显示，结合实物和真实影像会导致驾驶人感到不耐烦。另外，宝马的Night Vision摄像机镜头安装在前保险杠上会受到一些外界因素的影响，如由于路上的泥泞和雨水，镜头容易变脏，变脏的镜头就会影响到车内显示屏上的图像。

目前，越来越多的汽车厂家开始开发和使用车载夜视系统，这不仅能够提高驾驶安全性，还能够提高其豪华程度。但由于价格的原因，国外各大车厂只是在其顶级豪华车型中使用了车载夜视系统，如宝马7系、奔驰S级等。但是在不久的将来，随着科技的发展和夜视系统生产成本的降低，车载夜视系统将会全面普及。

8.7 视频成像技术

8.7.1 路虎透明发动机盖

透明发动机盖顾名思义就是将车辆的发动机舱完全做成透明状,让驾驶员可以清晰地看清楚发动机舱下面的路况,这在目前车辆机械结构下是无法实现的,所以,路虎采用加装摄像头,然后将画面模拟成透明发动机盖的样式,从而可以看到发动机下面的路况,如图 8.29 所示。这一创新可使驾驶变得更容易,因为驾驶者不仅可以看到车辆前方的地形、路况,还可以获得前轮的位置。

图 8.29 路虎透明发动机盖

这一技术的关键之处是采用了一种新型的智能风挡玻璃,它可以显示出计算机生成的等宽图像,该图像由安装在汽车进气格栅的摄像头拍摄,如图 8.30 所示。因为越野路况往往灰尘比较大,如果在下方装摄像头,过一些涉水或者是灰尘比较大的路段时,摄像头的成像质量肯定会受到影响。因此装到进气格栅内侧就是个不错的选择。这个装在正面的摄像头可以提前拍摄位于车辆前方的路况,等车辆经过时,进行算法合成,然后在车内大屏同步显示当前车辆底盘下方的路况,最后通过动画样式模拟成透明发动机盖。

图 8.30 路虎安装在进气格栅的摄像头

透明发动机盖最大的作用就是让驾驶者清晰地看到车辆底部的一些路况,在越野时,可以轻松地规避一些较大的坑洼和石头,避免托底、刮擦等一些损伤车辆的情况。

8.7.2 比亚迪全息透明影像技术

全息透明影像系统呈现的景物立体感强,形象逼真,且拥有360°全景影像的全部功能:从车内就可悉知车辆周围的环境,在此基础上还能将汽车影像变成"透明"的状态,车底所处的路面情况也一览无余,在通过障碍物或者非铺装路面的时候更加安全、便捷。图8.31所示为比亚迪全息透明影像技术。

图 8.31　比亚迪全息透明影像技术

在一些非两车道的道路上,全息影像系统可以对车底的路况了解得清清楚楚,保证了行车的安全,以免发生不必要的危险。

在非铺装路面行驶时,普通的360°全景影像只能查看车辆周围的情况,路虎"透明发动机盖"也只能查看车头以下的路面情况,而比亚迪全息透明影像系统将车底风光尽收眼底,可以避开那些坑坑洼洼,也可以绕过石头等障碍物,随时随地掌控路况,充分保证行车安全。

8.7.3 本田电子侧后视镜技术

本田的电子侧后视镜会将车辆侧后方的图像投射到车厢内两个六英寸的屏幕上,屏幕分别位于仪表台的两侧,如图8.32所示。

图 8.32　本田电子侧后视镜

该技术让汽车整体造型看起来更加平滑，并能够降低风阻，与传统后视镜相比这种摄像头系统能减少约 90% 的空气阻力，而整车的空气阻力能获得 3.8% 的改善。车外的优化电子摄像头外壳整体结构减轻了雨水对镜头的影响，另外镜头上还涂有一层疏水涂层，所以无论雨水落在哪里都会被吸走。本田电子侧后视镜车外摄像头如图 8.33 所示。

图 8.33　电子侧后视镜车外摄像头

此外，本田的这套侧后视镜系统还提供了传统后视镜所不能提供的优势：在"车辆设置"菜单中，驾驶员可以为车内屏幕选择两个视角模式，即传统视角和更宽的超广视角。当倒车时，每个侧视图屏幕上还都会出现指导线，以此来帮助驾驶员绕过棘手的障碍物。

（1）导航系统的影响因素有哪些？
（2）汽车通信技术主要有哪几种？
（3）简述车载无线通信技术的模式。
（4）氙气灯有哪些优势？
（5）简述 LED 的优势。
（6）简述激光灯的优势。
（7）简述汽车抬头显示系统的优点。
（8）简述夜视系统的作用。

第 9 章

汽车新材料与轻量化

9.1 概述

随着人们对汽车安全性、舒适性、环保性能要求的提高，汽车安装空调、安全气囊、隔热隔声装置、废气净化装置、卫星导航系统等越来越普及，这无形中增加了汽车的质量、耗油量和耗材量。自 20 世纪 80 年代以来，根据 NHTSA（the National Highway Traffic Safety Administration）公布的数据，汽车质量在逐渐上升（如果没有人们在减轻汽车自重方面所做出的努力，上升的幅度可能还要更大）。

节约能源、减少环境污染已成为世界汽车工业界亟待解决的两大问题。而减轻汽车自重是节约能源和提高燃料经济性的最基本途径之一，因此汽车轻量化成为 21 世纪汽车技术发展的前沿和热点，并已成为汽车优化设计和选材的主要发展方向。

1. 汽车轻量化是节能的需要

汽车的燃油消耗与车重的关系很难用简单的数学关系式表达，但可以从理论分析和试验两个方面找出它们之间的关系。汽车行驶的阻力 F 可由下式表达：

$$F=\mu_0 W+W\sin\theta+a(1+\beta)W+\lambda Av^2 \tag{9-1}$$

式中：W——汽车质量；
　　　μ_0——滚动阻力系数；
　　　θ——斜率；
　　　a——加速度；
　　　β——等价旋转质量比；
　　　λ——空气阻力系数；
　　　A——迎风面积；
　　　v——车速。

由式（9-1）可知，汽车行驶阻力由滚动阻力、爬坡阻力、加速阻力和空气阻力 4 部分组成，除了空气阻力主要与车身形状、大小有关外，其他 3 项均与整车质量成正比。因此，从汽车行驶阻力来看，汽车轻量化是节能的一项有效措施。

关于减轻汽车自身质量与燃油消耗下降的关系，国内外不少机构和学者对此做了的相应的研究，归纳起来主要有以下 5 种说法。

1）汽车质量每减小 100kg，则百公里油耗可以减少 0.2~0.8L，一般为 4.5% 左右。

2）汽车质量每减小 3%，则可节油 1%~3%。

3）汽车质量每减小 1%，其油耗可以减少 0.7%；汽车质量每减小 330~440kg，可以节约燃油费用 20% 左右。

4）汽车质量每减小 50kg，则每升燃油行驶的距离可以增加 1 km；若质量减小 10%，则燃油经济性可提高 5.5% 左右。

5）轿车质量每减小 10%，则油耗可下降 8%~10%。对于 16~20t 级载货汽车而言，每减小质量 1 000kg，则油耗可降低 6%~7%。

以上观点虽然稍有不同，但都说明了汽车轻量化的重要性。

2. 汽车轻量化是环保的要求

与汽车市场的蓬勃发展相比，汽车尾气污染已到了十分严重的程度，资料表明：2010年，我国大中型城市中汽车尾气污染已占大气污染的 20%~40%。汽车尾气已经成为环境污染的主要根源之一。我国也制定了一系列的法规限制汽车尾气排放，2005 年 4 月 27 日，国家环保总局公布了 5 项更为严格的机动车污染物排放新标准，以替代原有的机动车排放和检测标准。

汽车轻量化能有效减少汽车尾气排放总量。在发动机燃油效率、石油质量、点火系统状态等条件不变的前提下，降低汽车油耗，汽车尾气排放量会相应减少。我国汽车总量基数大，总的汽车尾气排放量的减少是十分巨大的。因此，汽车轻量化对环境保护具有重大的影响。

3. 汽车轻量化研究方法

目前，汽车轻量化的主要途径包括使用轻质材料及结构的优化设计，此外，先进成型工艺或连接工艺的应用也能带来明显的轻量化效果。一般全钢结构白车身通过优化设计可以减重 7% 左右，采用铝合金的车身可以带来 30%~50% 的轻量化效果，而想减轻更多的质量就只能求助于纤维复合材料。优化结构的主要途径是利用有限元与优化设计方法进行结构分析和结构优化设计，以减轻零部件的质量和减少其数量。而先进的加工工艺即是为了应对材料和结构的变更而提出的新的工艺。

目前，在国内外汽车上应用较多的轻量化材料有铝合金、镁合金、高强度钢、塑料及复合材料等。表 9.1 列出了某中型轿车主要材料的构成比例变化情况，从表中可以看出，汽车上使用钢铁材料的比例正在逐年减少，而铝合金等轻量化材料的比例正在不断上升。但是，高强度钢仍是颇具竞争力的汽车轻量化材料，它在抗碰撞性能、耐蚀性能和成本、回收等方面较其他材料仍具有较大的优势，尤其是用于车身结构件与覆盖件、悬挂件、车轮等零部件。最新的应用情况表明，有些铝、镁合金零件，如保险杠、车轮、骨架、前门、后门、横梁等，又转而采用高强度钢设计，所以目前占汽车车身主导地位的制造材料仍然是钢材。

表 9.1　某中型轿车主要材料构成比例变化情况　　　　　　　　　　%

年　代	钢　铁	铝合金	塑　料	其他材料
1980	69	4	9	18
1990	60	5.5	14.5	20
2000	51	12	18	19
2010	44	16	20	20

现在已应用于汽车工业的轻质材料可分为两大类：一类是低密度材料，如铝合金、镁合金、钛合金、塑料和复合材料等；另一类是高强度材料，如高强度钢和高强度不锈钢。镁合金与铝合金、钢铁和塑料的物理机械特性的比较见表9.2，而表9.3列出了常用的几种轻量化材料的减重效果及相对成本。

表9.2 镁合金与铝合金、钢铁和塑料物理机械特性的比较

材料		密度/(g·cm^{-3})	熔点/℃	热导率/[W·(m·k)$^{-1}$]	抗拉强度/MPa	屈服强度/MPa	比强度	弹性模量/GPa
镁合金	AZ91D	1.81	598	54	250	160	138	45
镁合金	AM60B	1.8	615	61	240	130	133	45
铝合金	A380	2.7	595	100	315	260	116	71
钢铁	碳素钢	7.86	1 520	42	517	400	80	200
塑料	ABS	1.03		0.9	96		93	
塑料	PC	1.23			118		95	

表9.3 轻量化材料减重效果及相对成本

轻量化材料	被替代的材料	减小质量/%	相对成本（每个零件）
高强度钢	普通低碳钢	10	1
铝合金	钢、铸铁	40~60	1.3~2
镁合金	钢、铸铁	60~75	1.5~2.5
镁合金	铝合金	23~35	1~1.5
玻璃纤维增强复合材料	钢	23~35	1~1.5

现代汽车为了节省资源，满足轻量化、防腐蚀、低成本和美观的要求，汽车上采用塑料、复合材料和陶瓷等。塑料具有密度小、成型性好、耐腐蚀、防振、隔声和隔热等性能，同时又具有金属钢板所不具备的外观（颜色、光泽）和触感，在汽车上应用较快，如车身的内外饰件，车身附件的壳体、罩盖、支架和手柄、前后保险杠、挡泥板、车门外板、行李厢盖、座椅支架等。精细陶瓷材料具有耐热性、耐磨性和抗腐蚀等优点，在汽车上已局部得到应用，如氧传感器、爆震传感器、热敏电阻水温传感器、密封垫、火花塞、隔热板、摩擦片等。

4. 车身新材料

在车身、底盘、发动机和电子设备四大汽车部件中，车身对于整车轻量化的贡献越来越受到人们的重视。从质量分析上来看，轿车车身占整车的40%~60%，载重车车身（驾驶室）占整车的20%~30%；对汽车本身来说，约70%的油耗用在车身质量上；从制造成本上来看，轿车车身占整车的15%~30%，且档次越高的汽车，车身成本所占比例越大；从汽车的发展趋势来看，人们对汽车的安全性、舒适性、新颖性以及豪华档次等特色的要求越来越高，而这些特色很多要通过汽车车身来实现。

目前，现代轿车中占自重90%的6类主要材料各自所占质量份额大体为钢55%~60%、铸铁5%~12%、塑料8%~12%、铝6%~10%、橡胶4%、玻璃3%。除此之外，其他材料共

占车重的 10% 左右，它们是各种有色金属、液体及诸如油漆等各项材料。汽车车身主要由钢、铸铁、铝等材料组成，轻量化潜力巨大，所以车身是轻量化设计的关键部件。

随着塑料和复合材料产业的出现及其生产工艺的改善，汽车用塑料复合材料件的比例也在不断地增加，而全塑料车身的出现也显示出了塑料在未来汽车工业中的巨大潜力。碳纤维材料又轻又坚硬，所以它的用途很广泛，近些年来在赛车和超级跑车上采用的越来越多。除了塑料和碳纤维以外，铝合金、镁合金、高强度钢、钛合金等轻质材料更多地应用于汽车。与此相反，铸铁比例则持续下降。

9.2 高强度钢

汽车车身用高强度钢是为了达到车身轻量化的目标，也是为了应对来自其他轻质材料（如铝合金、镁合金、复合材料）的挑战，钢铁企业开发的一些新型钢种，其屈服强度大于 210MPa。高强度钢是常规高强度钢（屈服强度大于 210MPa）、超高强度钢（屈服强度大于 550MPa）和先进高强度钢的总称。图 9.1 所示为以高强度钢制作的车身。

图 9.1 高强度钢车身

高强度钢板主要有固溶强化型极低碳深冲性钢板（抗拉强度为 340~440MPa）、烘烤硬化型深冲性钢板（抗拉强度为 580MPa）、残留奥氏体组织 TRIP 型高延展性钢板（抗拉强度为 590~980MPa）；在后热处理中通过 Cu 析出使强度提高的 Cu 添加钢（抗拉强度为 590MPa）、弯曲性与辊成型性优异的超高强度钢板（抗拉强度为 1 180~1 480MPa）和冲压成型性优异的高延伸凸缘型钢板（抗拉强度为 440~780MPa）。这些钢板不仅强度高，而且大大改善了加工性能。同时，连续退火线和热镀锌线相继投入运行，在保证成型性的基础上，钢板的高强度化和表面处理也得到了进一步发展。

高强度钢材使用对象分为两部分，一部分是汽车车身、减振及车轮用部件，另一部分是底盘和排气系统。如需要具备防碰撞功能的零件、汽车门内防撞梁、汽车前后保险杠防撞板、车身 A 柱和 B 柱、发动机支撑梁、仪表板支架、门槛加强板、汽车座椅骨架等车身部件。汽车结构件用各种特殊钢强度一般都达到 1 000MPa，如汽车转向节、转向拉杆等。

到 2014 年，高强度钢材使用比例已从以前的 40% 多提高到 60%。高强度材料采用比例急剧增加，汽车材料高强度化已成为汽车发展的重要特征。

高强度钢板在车身上应用的目的主要是改善车身的变形特性和提高疲劳强度。塑性变形特性的利用模式可分为以下几种。

1）增加构件的变形抵抗力，提高车身构件和加强件受冲击时的抗破坏强度。

2）提高能量吸收能力，以提高车身的耐撞性。

3）扩大弹性应变区，这主要应用于外力作用下变形不大的场合，当外力去除后能恢复原有的形状。

目前，对于高强度钢和超高强度钢，并无统一的定义，一般认为抗拉强度超过340MPa的钢为高强度钢。高强度钢又可分为传统高强度钢和先进高强度钢两类。传统高强度钢种包括低碳钢、无间隙原子钢、各向同性钢、烘烤硬化钢、碳锰钢和低合金高强度钢。先进高强度钢是金相组织强化的钢种，包含相变诱导塑性钢、复相钢、马氏体钢、双相钢等，其在提高强度的同时具备了良好的延展性和塑性。传统高强度钢和先进高强度钢之间的主要区别在于其显微组织。就通常的钢种而言，强度提高带来的问题就是成型性降低，为了进一步促进汽车结构的轻量化、开发新的高强度钢种，就必须解决这个问题，而多相显微组织系列钢种的开发则更注重成型性能。

按照ULSAB（Ultra Light Steel Auto Body）所采用的定义，将屈服强度小于210MPa的钢称为软钢，将屈服强度在210~550MPa的钢称为高强度钢，屈服强度高于550MPa的钢称为超高强度钢。为了同普通的高强度钢板区分开来，把以相变强化为主的钢板统称为先进高强度钢板，其强度为500~1 500MPa，这类钢板具有高的减重潜力、高的碰撞吸收能、高的疲劳强度、高的成型性和平面各向异性等优点。

汽车用高强度钢板按照轧制方式又可以分为冷轧钢板（抗拉强度在340MPa以上）、热轧钢板（抗拉强度在370MPa以上）以及以它们为基底进行表面处理的钢板。在车身制造领域，为了使它们在各自的适用部位上满足所必需的性能，不但要求其具有特定的强度特性，而且要具有优良的冲压成型性、焊接性、疲劳强度、可涂装性等各种特性的综合指标。

目前，汽车车身上用到的高强度钢板主要有固溶强化型钢板、烘烤硬化型钢板、组织强化型钢板和合金化热镀锌型钢板等几种。

1. 固溶强化型高强度钢板

固溶强化型钢板多用于车身内外覆盖件。汽车车身覆盖件用高强度钢板的必要条件是高应力比和低屈服强度。要求低屈服强度是为了防止冲压时板面变形，由经验得知屈服强度必须在240MPa以下。这种钢板由于不存在固溶碳，故容易在二次加工时发生脆化，为防止脆化，有时也在钢中加入微量磷元素。

2. 烘烤硬化型高强度钢板

烘烤硬化型钢板在轧制成型时质软，而在涂漆烘烤（相当于1 700℃，保温20min的热处理）时硬化。这种钢板是使适量固溶碳残留于钢板中，利用涂漆烘烤时的热量将压制成型时引入的位错用固溶碳固定，以提高屈服点的钢板。烘烤硬化型钢板适宜用于四门两盖等加工度低的部件。

3. 组织强化型高强度钢板

利用低温转变相的组织强化型钢，即从软质铁素体母相中分散出微细珠光体、贝氏体和马氏体等低温变态相成为双相或多相组织，使钢板强化。根据构成微观组织的相的结构不同，其特性有很大的变化，所得强度为440~1 470MPa。

4. 合金化热镀锌型高强度钢板

使用高强度钢板是通过减少钢板厚度来降低车身质量的，但是钢板厚度的减薄会使钢板更容易被腐蚀锈穿。为了防止腐蚀，提高车身材料抗高温及抗氧化的能力，世界各主要汽车制造商纷纷展开了钢板表面处理的研究工作。目前，车身采用的表面处理主要是镀锌。在热镀锌钢板中，添加合金元素增强钢板强度时经常会引起热镀缺陷及抑制镀锌层扩散的反应。

总之，据预测，高强度钢板在汽车上的使用份额将由现在的每车14%~45%（100~294kg）提高到将来的每车30%~70%，其中高强度钢板中约70%为镀锌钢板。目前，汽车用高强度钢板主要为固溶强化型高强度钢。

9.3 车用轻质合金

9.3.1 铝合金

微课 汽车车身材料

铝的相对密度是$2.70 \times 10^3 kg/m^3$，铝的机械性能与其纯度关系密切，纯铝软、强度低，但与某些金属组成铝合金后，不仅在某种程度上保留了铝固有的特点，同时又显著地提高了它的硬度和强度，使之几乎可与软钢甚至结构钢相媲美。

车用铝材料皆以铝合金的形式出现。铝合金在汽车上的应用最初主要是以铸造的方法生产发动机及其零部件，随后应用于轮毂等构件，以推出的全铝空间框架式车身为其主要代表。

随着科学技术的飞速发展，现代汽车制造材料的构成也发生了较大的变化，高密度铝合金在汽车车身中的运用主要经历了下面3个阶段。

（1）"四门两盖"车身阶段

汽车企业开始对发动机罩、行李厢盖、汽车挡泥板和车门等部件采用铝合金材料，其目的主要在于通过轻质材料和轻量化结构来降低油耗。这种轻量化结构是一种比较昂贵的权宜之计，并且所应用的对象都非车身上的焊接结构件，对车身承载性影响不大。

（2）"壳式支撑结构"车身阶段

这种结构方式在很大程度上只是现今比较流行的带加强肋钢结构的一种替代品。奥迪公司在1985年就已经做过此方面的研究实验，本田汽车公司在1990年已开始把这种方法用于其产品NSX中。但对于铝合金装配工艺在当时并没有得到实际运用。

（3）"空间框架结构"车身阶段

其各个覆盖件相互连接在一起，它与在传统的车身骨架基础上覆盖件所形成的车身结构大不相同。根据铝合金材料多种多样的装配方式，现已实现了全铝车身设计制造，如奥迪的ASF技术，如图9.2所示。奥迪空间框架结构是奥迪领先的车身框架构建技术，全铝空间框架车身不但提供了出色的防撞性能和操控性能，而且大大降低了车辆自重，并能减少燃油消耗。

图9.2 奥迪的ASF空间框架车身

根据合金元素的含量和加工工艺性能可分为铸造铝合金和变形铝合金两类。

1. 铸造铝合金

铸造铝合金是直接用铸造方法浇铸或压铸成零件或毛坯的铝合金，其中又分为重力铸造件、低压铸造件等。其合金元素的含量比较高，合金元素的质量分数为8%~25%。

一般铸造铝合金铸造性能好，压力加工性能差，且在实际使用中还要求铸件具有足够的力学性能。因此，铸造铝合金的成分并不完全都是共晶合金，只是合金元素的含量比变形铝合金高一些。

铸造铝合金可根据使用目的、零件形状、尺寸精度、数量、质量标准、机械性能等各方面的要求和经济效益，选择最适宜的合金及铸造的方法。采用压铸法生产的铝合金零件，成品率高，能减少壁厚和后续加工量，表面质量好，尺寸精度高，适于大批量生产。因此铸造铝合金在汽车上的使用量最多，占80%以上。铸造铝合金主要用于制造离合器壳体、变速器壳体、后桥壳、转向器壳体、摇臂盖、正时齿轮壳体等壳体类零件和发动机部件以及保险杠、轮毂、发动机框架、转向节液压泵体、制动钳、油缸及制动盘等非发动机结构件，且今后有进一步扩大应用的趋势。

2. 变形铝合金

变形铝合金与铸造铝合金的不同之处在于，变形铝合金是经熔炼铸成铸锭后，再经过热挤压加工形成各种型材、棒材、管材和板材。变形铝合金中合金元素含量比较低，常用的变形铝合金中合金元素总量小于5%，但在高强度变形铝合金中可达8%~14%。变形铝合金按其成分和性能特点可以分为不能热处理强化铝合金和可热处理强化铝合金。不能热处理强化铝合金具备良好的抗腐蚀性，故称为防锈铝；可热处理强化铝合金的合金元素含量比防锈铝高一些，这类铝合金通过热处理能显著提高力学性能，主要包括硬铝、锻铝和超硬铝。

变形铝合金在汽车上主要用于制造保险杠、发动机盖、发动机体、车门、行李厢盖等车身面板，车轮的轮毂、轮毂罩、车轮外饰罩、制动器总成的保护罩、消声罩、防抱死制动系统、热交换器、车身框架、座椅骨架、车厢底板等结构件以及仪表板等装饰件。如图9.3~图9.5所示。

图9.3　铝合金轮毂

图9.4　铝合金发动机体

图9.5 铝合金汽车保险杠

3. 铝合金新材料

耐热铝合金是当前铝合金新材料研发的一大热点，是一种新型耐热铝合金，其应用对象主要是高性能发动机缸体，新近开发出的高性能缸套铝合金其含硅量达25%。其他的新材料有快速凝固铝合金、粉末冶金铝合金、超塑性铝合金和铝合金泡沫材料等。未来铝合金材料发展包括满足特定零部件使用要求的新合金开发、成型性能与焊接性能优良的高强度铝合金开发、开发具有相同机械性能及不同物理性能（密度和弹性模量）材料的可行性研究、合金热机械性能对零部件性能的影响、开发新型抗划伤合金等。

铝是最适用于不产生高应力的壳状结构件的轻量化代用材料，如罩类、箱类、管类等形状的零件。铝经过合金化可使抗拉强度提高到相当于45钢的水平，所以用于高应力零件时，必须通过加大零件厚度来弥补强度的不足。

铝挤压型材、铝真空压铸件及铝合金板是奥迪A8铝车身的3种基本元素。其铝质车身比同类产品的钢制车身质量减轻了40%，铝合金空间框架的设计使车身的静态扭转刚度提高了40%。由于铝材的吸能性好，是钢的2倍，故在碰撞中的安全性有明显的优势。汽车前部的变形区在碰撞时会产生皱折，能吸收大量的冲击能量，从而保护乘坐区中的乘员，使其受到的冲击能量比较小。除了铝合金的吸能性好外，车身质量的减轻还可能缩短制动距离，这样对驾驶员、行人或对方车辆的安全性都有利，即使是发生碰撞，在碰撞时产生的动能也会减小，也能相应降低冲击力。

9.3.2 镁合金

镁是比铝更轻的金属材料，而且几乎前面提到的所有铝合金中都含有镁元素，它可在铝减重的基础上再减轻15%~20%。尽管镁在当前汽车用材中所占的比例不到1%，但是在轻量化的驱动下，镁材料技术开发的力度正在不断加大，已步入快速发展阶段。到目前为止，汽车上采用镁合金的零部件已超过60多种，如汽车仪表、座位架、方向操纵系统部件（见图9.6）、发动机盖、变速器、进气歧管、轮毂、发动机和安全部件上都有镁合金压铸产品的应用，质量从0.2kg到24kg不等。镁合金压铸件在汽车上的应用已经显示出长期增长的态势。

德国宝马开发出采用镁合金的直列六缸发动机，曲轴箱内部采用铝合金，而外部则采用镁合金，通过使用镁合金等手段使汽车发动机质量降低了10kg。由于镁是一种普通金属，所以其与发动机机中常用的铁和铝三者之间很容易发生电化学腐蚀，当镁与铝或者铁的接触面被水打湿时，就会出现所谓的接触腐蚀，所以镁合金发动机有一定的使用局限性。加之镁铝合金复合式缸体结构还无法满足动力性更强的涡轮增压发动机的强度要求，所以现在宝马发动机缸体已回归铝合金时代。图9.6所示为镁合金转向盘。

图9.6　镁合金转向盘

1. 车身用镁合金的分类与适用性

根据镁合金是否含锆划分为无锆镁合金和含锆镁合金两类。根据加工工艺划分，镁合金可分为铸造镁合金和变形镁合金两大类，两者在成分、组织性能上存在着很大的差异。

铸造镁合金多用于压铸工艺生产，其特点是生产效率高、精度高、铸件表面质量好、铸态组织优良、可生产薄壁及复杂形状的构件；变形镁合金指可用挤压、轧制、锻造和冲压等塑性成型方法加工的镁合金，与铸造镁合金相比，变形镁合金具有更高的强度、更好的塑性和更多的样式规格。

变形镁合金主要用于车身组件（车门、行李厢、发动机盖等）的外板、车门窗框架、座椅框架、底盘框架、车身框架等。变形镁合金在车身上的应用具有很大的潜力。最近正在开发及已开发成功的新型镁合金有耐蚀镁合金、阻燃镁合金、高强高韧镁合金和变形镁合金等。

2. 车身用镁合金的特征和性能

1）质量轻，这一特性将显著地减少其起动惯性，并节省燃料消耗。

2）具有较高的比强度、比弹性模量和刚性，比强度约为铝的1.8倍。

3）有较高的稳定性，稳定的收缩率，铸件和加工件尺寸精度高。

4）镁合金具有良好的阻尼系数、良好的降噪减振性能，这对用作壳类零件减小噪声传递及防冲击与凹陷损坏是非常重要的，可以提高汽车的安全性和舒适性。

5）导热性好，适用于设计集成度高的电子产品；电磁屏蔽性能较好，尤其适合于发出防电磁干扰的电动汽车。

6）与塑料相比，可回收性能好，符合环保要求。

7）切削加工性能极好。

8）铸造成型性能好，镁合金压铸件最小壁厚可达0.6mm。

除以上主要特性外，镁合金还具有长期使用条件下的良好抗疲劳性能、较低的裂纹倾向，以及无毒、无磁性等一些特点。

9.3.3　钛合金

钛合金是一种新型结构及功能材料，具有优异的综合性能，密度小，比强度高。钛的密度介于铝和铁之间。钛合金的比强度高于铝合金和钢,韧性也与钢相当;钛及钛合金抗蚀性能好,优于不锈钢,特别是在海洋大气环境中抵抗氯离子的侵蚀和微氧化气氛下的耐蚀性好;钛合金的工作温度较宽,低温钛合金在 –253℃时还能保持良好的塑性,而耐热钛合金的工作温度可达 550℃左右,其耐热性明显高于铝合金和镁合金;同时具有良好的加工性和焊接性能。

钛及钛合金优异的性能备受各尖端行业关注,伴随着钛行业的起步,在 20 世纪 50 年代中期,钛进入了汽车工业。步入 20 世纪 90 年代,随着世界能源短缺及人们环保意识的加强,尤其是汽车工业,美国、日本和欧洲等国先后颁布了系列生态法规,对燃油利用率、二氧化碳排放量、汽车减重及汽车的安全性和可靠性等提出了更高的要求。许多发达国家和著名的汽车制造商都积极开发并增加在汽车用钛方面的研究投入,为汽车用钛提供了强大动力。进入 21 世纪,我国钛工业也逐步进入汽车领域。

在当前汽车市场上,随着豪华汽车、跑车和赛车需求逐年增加,钛制零部件亦逐年增加。1990 年,全球汽车用钛仅为 50t/ 年左右,1997 年为 500t/ 年,2002 年为 1 100t/ 年,2009 年为 3 000t/ 年。

钛在汽车上的用途主要分两大类,第一类是用来减少内燃机往复运动件的质量(对做往复运动的内燃机零件来讲,即使减少几克质量都是重要的);第二类是用来减少汽车总质量。根据设计和材料特性,钛在新一代汽车上主要分布于发动机元件和底盘部件上。在发动机系统,钛可制作阀门、阀簧、阀簧承座和连杆等部件;在底盘部件主要用于制作弹簧、排气系统(见图 9.7)、半轴和紧固件等。除此之外,还有发动机部件的摇臂、悬簧、活塞销、涡轮增压器转子、紧固件、挂耳螺帽、车挡支架、制动器卡钳活塞、销轴栓、离合器圆板、压力板、变速按钮等。

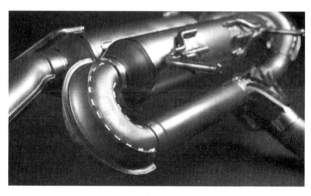

图 9.7 钛合金的排气系统

9.4 复合材料和塑料制品

9.4.1 复合材料

21 世纪材料科学的发展动态是使材料复合化、智能化、多功能化和高性能化,其中把复合材料研究放在首位,主要包括采用各种基体制作的结构型和功能型的复合材料。

复合材料是指将两种或两种以上物理性质和化学性质不同的物质结合起来而制得的一种多相固体材料。复合材料通常是由基体和增强体复合而成的。在工程上，所谓复合材料通常是指将一种材料人为均匀地分散在另一种材料中，以克服单一材料的某些弱点，使之具有优于各组分材料的综合性能，有时甚至成为具有各组分材料所没有的优良性能的新材料。

　　复合材料有近200个以上的品种，主要是高分子化学材料通过聚合生产出高强度、高韧性的胶脂、树脂（如"环氧""聚酯""赛康""PUAPB"）等。在制造时，再将一些无机材料加入进行改性并复合碳素纤维、硼纤维、凯尔乐纤维、尼龙纤维、玻璃纤维、金属纤维以及涤纶纤维等增强体进行增强，以提高弹性模量和高静面矩。除此之外，还有金属基复合材料和陶瓷基复合材料。图9.8（a）和图9.8（b）所示分别为用复合材料制作的汽车减震器弹簧和普通钢弹簧。

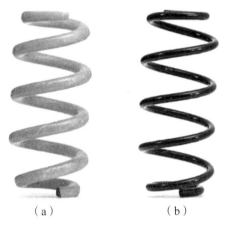

（a）　　　　　　（b）

图9.8　玻璃纤维材料和普通钢材料的螺旋弹簧
（a）玻璃纤维材料；（b）普通钢材料

1. 复合材料的组成及分类

　　复合材料主要由基体与增强材料组成。增强材料是复合材料的主要承力组分，它能大幅度提高基体树脂的强度和弹性模量，而且能减少复合材料成型过程中的收缩，提高热变形温度。未经增强的基体树脂是不能作为结构件使用的，而由增强材料与基体树脂制成的复合材料作为结构件在各领域得到了广泛的应用。

（1）聚合物基体

　　复合材料聚合物基体可分为热固性和热塑性两大类，其中又以热固性树脂为主，主要品种有环氧树脂、不饱和聚酯树脂和酯醛树脂等。用以制造复合材料的热塑性树脂基体主要有聚酰胺、聚乙烯、聚丙烯、聚苯乙烯、聚碳酸酯、聚甲醛、改性聚苯醚、PBT、PET、ABS、聚砜、聚醚砜、PPS和聚醚醚酮等，其中尤以聚醚醚酮的性能为最优越。

　　在所有的工程塑料中，聚醚醚酮具有最好的耐热水性和耐水蒸气性，同时还有优异的阻燃特性，是一种有极大发展前途的新型复合材料树脂基体。

（2）增强材料

　　增强用纤维的选用是根据制品的性能要求，如力学性能、耐热性能、耐腐蚀性能、电性能等，以及制品的成型工艺和成本要求来确定的。复合材料中的增强用纤维主要有玻璃纤维、碳纤维、芳香族聚酰胺纤维、无机纤维、硼纤维、碳纤维、碳化硅纤维、氧化铝纤维和金属纤维等，其中应用最广泛的是玻璃纤维。对于以聚合物为基体的复合材料来说，所采用的增强纤维主要是前3种。

2. 车身用复合材料特征及其应用

复合材料由多种组分的材料组成，其性能优于单一组分的材料。以纤维增强的树脂基复合材料为例，其具有质量轻、强度高、可设计性好、耐化学腐蚀、介电性能好、耐烧蚀及容易成型加工等优点。

（1）轻质高强

玻璃纤维增强树脂基复合材料的密度只有普通碳钢的1/5~1/4，比铝合金还要轻1/3左右，而机械强度却能超过普通碳钢的水平。若按比强度（强度与密度的比值）计算，玻璃纤维增强树脂基复合材料不仅大大超过碳钢，而且可超过某些特殊的合金钢。碳纤维复合材料、有机纤维复合材料具有比玻璃纤维复合材料更低的密度和更高的强度，因此具有更高的比强度。

（2）耐撞击，抗断裂韧性好

玻璃纤维增强复合材料的抗撞击断裂能力是钢的5倍以上。复合材料在抗撞击断裂方面要比一般的金属材料强得多。

（3）减振、隔音性能好

复合材料高的自振频率避免了结构工作状态下因共振而引起的早期破坏。同时，复合材料中的纤维与弹性聚合物基体界面具有吸振能力，因此其振动阻尼很高。根据对相同形状和尺寸的梁进行的试验得知，铝合金梁需9s才能停止振动，而碳纤维复合材料梁只需2.5s就能停止振动。此外，复合材料的抗声振特性也非常好。用复合材料制成的汽车车身具有良好的减振、隔声效果，从而改善了乘坐舒适性。

（4）可设计性好

复合材料可以根据不同的用途要求，灵活地进行产品设计，具有很好的可设计性。对于结构件来说，可以根据受力情况合理布置增强材料，以达到节约材料、减轻质量的目的。

（5）电性能好

复合材料具有优良的电性能，通过选择不同的树脂基体、增强材料和辅助材料，可以将其制成绝缘材料或导电材料。例如，玻璃纤维增强的树脂基复合材料具有优良的电绝缘性能，并且在高频下仍能保持良好的介电性能，因此可作为高性能电动机、电器的绝缘材料。

（6）耐腐蚀性能好

聚合物基复合材料具有优异的耐酸性能、耐海水性能，也能耐碱、盐和有机溶剂，其是一种优良的耐腐蚀材料。玻璃纤维增强的聚酰基复合材料的抗腐蚀性能是金属材料的10倍，这就从根本上解决了作为汽车车身覆盖件材料的耐腐蚀问题。

（7）热性能好

玻璃纤维增强的聚合物基复合材料具有较低的导热系数，只有金属的1/100~1/1 000，是一种优良的绝热材料。选择适当的基体材料与增强材料可以制成耐烧蚀材料和热防护材料。

（8）工艺性能优良

纤维增强的聚合物基复合材料具有优良的工艺性能，可以通过缠绕成型、接触成型等复合材料特有的工艺方法产生制品，特别适合于大型制品及形状复杂、数量少的制品的制造。

9.4.2 碳纤维材料

碳纤维，又称碳化纤维，泛指一些以碳纤维编织或多层复合而成的材料，全称碳纤维增强复合材料（Carbon Fiber Reinforced Polymer/Plastic，CFRP）。因为它又轻又坚硬，所以用途很广泛。碳纤维在汽车领域的应用率先从赛车开始，近年来在民用汽车中也得到了广泛的应用。

碳纤维是以有机纤维——聚丙烯腈（PAN）纤维或沥青纤维等原丝经过预氧化、碳化、石墨化等高温固相反应工艺过程制备而成的，由择优取向的石墨微晶构成，因而具有很高的强度和弹性模量。碳纤维具有一般碳素材料的特性，如耐高温、耐摩擦、导电、导热及耐腐蚀等，但与一般碳素材料不同的是，其外形有显著的各向异性，柔软，可加工成各种织物，并沿纤维轴向表现出很高的强度。碳纤维增强树脂基复合材料（CFRP）的比强度、比模量等性能，在现有结构材料中是最高的。在硬度、刚度、质量、疲劳特性等方面有严格要求的领域，如在要求高温、化学稳定性高的场合，碳纤维复合材料都颇具优势，故应用广泛。

碳纤维是一种力学性能优异的新材料，它的比重不到钢的1/4。碳纤维树脂复合材料抗拉强度一般都在3 500MPa以上，是钢的7~9倍，抗拉弹性模量为23 000~43 000MPa，也高于钢。但碳纤维材料也只是沿纤维轴方向表现出很高的强度，其耐冲击性却较差，容易损伤，所以在制造成为结构组件时，往往利用其耐拉、质轻的优势，而避免用其作承受侧面冲击的部分。碳纤维编织材料如图9.9所示。

图9.9 碳纤维编织材料

目前，主要的碳纤维有两种：一种是PAN基碳纤维，以聚丙烯腈为原料；另一种是沥青基的碳纤维，由煤、石油基沥青聚合成纤维。在强度上，PAN基碳纤维优于沥青基的碳纤维，因此其在碳纤维生产中占有绝对优势。

碳纤维增强复合材料是汽车覆盖件最理想的非金属材料，在减轻车身质量的同时，也能保持防撞性能。图9.10所示为超跑的碳纤维车身。对于汽车生产商来说，碳纤维复合材料也表现出许多优点：零部件的集成化、模块化，总装成本低、投资小，避免了传统车身喷涂过程和相应的环保处理及成本。碳纤维材料不仅比钢材轻，而且有很好的能量吸收性能。

当然，碳纤维也并非完美的材料，其有承载各向异性的问题，即承载零部件在各个方向上的能力有所不同。

在模具中按纤维方向交错叠放碳纤维布，利用环氧树脂黏结剂将多层切割好的碳纤维布逐层粘在一起，这一过程需要用 5~10 层甚至更多层薄如蝉翼的碳纤维布，以粘合成加厚版碳纤维布。这时它的柔韧性已经非常差，几乎跟刚性材料差不多。其原理就如同将一页页纸完全粘贴成一叠厚厚的纸堆一样，纸堆就会变得坚固。

图 9.10　全碳车身的帕加尼 Zonda R 超级跑车

在民用汽车领域，奔驰尝试应用碳纤维材料作为溃缩区域，首先在 SLR McLaren（见图 9.11）上得到了应用。呈尖塔状的碳纤维溃缩柱由无数根粗壮的碳纤维经过编织而成，虽然结构依旧无比坚硬，但是在设计上使其能够在正面碰撞时破碎成无数细小的碎片来吸收大量的能量，并且碎片不会对人造成伤害，这一点非常类似于汽车钢化玻璃的破碎原理。

图 9.11　奔驰 SLR McLaren

碳纤维材料在民用量产汽车，尤其是中档产品应用十分广泛，很多厂商也已经开始提供碳纤维材料的小组件，如后视镜壳、内饰门板、门把手、排挡杆、赛车座椅、空气套件等，同时可以安装于发动机舱风箱、进气歧管（见图 9.12）等的碳纤维改装件也是品种繁多。

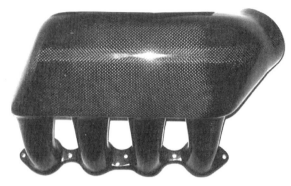

图 9.12　碳纤维进气歧管

目前碳纤维车身材料主要的弊端是难以提供质量稳定、能够满足汽车部件力学强度需要的低成本碳纤维材料；其次，还需要研发能够批量制备复杂形状的高性能汽车部件碳纤维复合材料成型技术；最后碳纤维基本上不可降解，不可重复使用，碳纤维在生产过程中需要排放更多的二氧化碳，并会产生大量的废气污水，同时碳纤维的生产过程极易对工人造成各种呼吸道和皮肤危害，所以该材料是否环保还有待论证。

9.4.3　玻璃纤维材料

玻璃纤维增强复合材料 GFRP（Glassfiber Reinforced Plastic）是一种有机非金属跟无机非金属复合的塑料基复合材料，包含机体和增强体两部分。GFRP 的机体是树脂，是一种热固性塑料，同时也是一种有机非金属材料，起粘结作用，占总重量的 65%~70%。GFRP 的增强体是玻璃纤维，起增强作用，是一种无机非金属的人造无机纤维，如玻璃纤维、碳纤维等，占总重量的 30%~35%。

GFRP 具有良好的电绝缘性能和粘结性能、较高的机械强度和耐热性，可塑性极强，成型收缩率小，体积较轻，施工方便；GFRP 有很高的抗弯、抗拉、抗压强度；一般产品厚度为 5mm，每平方米不超过 10kg 的低重量意味着可以快速安装、减少结构成本和降低运输费用；耐盐水、化学物质，不受酸雨、盐及大部分化学物质的影响，所以玻璃纤维材料又被称为玻璃钢。

GFRP 材料的抗拉强度与传统钢材基本相同，强于铝合金，而其重量仅仅比 CFRP 略重，同时造价却低得多，因此很好地平衡了性能与成本之间的关系。早些时候，奥迪与福特等厂家也推出了 GFRP 材料的螺旋弹簧，并将其应用于量产车上。

9.4.4　塑料制品

塑料是由非金属元素为主的有机物组成的，具有密度小、导热和电导性差、耐酸、耐碱、易老化等特性。塑料的机械性能随温度和时间而变化，塑料在汽车中的应用遍及所有总成，习惯将它们分为内装（饰）件、外装件和功能件（其他结构件）。

塑料在汽车上的应用：主要以内饰件为主；同时散热器面罩、保险杠、轮罩、挡泥板、导流板、翼子板、脚踏板、灯壳和灯罩等塑料外装件也越来越普遍；此外还有进气管、空气滤清器、暖风机和空调零件等。

在安全、环保和成本等因素的推动下，塑料技术一直在朝向高性能（高弹性模量、高强度、耐热、耐磨、耐火、抗老化）、低污染、低密度、低成本的方向发展。未来塑料新材料发展包括开发外表美观（低反光、耐磨、半透明）同时具有良好降噪性能的内饰新材料，开发具有优良高速冲击性能的内装件材料；开发耐候、耐化学侵蚀，具有良好的表面光泽和抗轻微撞击性能的外装件用聚合物体系，减小塑料零部件的表面粗糙度；开发光亮、耐候的着色剂；开发先进的增强材料及增强技术等，以满足零部件高刚度、高耐热性及成型性要求；开发生产夹层构件的材料与工艺；开发满足汽车设计要求的新型塑料合金和塑料共混物、热塑性塑料、热固性塑料和工程塑料；开发耐火塑料。

1. 内装件

内装件用材的趋势为：PVC 不久将从内饰件应用中退出；聚氨酯因其柔软的触感，预计在内饰件（尤其是高档车）上的应用会不断增长，而中档车可能更倾向于采用热塑性聚烯烃（TPO）；PU 在内饰中尚难以被其他材料取代；复合材料在结构件（如座椅骨架）和吸收冲击能量的零件上的应用将会增长；金属—塑料混合材料在内装件中的应用极具潜力。未来要着力开发外表美观（低反光、耐磨、半透明）同时具有良好降噪性能（尤其是"嗡嗡""吱吱"声和"咔嗒"声）的内饰新材料；开发具有优良高速冲击性能的内装件材料。汽车塑料内装件如图 9.13 和图 9.14 所示。

图 9.13　汽车内饰板

图 9.14　驾驶室顶内饰

2. 外装件

外装塑料件的要求有：需要有耐候性（金属或覆盖层耐大气腐蚀的性能），耐化学侵蚀，具有良好的表面光泽和抗轻微撞击性能的外装件用聚合物体系；需要提高塑料零部件的表面光洁度；需要开发光亮、耐候的着色剂；开发先进的增强材料及增强技术；需要大批量、低成本的工装技术；需要大型薄壁零件快速制造工艺；需要开发先进的模压机；研究虚拟原型技术；高表面质量结构复合材料的快速制备工艺开发，内、外装材料体系同一化。常见的汽车外装件如图 9.15 和图 9.16 所示。

图 9.15　汽车外保险杠

图 9.16　汽车门板

3. 塑料密集汽车

开发生产夹层构件的材料与工艺；开发满足汽车设计要求的新型塑料合金和塑料共混物、热塑性塑料、热固性塑料和工程塑料；开发耐火塑料。

建立汽车塑料、复合材料性能数据库；研究适用于塑料的低成本车身骨架设计技术；研究塑料—金属材料复合零部件设计技术；在清洁材料（生物塑料）开发的基础上，设计塑料密集汽车。图 9.17 所示为 2011 年 9 月奥迪公司推出的一款奥迪 Urban 概念车，车身采用的即是碳纤维增强的塑料。

图 9.17　Urban 概念车

9.5　轻型钢结构

目前汽车车身轻量化技术主要包括结构的合理优化设计和轻质材料的使用，而在轻质材料使用方面又可分为更换材料种类和改变材料结构方式两类。将高强度钢应用于车身，虽然没有更换材料种类，但改变了材料性能。不仅如此，采用高强度钢还可以进行材料结构方式的改变。目前车身轻量化的几种改变材料结构的方式有：激光拼焊板、等厚空心钢管、变截面空心钢管。

9.5.1　激光拼接板（激光焊接）

激光拼焊板（Tailor Welded Blanks，TWB）又称预制板材技术，如图 9.18 所示，就是根据车身设计的强度和刚度要求，采用激光焊接技术，把不同厚度、不同表面镀层甚至不同原材料的金属薄板焊接在一起，然后再进行冲压。

图 9.18　汽车激光拼焊板技术

TWB 的优点是可以根据车身各个部位的实际受力和变形的大小，预先为各车身部件定制一块理想厚度的拼接板，从而达到节省材料、减轻质量且提高车身零部件性能的目的，并且还能实现不同材料板材的焊接，从而进一步发挥其减重的潜力。

TWB 的最大缺点来源于其本身技术上的先天不足——焊缝。

1）TWB 的焊缝是一个承载的薄弱环节，设计时必须仔细考虑，将它布置在受力较小的位置，但这样的限制条件制约了 TWB 能将不同板材任意拼接使用的优势的充分发挥。

2）TWB 的焊缝会影响材料的成型性，在后续的冲压过程中容易产生裂纹，造成隐患，通常需要增加一道热处理工艺来消除这种硬化效应。

3）采用任何涂装措施也无法彻底掩盖外观上的焊缝，因此 TWB 不适宜用作车身外覆盖件材料，一般只用来制作内覆盖件或支撑结构件。

4）板料之间的拼接处存在着厚度的突变，这对于模具的设计和制造是一个不小的难题。

9.5.2 连续变截面板

正是由于 TWB 突然变截面的缺点，另一种通过柔性轧制生产工艺得到的连续变截面板（Tailor Rolling Blanks，TRB）技术应运而生。

TRB 是一种轧制的变截面板材，它的成型原理是在钢板的轧制过程中通过计算机实时控制和调整轧辊的垂直间距，以获取沿轧制方向上按预先定制的厚度连续变化的板材，设计人员可以根据后续加工中钢板各个部位的实际受力和变形以及整个车身的承载情况，在轧制之前选定有利于连续加工的板料型面。TRB 的优点是继承了 TWB 根据载荷工况要求变截面的技术，而且由于是连续变截面，所以不存在应力突变和焊缝；其次，由于 TRB 的变截面是由制造过程中辊轧轮的运动形成的，而不像 TWB 那样需要拼接不同厚度的钢板，因此 TRB 截面变形次数的增加对成本不会造成任何影响。

TRB 的缺点是变截面使得以往基于等截面研究得出的很多力学以及冲压成型理论都无法适用，因此车身覆盖件的模具设计相当困难；同时，TRB 在深冲压时必须有多道后续的热处理工序才能保证其最终成型的精确性；此外，TRB 的变截面厚度只能随钢板在压轧时的运动方向的变化而变化。

9.5.3 空心变截面钢管技术

最新的空心变截面钢管技术（Tailor Rolled Tube，TRT）是以 TRB 为基础，在后续的成型过程中使用管件液压成型的技术。

TRT 的优点是继承了 TRB 的连续变截面技术，并且采用空心圆环形截面结构，实现了进一步的轻量化，而且与传统的矩形截面相比，具有同样的抗拉压及突出的抗扭力学性能。因此它在车身的纵梁、横梁、上边梁及 A、B 柱上均有广泛的应用前景。尤其对于纵梁来说，出于碰撞安全性的考虑，纵梁需要具有前软后硬的特性，而这对于连续变截面的 TRT 来说是非常容易实现的。TRT 的缺点就是制造工艺复杂、成本较高。

（1）汽车轻量化的研究方法有哪些？
（2）高强度钢板主要应用在汽车上的哪些地方？
（3）镁铝合金主要用于汽车的哪些结构？
（4）复合材料有些优点？
（5）简述碳纤维结构的优点。
（6）简述塑料在汽车上的应用。
（7）简述激光焊接的优点。

第 10 章
新能源汽车技术

10.1 认识新能源汽车

10.1.1 认识新能源

新能源又称非常规能源,是指传统能源之外的各种能源形式,即刚开始开发利用或正在积极研究、有待推广的能源,如太阳能、地热能、风能、海洋能、生物质能和核聚变能等。

1. 新能源的定义

1980 年,联合国召开的"联合国新能源和可再生能源会议"对新能源的定义为:以新技术和新材料为基础,使传统的可再生能源得到现代化的开发和利用,用取之不尽、周而复始的可再生能源取代资源有限、对环境有污染的化石能源,重点开发太阳能、风能、生物质能、潮汐能、地热能、氢能和核能。

在中国可以形成产业的新能源主要包括水能(主要指小型水电站)、风能、生物质能、太阳能、地热能等,其均是可循环利用的清洁能源。新能源产业的发展既是整个能源供应系统的有效补充手段,也是环境治理和生态保护的重要措施,是满足人类社会可持续发展需要的最终能源选择。

新近才被人类开发利用、有待于进一步研究发展的能量资源称为新能源,相对于常规能源而言,在不同的历史时期和科技水平情况下,新能源有不同的内容。当今社会,新能源通常指太阳能、风能、地热能和氢能等。

按类别可分为:太阳能,风能,生物质能,氢能,地热能,海洋能,小水电,化工能(如醚基燃料)等。

2. 新能源的特点

1)资源丰富,普遍具备可再生特性,可供人类永续利用。
2)能量密度低,开发利用需要较大空间。
3)不含碳或含碳量很少,对环境影响小。
4)分布广,有利于小规模分散利用。
5)间断式供应,波动性大,对继续供能不利。
6)除水电外,可再生能源的开发利用成本较化石能源高。

3. 新能源的类型

（1）太阳能

太阳能一般指太阳光的辐射能量。太阳能的主要利用形式有太阳能的光热转换、光电转换以及光化学转换三种主要方式。

（2）核能

核能俗称原子能，它是原子核里的核子——中子或质子，重新分配和组合时释放出来的能量。核能的释放主要有三种形式：

1）核裂变能。所谓核裂变能是通过一些重原子核（如铀-235、钚-239等）的裂变释放出的能量。

2）核聚变能。由两个或两个以上氢原子核（如氢的同位素—氘和氚）结合成一个较重的原子核，同时发生质量亏损释放出巨大能量的反应叫作核聚变反应，其释放出的能量称为核聚变能。

3）核衰变。核衰变是一种自然的、很慢的裂变形式，因其能量释放缓慢而难以加以利用。

核能的优点：

1）核能发电不像化石燃料发电那样排放巨量的污染物质到大气中，因此核能发电不会造成空气污染。

2）核能发电不会产生加重地球温室效应的二氧化碳。

3）核能发电所使用的铀燃料，除了发电外，暂时没有其他的用途。

4）核燃料能量密度比起化石燃料高上几百万倍，故核能电厂所使用的燃料体积小，运输与储存都很方便，一座1 000百万瓦的核能电厂一年只需30吨的铀燃料，一航次的飞机就可以完成运送。

5）核能发电的成本中，燃料费用所占的比例较低，核能发电的成本较不易受到国际经济情势影响，故发电成本较其他发电方法稳定。

核能的缺点：

1）资源利用率低。

2）反应后产生的核废料成为危害生物圈的潜在因素，其最终处理技术尚未完全解决。

3）反应堆的安全问题尚需不断监控及改进。

4）受到核不扩散要求的约束，即核电站反应堆中生成的钚-239的量受到限制。

5）核电建设投资费用比常规能源发电高，投资风险较大。

（3）海洋能

海洋能（见图10.1）指蕴藏于海水中的各种可再生能源，包括潮汐能、波浪能、海流能、海水温差能、海水盐度差能等。

海洋能特点：

1）海洋能在海洋总水体中的蕴藏量巨大，而单位体积、单位面积、单位长度所拥有的能量较小。这就是说，要想得到大能量，就需要大量的海水。

2）海洋能具有可再生性。海洋能来源于太阳辐射能与天体间的万有引力，只要太阳、月球等天体与地球共存，这种能源就会再生，就会取之不尽、用之不竭。

3）海洋能有较稳定与不稳定能源之分。较稳定的能源为温度差能、盐度差能和海流能。不稳定能源分为变化有规律与变化无规律两种。属于不稳定但变化有规律的有潮汐能与潮流能。

图 10.1 海洋能

4)海洋能属于清洁能源,也就是海洋能一旦开发后,其本身对环境污染影响很小。

据科学家推算,地球上波浪蕴藏的电能高达 90 万亿度。海上导航浮标和灯塔已经用上了波浪发电机发出的电来照明(大型波浪发电机组也已问世)。中国也在对波浪发电进行研究和试验,并制成了供航标灯使用的发电装置。

(4)氢能

氢能的优点:

1)安全环保:氢气分子量为 2,仅为空气的 1/14,因此,氢气泄漏于空气中会自动逃离地面,不会形成聚集。而其他燃油燃气均会聚集在地面而构成燃烧、爆炸危险。氢气无味无毒,不会造成人体中毒,燃烧产物仅为水,不污染环境。

2)高温高能:1kg 氢气的热值为 34 000kcal,是汽油的三倍。氢氧焰温度高达 2 800℃,高于常规液气。

3)热能集中:氢氧焰火焰挺直,热损失小,利用效率高。

4)自动再生:氢能来源于水,燃烧后又还原成水。

5)催化特性:氢气是活性气体催化剂,能以与空气混合的方式加入催化燃烧所有固体、液体、气体燃料;加速反应过程,促进完全燃烧,达到提高焰温、节能减排的功效。

6)还原特性:各种原料加氢精炼。

7)变温特性:可根据加热物体的熔点实现焰温的调节。

8)来源广泛:可由水电解制取,水取之不尽,而且 1kg 水可制备 1 860L 氢氧燃气。

9)即产即用:利用先进的自动控制技术,由氢氧机按照设定按需供气,不储存气体。

10)应用范围广:适合于一切需要燃气的地方。

氢能的缺点:

1)制取成本高,需要大量的电力;

2)生产、存储难:氢气密度小,很难液化,高压存储不安全。

4. 新能源汽车发展方向

作为交通工具的汽车,每天要排放大量的碳、氮、硫的氧化物、碳氢化合物、铅化物等多种大气污染物,是重要的大气污染发生源,会给人体健康和生态环境带来严重的危害。节能减排是汽车产业发展的永恒主题,不断加强节能减排工作已成为我国经济实现又好又快发展的迫切需要。

2012 年 7 月 9 日,国务院正式公布《节能与新能源汽车产业发展规划(2012—2020 年)》,

规划称新能源汽车产业发展将以纯电驱动为新能源汽车发展和汽车工业转型的主要战略取向，当前重点是推进纯电动汽车和插电式混合动力汽车产业化。

10.1.2 新能源汽车的定义和分类

1. 新能源汽车的定义

新能源汽车英文为"New energy vehicles"。我国 2009 年 7 月 1 日正式实施了《新能源汽车生产企业及产品准入管理规则》，其中明确指出：新能源汽车是指采用非常规的车用燃料作为动力来源（或使用常规的车用燃料、采用新型车载动力装置），综合车辆的动力控制和驱动方面的先进技术，形成的技术原理先进且具有新技术、新结构的汽车。

2. 新能源汽车的分类

新能源汽车包括：混合动力电动汽车（HEV）、纯电动汽车（BEV，包括太阳能汽车）、燃料电池汽车（FCEV）、氢发动机汽车、燃气汽车、醇醚汽车及其他新能源（如超级电容器、飞轮等高效储能器）汽车等。

（1）混合动力电动汽车

混合动力是指那些采用传统燃料同时配以电动机/发动机来改善低速动力输出和燃油消耗的车型。

混合动力汽车的优点有：

1）采用混合动力后可按平均需用的功率来确定内燃机的最大功率，此时汽车处于油耗低、污染少的最优工况下工作。

2）因为有了电池，可以十分方便地回收制动、下坡和怠速时的能量。

3）在繁华市区，可关停内燃机，由电池单独驱动，实现"零排放"。

4）有了内燃机，可以方便地解决纯电动汽车遇到的难题。

5）可以利用现有的加油站加油，不必再投资。

6）可让电池保持在良好的工作状态，不发生过充、过放现象，延长了其使用寿命，降低了成本。

混合动力汽车的缺点是长距离高速行驶基本不能省油。

（2）纯电动汽车

电动汽车顾名思义就是主要采用电力驱动的汽车（见图 10.2 和图 10.3），大部分车辆直接采用电动机驱动，有一部分车辆把电动机装在发动机舱内，也有一部分直接以车轮作为四台电动机的转子，其难点在于电力储存技术。

图 10.2　特斯拉

图 10.3　宝马 i3Coupe 概念车

纯电动汽车的优点：技术相对简单成熟，只要有电力供应的地方都能够充电。

纯电动汽车的缺点：目前蓄电池单位重量储存的能量太少，且电动车的电池较贵，没有形成经济规模。使用成本比汽车贵，而有些性能仅为汽车的1/3，这主要取决于电池的寿命及当地的油、电价格。

（3）燃料电池汽车

燃料电池汽车是指以氢气、甲醇等为燃料，通过化学反应产生电流，依靠电动机驱动的汽车。其电池的能量是通过氢气和氧气的化学作用，而不是经过燃烧直接变成电能。燃料电池的化学反应过程不会产生有害产物，因此燃料电池车辆是无污染汽车；燃料电池的能量转换效率比内燃机要高2~3倍。因此从能源的利用和环境保护方面，燃料电池汽车是一种最理想的车辆。

与传统汽车相比，燃料电池汽车具有以下优点：

1）零排放或近似零排放；
2）减少了机油泄漏带来的水污染；
3）降低了温室气体的排放；
4）提高了燃油经济性；
5）提高了发动机燃烧效率；
6）运行平稳，无噪声。

微课　比亚迪秦混合动力系统简介

（4）氢动力汽车

氢动力汽车是一种真正实现零排放的交通工具，排放出的是纯净水，其具有无污染、零排放、储量丰富等优势，因此，氢动力汽车是传统汽车最理想的替代方案。与传统动力汽车相比，氢动力汽车成本至少高出20%。

氢动力汽车的优点：排放物是纯水，行驶时不产生任何污染物。

氢动力汽车的缺点：氢燃料电池成本过高，而且氢燃料的存储和运输按照目前的技术条件来说非常困难，因为氢分子非常小，故极易透过储藏装置的外壳逃逸。另外最致命的问题是，氢气的提取需要通过电解水或者利用天然气，如此一来同样需要消耗大量能源，除非使用核电来提取，否则无法从根本上减少二氧化碳的排放。

（5）燃气汽车

燃气汽车是指用压缩天然气（CNG）、液化石油气（LPG）和液化天然气（LNG）作为燃料的汽车。近年来，世界上各国政府都积极寻求解决这一难题的方法，并开始纷纷调整汽车燃料结构。燃气汽车由于其排放性能好，可调整汽车燃料结构，运行成本低、技术成熟、安全可靠，所以被世界各国公认为当前最理想的替代燃料汽车。

（6）生物乙醇汽车

乙醇俗称酒精，通俗来讲，使用乙醇为燃料的汽车，也可叫酒精汽车。用乙醇代替石油燃料的活动历史已经很长，无论是在生产上还是在应用上，其技术都已经很成熟。

乙醇汽车的燃料应用方式：

1）掺烧，指乙醇和汽油掺和应用。在混合燃料中，乙醇的容积比例以"E"表示，如乙醇占10%、15%，则用E10、E15来表示。目前，掺烧在乙醇汽车中占主要地位。

2）纯烧，即单烧乙醇，可用E100表示，目前应用并不多，属于试行阶段。

3）变性燃料乙醇，指乙醇脱水后，再添加变性剂而生成的乙醇，此种燃烧应用方式属于试验应用阶段。

4）灵活燃料，指燃料既可用汽油，又可以使用乙醇或甲醇与汽油比例混合的燃料，还可以用氢气，并可随时切换，如福特、丰田汽车均在试验灵活燃料汽车。

（7）其他新能源汽车

1）空气动力汽车。

利用空气作为能量载体，使用空气压缩机将空气压缩到 30MPa 以上，然后储存在储气罐中。需要开动汽车时将压缩空气释放出来驱动电动机行驶。优点是无排放、维护少。

2）飞轮储能汽车。

利用飞轮的惯性储能，储存非满负载时发动机的余能以及车辆下坡、减速行驶时的能量，并反馈到一个发电机上发电，从而驱动或加速飞轮旋转。飞轮使用磁悬浮方式，在 70 000r/min 的高速下旋转，在混合动力汽车上作为辅助，优点是可提高能源使用效率、重量轻、储能高、能量进出反应快、维护少、寿命长，缺点是成本高、机动车转向会受飞轮陀螺效应的影响。

3）超级电容汽车。

超级电容器是利用双电层原理的电容器。在超级电容器两极板上电荷产生的电场作用下，在电解液与电极间的界面上形成相反的电荷，以平衡电解液的内电场，这种正电荷与负电荷在两个不同相的接触面以正、负电荷之间极短间隙排列在相反位置上的电荷分布层叫作双电层，因此电容量非常大。优点是充电时间短、功率密度大、容量大、使用寿命长、免维护、经济环保等；缺点是功率输出随着行驶里程加长而衰减、受环境温度影响大等。

10.2 电动汽车电池和电动机技术

10.2.1 电动汽车用动力电池

1. 电动汽车对动力电池的要求

对于电动汽车来说，性能、成本、用户体验能否压倒内燃机汽车，关键在于动力电池。

动力电池无论是单位重量的功率，还是效率、寿命、成本、控制，都远远优于发动机。同等功率的电动机往往比发动机便宜，寿命更长，维护保养也更简单。理论上电动车应该远比内燃机汽车更有竞争力，而问题的关键就在电池上。

汽车运动是需要能量的，内燃机汽车的能量来自汽油或者柴油的燃烧而由热能转化成的动能。而电池则是通过电动机把电能转化成动能。而现在电动车遇到的问题就是同样的重量、同样的体积，电池提供的能量远远低于汽油和柴油，也就是能量密度低。

除了能量密度，电池还有一个功率密度的概念，动力电池能够释放的最大电流和电压是有限的，即使电动机功率很高，电池瞬间放电能力不行，也会影响电动车的性能。

电动汽车对动力电池的要求主要有以下几方面。

（1）比能量高

但电动汽车又不能太重，其安装电池的空间也有限，这就要求电池具有高的比能量。

（2）比功率大

为了能使电动汽车在加速行驶、爬坡能力和负载行驶等方面能与燃油汽车相竞争，就要求电池具有高的比功率。

（3）充放电效率高

电池中能量的循环必须经过充电—放电—充电的循环，高的充放电效率对保证整车效率具有至关重要的作用。

（4）相对稳定性好

电池应当在快速充放电和充放电过程变工况的条件下保持性能的相对稳定，使其在动力系统使用条件下能达到足够的充放电循环次数。

微课　纯电动汽车基本原理

（5）使用成本低

除了降低电池的初始购买成本外，还要提高电池的使用寿命。

（6）安全性好

2. 动力电池的分类及比较

目前，电动车用的动力电池种类其实非常多，但是真正实用的并不多，因为很多电池都有这样或者那样的问题。世界上大部分厂商都选择锂电池，细节材料上有使用三元锂电池的、有使用磷酸铁锂的、有使用锰酸锂的，但是它们都可以归结到锂电池的范畴，均需要充电和放电，有循环次数限制。

氢燃料电池和锌空气电池都不是充电电池，都是靠消耗其他材料（氢气，锌）产生电能，需要添加其他材料才能维持运行，其更类似传统燃油车加油的概念。

（1）氢燃料电池

氢燃料电池最大的优势是能量密度极高，实验室可以做到 $3(kW \cdot h)/kg$，比其他类型的电池高很多，用于汽车可以以更小的体积和重量提供更长时间的续航。

氢燃料电池存在的问题：

1）价格，氢燃料电池的核心零件是质子交换膜和铂催化剂，都是非常昂贵的材料，用在不计成本的航天可以，用在汽车上则其昂贵的价格会让氢燃料电池普及困难。

2）燃料的来源和储存，氢燃料电池需要氢气，氢气本身并没有产业链支撑，制造、运输、储存、加注都极不方便，成本又很高，危险很大，相比燃油车和锂电池车成熟度太低。

（2）锌空气电池

锌空气电池的能量密度较高，可以达到 $0.3(kW \cdot h)/kg$，比锂电池高，并且价钱便宜（锌材料比锂便宜得多）。

但是锌空气电池也有两个问题：

1）功率密度低，使用锌空气电池的电动车虽然续航里程不逊色于锂电池电动车，但是加速、爬坡性能都很差，实用性不佳；

2）产业链不匹配，锌空气电池和氢燃料电池类似，也需要更换材料，锌空气电池需要把氧化锌更换为金属锌，这就需要从发电厂到电解锌工厂、锌电池制造厂及到汽车换电池站等一系列的产业链配套。这些都要从头开始，同样远不如锂电池成熟。

（3）飞轮电池

飞轮电池是最近几十年才发展出来的新型电池，它不是传统的化学能转化成电能的化学电池，而是内部有一个高速旋转的飞轮，靠飞轮动能储存能量的电池。

飞轮电池没有化学物质，不存在爆炸、燃烧之类的安全性问题，也不怕温度变化、环境恶劣，循环寿命非常长。更可贵的是飞轮电池有极高的功率密度，达到 $5\sim10kW/kg$，远高于其他类型的电池,尽管能量密度和锂电池差不多,但是高功率密度可以带来极好的汽车加速性能,在能量回收的时候也就可以承受更大的功率。

(4) 锂电池

汽车用的动力锂电池其实也分好几类,特斯拉最新用的松下电池是三元锂电池,三元锂电池的能量密度、功率密度、安全性比较均衡,是中庸之选。

特斯拉的优势是,用软件的办法解决了充、放电过程中的安全性问题,使得本来不偏重安全的三元锂电池可以应用于汽车。

但是特斯拉的电源管理技术解决不了穿刺问题,只能靠加强电池包的保护来解决,遇到极端碰撞,强大的冲击力击破电池包的保护,特斯拉依然会起火爆炸,只是高强度的保护给了车主逃生的时间。

磷酸铁锂是应用比较广泛的电池,它的优势是安全性相对比较好,尽管也有事故,但是相对其他锂电池已经是最好的了。它的功率密度比较好,可以大倍率放电,有不错的加速性能。在循环寿命方面,磷酸铁锂也有优势,其长期使用成本相对较低。

磷酸铁锂的缺点是能量密度相对较低,同样重量续航里程没有优势。此外,其低温性能比较差,冷天电量会损失很多。

综合来看,磷酸铁锂还是被一致看好的动力电池。

锰酸锂电池,日本企业用的很多,优点是低温性能比较好,低温电量损失没有磷酸铁锂那么严重,价格也便宜,安全性不如磷酸铁锂,但也不是太差。但是材料本身不太稳定,容易产生气体。

从目前的技术看,氢燃料电池、锌空气电池都需要新建一个产业链来支撑,这需要很长的时间和大量的投资,而且两者都有弱点,竞争力很弱,很长一段时间不会有太大的发展。

飞轮电池性能优异,但是价格昂贵,如果能找到大幅度降低成本的办法,飞轮电池是最适合电动车的,可惜目前还没有找到的迹象。这就决定未来很长一段时间,飞轮电池只能出现在一些超高价的豪华车和超跑上。

未来几年,随着锂电池价格的进一步下降和容量的进一步提升,电动车、插电混合动力车会越来越便宜,性能会越来越好。目前电动车取代燃油车的进程才刚刚开始。

10.2.2 电动汽车用电机

电机泛指能使机械能转化为电能、电能转化为机械能的一切机器,特指发电机、电能机、电动机。

由于电动汽车采用动力电池作为车载能源,其容量受到限制,为尽可能地延长续驶里程,大多数驱动系统都采用了能量回馈技术,即在汽车制动时,通过控制器将车轮损耗的动能反馈到电池中,并使电机处于发电状态,将发出的电输送到电池中。

1. 电动汽车用电动机的基本要求

采用大功率的电动机来驱动电动汽车与采用小功率的电动机相比,具有电阻小、效率高、比能耗低、动力性能好等优点。在确定电动汽车所采用的电动机时,其性能必须充分满足电动汽车不同行驶工况的要求。因此其性能要求有:

1) 要有较大的起动转矩来保证电动汽车良好的起动和加速性能,并满足爬坡、频繁启/停的要求。

2）要有较宽的恒功率范围，保证电动汽车具有高速行驶的能力。

3）要有较大范围的调速功能，在低速时具有较大的转矩，在高速时具有高功率，能够根据驾驶员对加速踏板的控制，随机调整电动汽车的行驶速度和相应的驱动力。

4）具有良好的效率特性，在较宽的转速/转矩范围内，获得最优的效率，提高一次充电后的持续行驶里程，一般要求在典型的驾驶循环区，获得85%~93%的效率。

5）再生制动时的能量回收率高。

6）外形尺寸要求尽可能小，质量尽可能轻。

7）可靠性好，耐高温和耐潮性能强，能够在较恶劣的环境下工作，维修方便。

8）价格低。

2. 电动汽用电机类型及优缺点

目前电动汽车广泛使用的电机主要包括：异步电机、开关磁阻电机和永磁电机。下面对几种电机性能进行分析比较。

（1）有刷直流电机

有刷直流电机（Direct Current Machine）是指能将直流电能转换成机械能（直流电动机）或将机械能转换成直流电能（直流发电机）的旋转电机。它是能实现直流电能和机械能互相转换的电机。当它作电动机运行时是直流电动机，将电能转换为机械能；作发电机运行时是直流发电机，将机械能转换为电能。

优点：直流电机主要优点是调速和起动特性好，起动转矩大，因而被广泛应用于各种驱动装置和伺服系统中。

缺点：由于有刷直流电机具有电刷和换向器，其间形成的滑动机械接触严重地影响了电机的精度、性能和可靠性，所产生的火花会引起无线电干扰，缩短电机寿命，而换向器电刷装置又使直流电机结构复杂、噪声大、维护困难。

（2）无刷直流电机

无刷直流电机按照工作特性，可以分为两类：

一是具有直流电机特性的无刷直流电机，一般称为无刷直流电机；二是具有交流电机特性的无刷直流电机，一般称为永磁同步电机。

1）无刷直流电机的优缺点。

优点：由于无刷直流电机利用电子开关线路与位置传感器来代替电刷和换向器，使这种电机既具有直流电动机的特性，又具有交流电机结构简单、运行可靠、维护方便的优点。

缺点：电机本身比交流电机复杂，控制器比有刷直流电机复杂。

2）永磁同步电机的优缺点

结构上与无刷直流电机相似，不同之处在于其采用正弦波驱动。

优点：永磁同步电机具备无刷直流电机的优点，同时还具有低噪声、体积小、功率密度大、转动惯性小、脉动转矩小、控制精度高等特点，适用于混合动力电动汽车电机驱动系统，可减小系统体积，改善汽车加速性能及行驶平稳等。

缺点：由于永磁同步电机转子为永磁体，无法调节，必须通过加定子直轴去磁电流分量来削弱磁场，这会增大定子的电流，增加电机的铜耗。永磁电机的磁钢价格较高。

（3）异步电机

异步电机是由气隙旋转磁场与转子绕组感应电流相互作用产生电磁转矩，从而实现机电能量转换为机械能量的一种交流电机。异步电机按照转子结构分为两种形式：有鼠笼式（异步电机鼠笼式异步电机）异步电机、绕线式异步电机。作电动机运行的异步电机，因其转子绕组电流是感应产生的，故又称感应电动机。异步电机是各类电机中应用最广、需要量最大的一种。

异步电机的特点：

优点：转子绕组不需与其他电源相连，其定子电流直接取自交流电力系统；结构简单，制造、使用、维护方便，运行可靠性高，重量轻，成本低。

缺点：异步电机转速与其旋转磁场的同步转速有固定的转差率，因而调速性能较差。此外，异步电机运行时，从电力系统吸取无功功率以励磁，会导致电力系统的功率因数变坏。

（4）开关磁阻电机

开关磁阻电机是一种新型电机。开关磁阻电机由双凸极的定子和转子组成，其定子、转子的凸极均由普通的硅钢片叠压而成。定子极上绕有集中绕组，把沿径向相对的两个绕组串联成一个两级磁极，称为"一相"；转子既无绕组又无永磁体，仅由硅钢片叠成。

优点：

1）结构简单、坚固，工作可靠，转动效率高。

2）可控参数多，调速性能好。调速系统运行性能和经济指标比普通的调速系统好。

3）损耗小，成本低。

开关磁阻电机被公认为是一种极有发展前途的电动汽车驱动电机。

缺点：

1）转矩脉动现象较大。

2）振动和噪声较大，特别是在负载运行时。

3）电机出线头较多，还有位置检测器出线端。

4）电机数学模型比较复杂，准确模型难建立。

5）控制复杂，依赖于电机的结构。

（5）轮毂电机

轮毂电机（见图10.4）不是一种单纯的电机，而是一种驱动形式。轮毂电机系统驱动作为电动汽车的一种重要驱动形式，得到了各大汽车厂商和组织的重视。各大厂商加大了对轮毂电机系统的研发力度，高性能的新型轮毂电机系统不断涌现，轮毂电机的门类不断丰富，性能不断提高，著名的轮毂电机厂商有加拿大的TM4和美国的Wavecrest等。

轮毂电机技术又称车轮内装电机技术，它的最大特点就是将动力、传动和制动装置都整合到轮毂内，因此将电动车辆的机械部分大大简化。

1）电机应用类型与特点分析。

轮毂电机系统的驱动电机按照电机磁场的类型分为径向磁场和轴向磁场两种。对比如下：轴向磁通电机的结构更利于热量散发，并且它的定子可以不需要铁芯；径向磁通电机定转子之间受力比较均衡，磁路由硅钢片叠压得到，技术更简单、成熟。

轮毂电机的类型分为感应、永磁、开关磁阻式。其特点如下：

①感应（异步）电机结构简单，坚固耐用，成本低廉，运行可靠，转矩脉动小，噪声低，不需要位置传感器，转速极限高；缺点是驱动电路复杂，成本高，相对永磁电机而言，异步电机效率和功率密度偏低。

②无刷永磁同步电机可采用圆柱形径向磁场结构或盘式轴向磁场结构,具有较高的功率密度和效率以及宽广的调速范围,发展前景十分广阔,已在国内外多种电动车辆中获得应用。

③开关磁阻式电机具有结构简单、制造成本低廉、转速/转矩特性好等优点,适用于电动汽车驱动;缺点是设计与控制非常困难和精细,运行噪声大。

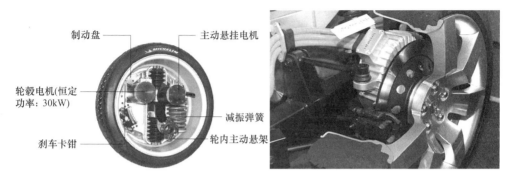

图 10.4　轮毂电机

2）轮毂电机分类。

轮毂电机驱动系统根据电机的转子型式主要分成两种:内转子式和外转子式。

外转子式:采用低速外转子电机,电机的最高转速在 1 000~1 500r/min,无减速装置,车轮的转速与电机相同。

内转子式:采用高速内转子电机,配备固定传动比的减速器,为获得较高的功率密度,电机的转速可达 10 000r/min。

随着更为紧凑的行星齿轮减速器的出现,内转子式轮毂电机在功率密度方面比低速外转子式更具竞争力。

3）轮毂电机特点分析。

①具有可以完全省略传统汽车传动系统的装置,整体动力利用效率大大提高。

②整车总布置可以采用扁平化的底盘结构型式,车内空间得到了极大的改善。

③车身上几乎没有大功率的运动部件,整车的振动和噪声舒适性得到了极大的改善。

④轮毂电机方式便于实现四轮驱动驱动型式,有利于改善整车的动力性能。

⑤轮毂电机作为执行元件,利用响应速度快和准确的优点便于实现包括线控驱动、线控制动以及线控整车动力学控制在内的整车动力学集成控制,以提高整车的主动安全性。

商用车车桥的内置缓速器采用涡流制动原理,如图 10.5 所示。

图 10.5　商用车车桥的内置缓速器采用的涡流制动原理（电阻制动）

10.3 电动汽车充电技术

10.3.1 充电机充电及发展现状

电池是电动汽车的动力源泉,是制约电动汽车发展的关键因素。大规模发展应用电动汽车的主要问题是初始成本高、续驶里程不理想。初始成本会随生产技术的提高及政策调整而下降;续驶里程的问题则在电池能量有限的情况下,通过开发快速充电系统,实现随时随地方便快捷地对电动汽车进行充电,以有效延长汽车的续驶里程。

充电体系的建立是电动汽车发展的前提和基础,充电装置的技术性能直接影响电动汽车的总体技术性能和使用性能,开发生产出经济适用的充电装置不仅是纯电动汽车的重要基础支撑系统,也是各类混合动力及燃料电池汽车的重要组成部分。

1. 充电机分类

电动汽车充电装置是指将公共电网或发电装置的电能转变为电池的电化学能的各种模态变流装置的总称,包括充电站、车载充电器、地面充电机、电动机驱动系统中的能量回收装置、燃料电池汽车动力系统中双向 DC/DC 变换器的充电部分等。

充电装置根据是否安装在车上可分为车载充电机和非车载充电机两类,非车载充电机又分为接触式和感应式两种。

车载充电机(见图 10.6)安装在车辆内部,可以在住宅、停车场、车库乃至路边等任何有电源供应的地方充电。功率相对较小,为 3kW 以下,充电时间较长。

图 10.6 车载充电机

非车载充电机(见图 10.7)一般固定在充电站内,以大功率、快速充电为主。

1)接触式充电器可通过金属连接器将电动汽车与充电机和公共电网连接,以达到传递能量的目的。

优点是传递方式结构简单,能量传递效率高而且造价低。

缺点是接触式充电采用导线连接方式,由于导线裸露,有接触火花,在一些化工、矿井等易燃易爆领域应用受到限制,安全性不好。

轨道交通等运动车辆供电采用滑动接触方式供电。

2)感应式充电是利用公用电网与电动汽车相隔离的一种充电方法。它采用无线能量传输技术即利用电磁感应原理进行短程传输,此方法可传递大功率等级的能量。

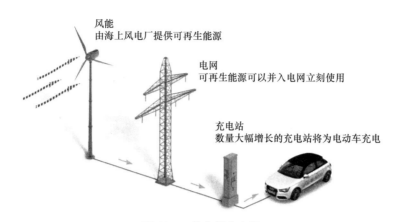

图 10.7 非车载充电机

优点：由于感应充电机与电动汽车之间无任何金属接触，实现了无接触充电、无接触火花及导线裸露，即使在雨雪等气候下给电动汽车充电也无触电的危险，安全可靠。另外充电通用性好，操作便利。

2. 充电对象和充电技术

1）选择电动汽车能量源的要求：性能好、比能量大、充电后行驶距离长。
2）电动汽车常用的蓄电池有铅酸蓄电池、镍氢电池、镍镉电池、锂离子电池。
3）影响动力电池充、放电工作效率的因素主要有：充电场所、环境条件，特别是环境温度的影响，即在常温下，电池充电接受能力较强，随环境温度的降低，电池的充电能力将逐渐降低。因此，环境温度降低，充电功率需求就增加。

3. 电池充电方法

（1）恒流恒压充电方式

恒流恒压充电方式初始阶段采用恒流控制过程，第一阶段采用较大的充电电流，使蓄电池的容量得到迅速恢复；第二阶段，将充电电流减小一半，直到电解液密度和蓄电池端电压达到最大值且在 2~3h 内不再上升，蓄电池内部剧烈冒出气泡为止。

（2）脉冲充电方式

脉冲充电方式最大的特点是利用脉冲充电截止时，为电池提供了休息时间，让蓄电池的化学反应能够充分的中和，延长了电池的使用寿命。

由于电池有了充分的中和休息时间，甚至提供反向放电脉冲，故充电时可以提供接近电池可接受的最大脉冲峰值电流，从而加快了充电速度，缩短了充电时间。

4. 充电机充电方式

（1）常规充电方式

电动汽车通常采用恒压、恒流传统方式对电动汽车充电，以相当低的电流充电，大小约 16A。以 120A·h 的蓄电池为例，充电时间大概为 8h，相应的充电设备和安装成本比较低。电动汽车家用充电设施（车载充电机）和小型充电站多采用这种充电方式。

车载充电机（见图 10.8）是电动汽车的一种最基本的充电设备，充电机作为标准配置固定在车内或后备厢内，只需将车载充电机的电源插件连上电网电源，即可充电，因此充电过程由用户完成。这种充电方式可从低压照明电路取电，充电功率较小，由 220V/16A 规格的标准电网电源供电，充电时间为 8~10h。

图 10.8 车载充电机

小型充电站（见图 10.9）是电动汽车的一种最重要的充电方式，充电机可设置在任何常规电网领域，只需将车停放在充电站指定的位置即可充电。充电功率一般在 5~10kW，采用 380V 或 220V 供电。

图 10.9 小型充电站

（2）快速充电方式

快递充电方式即以 100~400A 的大电流在短时间为蓄电池充电，充电时间为 10~30min，充电功率很大，一般都大于 30kW，采用的是三相四线制，需建大型充电站，安装成本较高，对电网要求较高。

这种充电方式对电池寿命有一定的影响，普通蓄电池不能进行快速充电，所以其只针对车载动力电池组。

（3）更换电池充电方式

在蓄电池电量耗尽时，用充满电的电池组更换已经耗尽的电池组，而换下来的电池组则在服务站充电。电池更换站既可正常充电也可快速充电，也就是说可以用低谷电给蓄电池充电，同时又能在很短的时间内完成"加油"过程，与现有的燃油车加油时间大致相同。

世界最大规模的电动汽车电池快速更换充电站如图 10.10 所示。

图 10.10 世界最大规模的电动汽车电池快速更换充电站

更换电池充电方式存在的问题：这种电池更换系统的初始成本很高，包括昂贵的机械装置和大量的蓄电池；由于大量存放蓄电池，故需修建远大于充电站空间面积的电池更换站；需安装蓄电池自动更换系统，并要对蓄电池的物理尺寸和电气参数制定统一标准。

（4）移动式充电方式

对电动汽车蓄电池而言，最好的情况是在路上巡航时充电，即移动式充电。比较成型的技术是将移动充电系统安置在一段路面下，作为充电区，不需要额外空间。接触式和感应式的移动充电系统都可实施。

接触式移动充电系统可在车底部装一个接触拱，通过与地面上的充电元件相接触，可获取高脉冲电流，轻轨车充电也是接触式的。

感应式移动充电系统（见图10.11）是将车载式接触拱改为感应线圈，埋设在路面下的充电元件由产生强磁场的高电流绕组所代替。

由于受机械磨损和接触拱安装位置等因素的影响，接触式移动充电系统有局限性；而感应式移动充电系统可在电动汽车行驶过程中通过的路面、护栏等处进行任何空间的电力传输。

通过沿公路建设充电线路可对过往的电动汽车随时提供电能补充。

图10.11　感应式移动充电系统

10.3.2　车载充电机的技术

车载式充电机安装在电动汽车内部，是接触式的充电方式，可在有公用电网的任意地方充电。

1. 车载充电机的组成分类及要求

基本构成包括：功率单元、控制单元、电气接口和通信接口几部分。

基本要求：

1）充电机能对多种蓄电池充电，如铅酸蓄电池、锂离子蓄电池、镍氢蓄电池等。

2）在充电过程中，依据蓄电池管理系统提供的数据态调整充电参数，完成充电。

3）充电机应具有与电动汽车或与蓄电池管理系统通信的功能。

通信目的：

1）判断蓄电池的类型。

2）判断充电机是否与电动汽车蓄电池管理系统正确连接。

3）获得电动汽车蓄电池系统参数及充电前和充电中蓄电池的状态参数。

2. 充电机功率单元—车载 DC/DC 变换器

它是将一种直流电变换成另一种直流电的技术设备，主要对电压、电流实现变换，在电动汽车中起到能量转换和传递的作用，分为单向 DC/DC 和双向 DC/DC。

单向直流变换器的能量只能单向流动；双向直流变换器在两端电压极性不变的前提下，根据需要改变电流的方向，从而实现能量的双向流动，另外其能进行能量回收，应用空间非常广泛。

车载双向 DC/DC 变换器在纯电动汽车充电机系统上的应用。

（1）纯电动汽车

在纯电动汽车上双向 DC/DC 变换器调节逆变器直流侧的电压，使得弱磁调速和回馈制动易于实现，扩大了电动机调速范围，提高了系统能源的利用率，尤其对电动汽车上常用的低感抗电动机更为有效。其驱动系统如图 10.12 所示。

图 10.12　驱动系统

（2）混合动力燃料电池电动车

燃料电池是主动力源，另外还有超级电容和动力蓄电池作为辅助动力。双向 DC/DC 变换器作为超级电容和动力蓄电池的功率管理单元，所起到的作用是加速时提供辅助能量、爬坡时提供峰值功率、减速/制动时回收能量，从而有效提高能源利用效率。

（3）在纯燃料电池电动车上的应用

一般为低电压（12V　24V）车载电源功率管理单元，作用是燃料电池冷态启动、为燃料电池空压机提供电源、加速时提供辅助动力、减速/制动时回收能量，以改善车辆的加速和减速性能。

3. 车载充电交、直转换器

它是一种将交流电变换为直流电的技术，位于车载高压充电机内，即将电网的电能转化为电动车车载蓄电池的电能。

车载充电机的优点：在蓄电池需要充电时，只要有供电插座，即可充电。

缺点：受车上空间所限，功率处理能力有限，只能提供小电流慢速充电，时间较长。

10.3.3　电动汽车充电基础设施

电动汽车要广泛推广，必须有完善的社会化充电系统的支撑，因此公共场所用电动汽车充电系统是诸多相关技术中的关键技术；是电动汽车支撑体系中投资最多、系统最复杂、技术难度最大的项目工程。

1. 电动汽车充电站结构

（1）电动汽车充电站建设现状

国外与国内已建立的充电站，主要利用晚间富裕电力对汽车的动力源（蓄电池）充电，还有部分充电站采用直接更换电源的模式。

充电系统设在室内或路边，配备有充电器和连接电缆。

法国目标：2020 年前，生产 200 万辆新能源汽车、充电站充电插头达 400 万个。

我国的情况是上海首先建设运行了一个电动汽车充电站，是由比亚迪汽车项目部投资的。另外在一些大中城市开通了公共电动汽车示范线路。

真正面对普通用户的充电设施还没有普及，现仅有两座，即上海漕溪电动汽车示范充电站和南方电网投资的大运中心充电站。充电站采用的都是非车载充电方式。

（2）充电站所需功能、设备、设施要求

在交通线上按照一定的间距设置的充电站，应具备补充能源（主要为电能）和提供维修服务两大基本功能，并需配备专业的技术人员完成以上工作。

充电站的基础设备方面需求：配备电力输入输出设备（接口与缆线）、快速充电机、动力源性能检测诊断仪器及其他一些零配件和安全设施。

基础设施要求：在设计充电站时，应以电动汽车动力源充电功率需求基础。根据电动汽车类别与运行规律安排充电站的建设和对应的充电模式。

另外还备有更换需要的各类电动汽车动力源。

（3）电动汽车充电站构成、各系统的作用及特点

1）构成及各系统作用。

电动汽车充电站主要由配电系统、电池调度系统、充电系统、充电站监控系统和电能计量仪等构成。

配电系统：完成将高压交流电降压为 380V（或 220V）交流电，也可变为与充电装置相配置的低压直流电。

电池调度系统：用来服务可更换电池的电动汽车（电池储存、电池更换、电池维修）。

充电系统：通过总线与充电站监控系统相连，完成充电过程。

监控系统：实现对充电机控制和实时监控功能，记录充电机的运行及工作情况，即由管理人员在监控中心对充电机的运行参数进行查看、修改及启动或停止充电过程。

电能计量仪：独立于其他系统，用于对充电机输入输出电量、电动汽车充电量进行测量，以此进行用电计费、电费结算和成本核算等工作。

电能计量仪既可由监控中心管理，也可由充电系统管理。

2）特点。

电动汽车充电站是将电能从电网传输到电动汽车的"中转站"，可对多辆不同车辆充电。所以充电机要具备以下特点：

①指示功能。

②记录功能。

③自动计费功能。

④监测功能。

⑤工作保护和报警功能。

2. 充电技术的技术要求

（1）充电系统的组成部分

目前的充电站主要为泊车充电系统，能够为各种电动汽车充电。一个完整的电动汽车充电系统主要由以下几部分组成：

1）高压输电线路和设备。

由于电动汽车的动力电池容量、充电时的电压和电流设置、车辆数量等数据的不同，充电系统总容量可能达到兆伏安级以上，所以需采用高压供电方式为充电系统供电。

2）低压配电效率和设备。

高压电转换成低压380V或220V动力电源，再分配给充电机及其他辅助设备，以完成对汽车的充电及其他辅助功能。

3）谐波抑制与无功功率补偿装置。

采用的大功率充电机是非线性的用电设备，功率因数较低，而且会对供电系统产生严重的谐波污染，需要为汽车充电系统配置相应的谐波抑制与无功功率补偿装置。

4）辅助设备。

包括电动汽车充电系统的监控系统等辅助设备，可以为充电系统的安全可靠运行提供各种辅助功能。

5）大功率充电机。

它是电动汽车充电系统的核心设备，主要是将交流电源转换为能够满足电动汽车充电要求的直流电源，并按照一定的充电控制方式完成对电动汽车的充电操作。

（2）充电机基本性能和技术要求

1）安全性：电动汽车充电时，保证人员的人身安全和蓄电池组的安全至关重要。涉及多个环节，如充电时电动汽车与电网的连接，结束时断开的操作，充电时人员与车身的接触、环境条件的变化、充电机发生故障等，必须保证各个环节的正常，才能保证人员和电动汽车的安全。

2）易于使用：充电机要具有较高的智能性，不需要操作人员过多地干预充电过程。

3）成本经济：价格低廉、成本经济的充电机有助于降低整个电动汽车的成本，以提高运行效率，促进电动汽车的发展。

4）高效率：效率高对整个电动汽车能量效率有巨大的影响，是对现代充电机最重要的要求之一。

3. 充电站监控网络

（1）计算机监控网络作用

1）对充电桩的监控：监视充电桩的交流输出接口的状态（电流、电压、开关状态、保护状态），采集与充电桩相连的电动汽车基本信息，控制充电桩交流输出接口的开断。

2）对充电机的监控：充电机作为被监控对象，传送给监控系统的主要有两类数据，即充电状态信息：输入输出电压、电流、电量、功率因数、充电时间、当前充电模式、充电机工作状态等；电池状态信息：电池单体电压、温度、故障状态、管理系统设置信息、电池组信息等。

充电系统监控系统的主要功能：监控所有充电机运行数据、故障报警信号；监控所有电池组电池的温度、电压、充电容量等数据；提供充电机远程控制功能；设置运行参数，开关机，修改电池管理系统参数、编号；提供所有充电机紧急停机功能。

（2）配电监控功能

实现对电动汽车充电站配电设备的监控，即实现对整站各类数据状态的监控。

（3）烟感监视功能

在一些充电站中，为了保障电池充电安全，除了通过电池管理系统监视电池的电压、电流、温度之外，在电池充电架中还安装了烟雾传感器，用于探测锂离子电池因过充电导致电池自燃而释放的烟雾。

（4）电池维护监控功能

在大型综合充电站中，当电池使用了一段时间后，电池会出现一些问题，需要通过专用的电池维护设备对电池进行维护、评估，并决定是否对电池进行从新配组。

（5）快速更换设备监控功能

在具备快速更换设备的充电站中，通过充电站监控系统对设备下达更换电池的指令，让快速更换设备在指定轨道位置更换电池架上指定位置的电池组。

（6）系统数据交换与转发系统

随着市区充电站的增多，充电站要与上级集中监控系统进行数据交换，以便对电池数据进行集中分析和评估。

10.3.4 未来电动车充电技术展望

近年来，电动汽车在新能源汽车中的地位日益稳固，发展态势迅猛，到2015年我国纯电动车保有量已实现百万辆级。但与此同时，电动汽车大规模推广的问题也随之而来。电动汽车续航里程短、充电时间长是电动汽车发展面临的重大问题。为此各国研究人员正在寻找一种容量更大、重量更轻、体积更小、循环寿命更长的电池，而改良电动汽车充电技术则是另一条有效的研究思路。

制约电动汽车发展及普及的最关键问题之一，是储能电池的性能和应用水平。优化电池智能化充电方法的目标是要实现无损电池的充电，监控电池的放电状态，避免过放电现象，从而达到延长电池使用寿命和节能的目的。

对于充电站，从电能转换效率和建造成本上考虑，应优先选择具有电能转换效率高、建造成本低等诸多优点的充电装置。本着子系统小型化和多功能化的要求，以及电池可靠性和稳定性要求的提高，充电系统将和电动汽车能量管理系统集成为一个整体，集成传输晶体管、电流检测和反向放电保护等功能，无须外部组件即可实现体积更小、集成化更高的充电解决方案，从而为电动汽车其余部件节约出布置空间，大大降低系统成本，并可优化充电效果、延长电池寿命。

1. 奔驰和宝马的无线充电技术

2014年7月，作为汽车厂商中的两大豪门（同时也是一对死敌），奔驰和宝马联合宣布要合作研发电动车无线充电技术。奔驰将基于全新S级进行测试，而宝马则计划率先应用在i8身上。宝马、奔驰无线充电效果如图10.13所示。

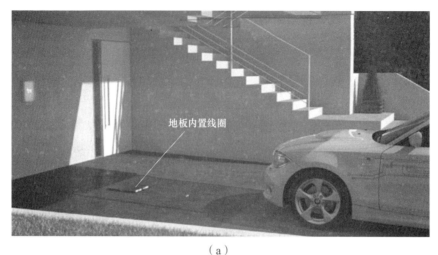

(a)

(b)

图 10.13　宝马、奔驰无线充电效果图
(a) 宝马；(b) 奔驰

奔驰和宝马合作研发的无线充电技术包含两个部分，一个是汽车底盘安装的线圈，另外一个是内置线圈的地板。当汽车开到充电地板上时，就能实现无线充电。车底盘的接收器和电磁设备上的发射器会通过 WiFi 连接后自动进行充电，而且当汽车充满电后两者会自动断开。宝马和奔驰的这套系统目前的额定功率为 3.6kW，以宝马 i8 为例，该系统可在两小时内为其充满电。

合作双方表示，目前正在对线圈等进行进一步改造，使其输出功率最终达到 7kW，未来还将用于更多宝马、奔驰旗下的电动车产品。例如，奔驰宣布会在 S500 插电混动汽车上提供无线充电，而宝马则计划将该技术应用于更多 i 系列（包括 i8、i3 和正在研发当中的 i5）车上。

2. 奥迪无线充电技术供电线圈可自动升降

跟奔驰宝马的功能类似，输出功率同样为 3.6kW，使用的频带在 80~90kHz，但奥迪的高明之处在于这套设备可自动升降，如图 10.14 所示。

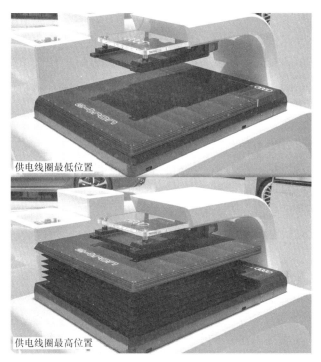

图 10.14　奥迪自动升降供电线圈的无线充电技术

通常情况下，传输电力的效率跟供电线圈和受电线圈的距离成反比，即线圈距离越近，充电效率越高。基于此原理，奥迪推出了这套可自动升降供电线圈的无线充电技术，如图 10.15 所示。以前的系统如果用于 SUV 款电动车辆，线圈间距离会较大，很难确保充分的电力传输效率。

图 10.15　奥迪 Q8 E-tron

10.4　燃料电池电动汽车

10.4.1　燃料电池车发展概况及类型特点

燃料电池电动汽车实质上是电动汽车的一种，在车身、动力传动系统、控制系统等方面，燃料电池电动汽车与普通电动汽车基本相同，主要区别在于动力电池的工作原理不同。一般来说，燃料电池是通过电化学反应将化学能转化为电能。电化学反应所需的还原剂一般采用氢气，氧化剂则采用氧气，因此最早开发的燃料电池电动汽车多是直接采用氢燃料。氢气的储存可采用液化氢、压缩氢气或金属氢化物储氢等形式。

纯燃料电池车只有燃料电池一个动力源，汽车的所有功率负荷都由燃料电池承担。燃料电池汽车多采用混合驱动形式，在燃料电池的基础上增加了一组电池或超级电容作为另一个动力源，主要结构有能量控制单元、空气压缩机、燃料电池堆、高压储氢瓶、动力电池组、电动机等。高压储氢瓶提供燃料，动力电池组提供功率，让车加速、爬坡和高速运行。在车辆滑行时，能量控制单元将驱动电机变为发电机，从而将部分汽车动能变为电能给动力电池充电。也就是说采用混合动力形式后，不仅可以采用功率较小的电池系统，还可以实现制动能量回收。燃料电池系统的运行工况相对比较稳定，有利提高燃料电池系统效率和寿命。

1. 燃料电池电动汽车的类型

燃料电池电动汽车按主要燃料种类可分为以纯氢气为燃料的 FCEV 和经过重整后产生的氢气为燃料的 FCEV 两种。

燃料电池电动汽车按"多电源"的配置不同，可分为纯燃料电池驱动（PFC）的 FCEV、燃料电池与辅助蓄电池联合驱动（FC+B）的 FCEV、燃料电池与超级电容联合驱动（FC+C）的 FCEV、燃料电池与辅助蓄电池和超级电容联合驱动（FC+B+C）的 FCEV 四种。

（1）纯燃料电池驱动的 FCEV

纯燃料电池驱动的 FCEV 优点是结构简单，便于实现系统控制和整体布置；系统部件少，有利于整车的轻量化；较少的部件使得整体的能量传递效率高。

缺点是燃料电池功率大、成本高；对燃料电池系统的动态性能和可靠性提出了很高的要求；不能进行制动能量回收。

（2）燃料电池与辅助蓄电池联合驱动的 FCEV

该结构为一典型的串联式混合动力结构，在该动力系统结构中，燃料电池和蓄电池一起为驱动电动机提供能量，驱动电机将电能转化成机械能传给传动系统，从而驱动汽车前进；在汽车制动时，驱动电机变成发电机，蓄电池将储存回馈的能量。

燃料电池与辅助蓄电池联合驱动 FCEV 的优点：

1）由于增加了价格相对低廉得多的蓄电池组，系统对燃料电池的功率要求较纯燃料电池结构形式有很大的降低，从而大大降低了整车成本。

2）燃料电池可以在比较好的设定的工作条件下工作，工作时燃料电池的效率较高。

3）系统对燃料电池的动态响应性能要求较低。

4）汽车的冷启动性能较好。

5）制动能量回馈的采用可以回收汽车制动时的部分动能，该措施可能会增加整车的能量效率。

（3）燃料电池与超级电容联合驱动的 FCEV

这种结构形式与燃料电池+蓄电池结构相似，只是把蓄电池换成了超级电容。相对于蓄电池，超级电容充放电效率高，能量损失小，比蓄电池功率密度大，在回收制动能量方面比蓄电池有优势，循环寿命长，但是超级电容的能量密度较小。如图 10.16 所示。

（4）燃料电池与辅助蓄电池和超级电容联合驱动的 FCEV

燃料电池与蓄电池和超级电容联合驱动的电动汽车的动力系统结构也为串联式混合动力结构，燃料电池、蓄电池和超级电容一起为驱动电机提供能量，驱动电机将电能转化成机械能传给传动系统，驱动汽车前进；在汽车制动时，驱动电机变成发电机，蓄电池和超级电容将储存回馈的能量。

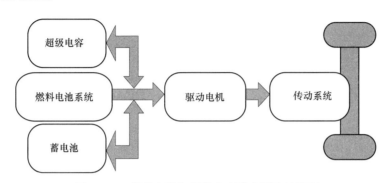

图 10.16　燃料电池与超级电容联合驱动 FCEV

2. 燃料电池电动汽车的特点

燃料电池电动汽车的主要优点：

1）能量转化效率高。燃料电池的能量转换效率高达 60%~80%，为内燃机的 2~3 倍。

2）不污染环境。燃料电池的燃料是氢和氧，生成物是清洁的水，它本身工作不产生 CO 和 CO_2，也没有硫和微粒排出，没有高温反应，也不产生 NO_x。如果使用车载的甲醇重整催化器供给氢气，仅会产生微量的 CO 和较少的 CO_2。

3）寿命长。燃料电池本身工作没有噪声，没有运动性，没有振动，其电极仅作为化学反应的场所和导电的通道，本身不参与化学反应，没有损耗，寿命长。

4）续驶里程长。

5）低噪声。运行过程中噪声和振动都较小。

6）设计方便灵活。

燃料电池电动汽车的主要缺点：

1）燃料电池汽车的制造成本和使用成本过高。

2）辅助设备复杂，且质量和体积较大。

3）起动时间长，系统抗振能力有待进一步提高。

10.4.2　燃料电池电动汽车的基本结构

目前燃料电池电动汽车绝大多数采用的是混合式燃料电池驱动系统，有并联式和串联式两种，如图 10.17 所示。

1. 燃料电池发动机

在 FCEV 所采用的燃料电池发动机中，为保证 PEMFC 组的正常工作，除以 PEMFC 组为核心外，还装有氢气供给系统、氧气供给系统、气体加湿系统、反应生成物的处理系统、冷却系统和电能转换系统等。

（1）以氢为燃料的燃料电池发动机系统

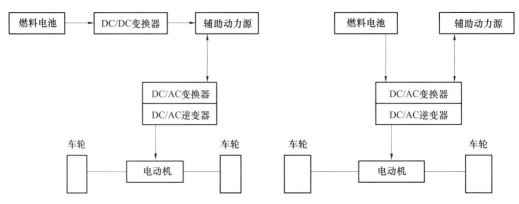

图 10.17　燃料电池电动汽车——混合式燃料电池驱动系统

1）氢气供应、管理和回收系统。
2）氧气供应和管理系统。
3）水循环系统。
4）电力管理系统。

以氢为燃料的燃料电池发动机系统通常由氢气储存罐、氢气压力调节仪表、热交换器、氢气循环泵、冷凝器及气水分离器、散热器、水泵、空气压缩机、加湿器及去离子过滤装置、燃料电池组、电源开关、DC/DC变换器、DC/AC逆变器、驱动动机等组成，系统组成示意图如图10.18所示。

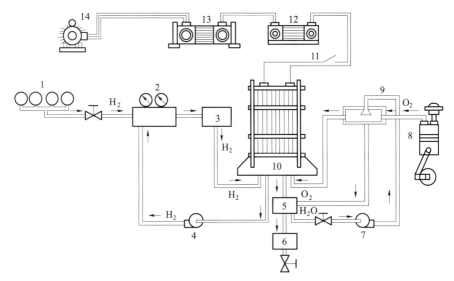

图 10.18　以氢为燃料的燃料电池发动机系统

1—氢气储存罐；2—氢气压力调节仪表；3—热交换器；4—氢气循环泵；5—冷凝器及气水分离器；
6—散热器；7—水泵；8—空气压缩机；9—加湿器及去离子过滤装置；10—燃料电池组；11—电源开关；
12—DC/DC 变换器；13—DC/AC 逆变器；14—驱动电机

（2）以甲醇为燃料的燃料电池发动机
1）甲醇储存装置。
甲醇可以用普通容器储存，不需要加压或冷藏。

2）燃烧器、加热器和蒸发器。

甲醇进入改质器之前，要蒸发成甲醇和纯水的混合气。

3）重整器。

不同的碳氢化合物采用不同的重整技术，在重整过程中，温度和压力会有所不同。

4）氢气净化器。

改质器所产生的 H_2 因为含有少量的 CO，因此必须对 H_2 进行净化处理。

甲醇为燃料。燃料电池发动机系统通常由甲醇储存罐、带燃烧器的改质器、净化装置、氢气循环泵、冷凝器及气水分离器、散热器、水泵、空气压缩机、加湿器及去离子过滤装置、燃料电池组、电源开关、DC/DC 变换器、DC/AC 逆变器、驱动电机等组成，系统组成示意图如图 10.19 所示。

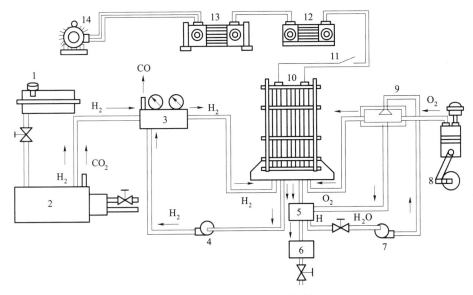

图 10.19 甲醇燃料电池发动机

1—甲醇储存罐；2—带燃烧器的改质器；3—净化装置；4—氢气循环泵；5—冷凝器及气水分离器；6—散热器；7—水泵；8—空气压缩机；9—加温器及去离子过滤装置；10—燃料电池组；11—电源开关；12—DC/DC 变换器；13—DC/AC 逆变器；14—驱动电动机

2. 辅助动力源

1）在 FCEV 起动时，辅助动力源提供电能，带动燃料电池发动机起动，或带动车辆起步。

2）车辆行驶时，由燃料电池发动机提供驱动所需的全部电能，剩余的电能储存到辅助动力源装置中。

3）在加速和爬坡时，若燃料电池发动机提供的电能还不足以满足 FCEV 驱动的功率要求，则由辅助动力源提供额外的电能，使驱动电动机的功率或转矩达到最大，形成燃料电池发动机与辅助动力源同时供电的双电源供电模式。

4）储存制动时反馈的电能，以及向车辆的各种电子、电器设备提供所需要的电能。

3. DC/DC 变换器

（1）装置 DC/DC 的必要性

FCEV 采用的电源有各自的特性，燃料电池只提供直流电，电压和电流随输出电流的变化而变化。燃料电池不可能接受外电源的充电，电流的方向只是单向流动。

FCEV 采用的辅助电源（蓄电池和超级电容器）在充电和放电时，也是以直流电的形式流动，但电流的方向是可逆性流动。

FCEV 上的各种电源的电压和电流受工况变化的影响呈不稳定状态。

（2）DC/DC 变换器的基本功能

当输入直流电压在一定范围内变化时，能输出负载要求的变化范围的直流电压，例如，输入电压最低时也能达到最高输出电压、输入电压最高时也能达到最低输出电压等。

输出负载要求的直流电流（范围）：能够输出足够的直流负载电流，并且能够保证在足够宽的负载变化范围下（例如，从空载到满载，即电流从零到最大），设备能正常运行（例如，电压稳定、不损坏器件）。

微课　纯电动汽车驱动系统布置形式

4. 驱动电机

1）直流电机驱动系统采用换向器和电刷，保证了励磁磁动势与电枢磁动势的严格正交，易于控制。但直流电机结构复杂，其高速性能与可靠性受换向器和电刷的影响较大。

2）交流电机坚固耐用、结构简单、技术成熟、免维护、成本低，尤其适合恶劣的工作环境。其缺点在于损耗大、效率低、功率因数低，进而导致控制器容量增加，成本上升。

3）永磁电机驱动系统通常可分为方波供电的无刷直流电机和正弦波供电的永磁同步电机。转子采用永磁体，不需要励磁。因此，功率因数大，电机具有较高的功率密度和效率。但仍然存在成本高、可靠性较低及使用寿命较短的缺点。

4）开关磁阻电机驱动系统作为一种基于"磁阻最小原理"设计的新型电机，定子、转子均采用凸极结构，具有结构简单、可靠性高、控制简便及功率/转矩特性优越的特点。但存在噪声大、转矩和母线电流脉动严重的缺陷。

5. 电控系统

燃料电池汽车的动力电控系统主要由燃料电池发动机管理系统（FCE-ECU）、蓄电池管理系统（BMS）、动力控制系统（PCU）及整车控制系统（VMS）组成。

（1）发动机管理系统

燃料电池发动机管理系统按整车控制器的功率设定值控制燃料电池发动机的功率输出、监测发动机的工作状态，以保证在发动机稳定可靠地运行时进行故障的诊断及管理。其具体组成包括供氢系统、供氧系统、水循环及冷却系统。

（2）蓄电池管理系统

蓄电池管理系统分上下两级，下级 LECU 负责蓄电池组电压、温度等物理参数的测量，并进行过充过放保护及组内组间均衡；上级 CECU 负责动力蓄电池组的电流检测及 SOC 估算，以及相关的故障诊断，同时运行高压漏电保护策略。

（3）动力控制系统

动力控制系统包含 DC/DC 变换器、DC/AC 变换器、DCL 和空调控制器、空调压缩机变频器，以及电动机冷却系统控制器。DC/DC 变换器和 DC/AC 变换器的作用如前所述，DCL 负责将高压电源转换为系统零部件所需的 12V/24V 低压电源，电动机冷却系统控制器负责电动机及 PCU 的水冷却系统控制。

（4）整车控制系统

整车控制系统的核心是多能源控制策略（包括制动能量回收功能），它一方面接收来自驾驶员的需求信息（如点火开关、加速踏板、制动踏板、挡位信息等），实现整车工况控制；另一方面基于反馈的实际工况（如车速、制动、电动机转速等）以及动力系统的状况（燃料电池及动力蓄电池的电压、电流等），根据预先匹配好的多能源控制策略进行能量分配调节控制。

10.5 其他清洁能源汽车技术

微课 气体燃料汽车简介

10.5.1 气体燃料汽车

气体燃料汽车是利用可燃气体做能源驱动的汽车。汽车的气体代用燃料种类很多，常见的有天然气和液化石油气。根据汽车使用可燃气体的形态不同可分为三种：压缩天然气 CNG（Compressed Natural Gas），主要成分为甲烷；液化天然气 LND（Liquefied Natural Gas），甲烷经深度冷冻液化；液化石油气 LPG（Liquefied Petroleum Gas），主要成分是丙烷和丁烷的混合物。气体燃料汽车一般有两种，一种为普通汽车改装的双燃料汽车，另一种是专用气体燃料汽车。其中双燃料汽车保留汽油、柴油的供油系统，外加一套供气系统，技术较为成熟；专用气体燃料汽车可以充分发挥天然气理化性能特点，价格低，污染少，是最清洁的汽车。

1. 天然气汽车（CNG）

天然气汽车是指以天然气作为燃料的汽车。按照所使用天然气燃料状态的不同，天然气汽车可以分为压缩天然气汽车和液化天然气汽车。

压缩天然气（CNG）汽车。压缩天然气是指压缩到 20.7~24.8 MPa 的天然气，一般储存于车载高压气瓶中。压缩天然气（CNG）是一种无色透明、无味、高热量、比空气轻的气体，主要成分是甲烷，由于组分简单，易于完全燃烧，加上燃料含碳少、抗爆性好、不稀释润滑油，故能够延长发动机的使用寿命。

液化天然气（LNG）汽车。液化天然气是指常压下温度为 -162℃ 的液体天然气，常储存于车载绝热气瓶中。液化天然气（LNG）燃点高、安全性能强，适于长途运输和储存。

（1）天然气汽车的结构

CNG 汽车采用定型汽车改装，在保留原车供油系统的情况下增加一套"车用压缩天然气转换装置"，改装部分由以下三个系统组成：

1）燃料存储。

大多是使用压缩天然气来供气运行的。天然气被压缩为 20.7~24.8 MPa，然后再泵入连接至汽车后部、上部或支架的高压筒形气瓶。早期天然气汽车的储罐体积很大，占据了大部分后备厢空间，现已开发出新一代的轻量级气瓶。这种全复合的气瓶又称为集成存储系统（ISS），其外面包裹着玻璃纤维外壳和缓冲泡沫，可防止在事故中因冲击而遭受损坏。此外，这种气瓶的另一个特点是直径小，这样就可以将三个气瓶放置在一起，最大限度地节省存储空间。

2）发动机。

天然气汽车的发动原理是，当天然气汽车发动机起动后，天然气从储气瓶通过软管导入燃料，在发动机附近，天然气将进入压力调节器从而实现降压。然后，天然气将进入多点顺序喷射喷轨，该喷轨会将气体引入气缸中。传感器与计算机将对燃料和空气的混合气体进行调节，以便火花塞点燃天然气时燃烧更有效。天然气发动机还包括锻造铝合金、高压缩活塞、镍钨硬化合金排气门座和甲烷催化转化器。

3）底盘。

为燃料存储罐腾出更多空间，改装天然气汽车需要对汽车的悬架系统进行一些改进。有时，在汽车的后部，会采用半拖臂悬架系统替换横向稳定杆悬架系统，这就为后部的支架提供了更多的空间，同时还可提供流畅舒适的乘驾感。天然气汽车还除去了备用轮胎和千斤顶，从而实现了平底板式设计。为弥补没有备用轮胎和千斤顶的不足，车上安装了"低压安全胎"，为更换轮胎提供了基本保障。

（2）天然气汽车的优、缺点

1）天然气汽车是清洁燃料汽车。

天然气汽车的排放污染大大低于以汽油为燃料的汽车，尾气中不含硫化物和铅，一氧化碳降低了80%，碳氢化合物降低了60%，氮氧化合物降低了70%。因此，许多国家已将发展天然气汽车作为一种减轻大气污染的重要手段。

2）天然气汽车有显著的经济效益。

可降低汽车营运成本。天然气的价格比汽油和柴油低得多，燃料费用一般可节省50%左右，使营运成本大幅降低；由于油气差价的存在，改车费用可在一年之内收回；不积炭，能延长发动机使用寿命，无须经常更换机油和火花塞，可节约50%以上的维修费用。

3）比汽油汽车更安全。

首先与汽油相比，压缩天然气本身就是比较安全的燃料主要表现在以下几方面。

①燃点高。天然气燃点在650℃以上，比汽油燃点（427℃）高出223℃，所以与汽油相比不易点燃。

②密度低。与空气的相对密度为0.48，泄漏气体很快在空气中散发，很难形成遇火燃烧的浓度。

③辛烷值高。可达130，比目前最好的96号汽车辛烷值高得多，抗爆性能好。爆炸极限窄，仅为5%~15%，在自然环境下，形成这一条件十分困难。释放过程是一个吸热过程，当压缩天然气从容器或管路中泄出时，泄孔周围会迅速形成一个低温区，使天然气燃烧困难。

④压缩天然气汽车所用的配件比汽油车要求更高。

⑤储气瓶出厂前要进行特殊检验。气瓶经常规检验后，还需充气做火烧、爆炸、坠落、枪击等试验，合格后，方能出厂使用。中外发展天然气60多年来，从未出现过因天然气爆炸、燃烧而导致车毁人亡的事故，故压缩天然气汽车是十分安全可靠的。

4）CNG汽车的动力性略有降低。

燃用天然气时，动力性略下降5%~15%。

5）改装一次性投资较大。

改装一辆CNG汽车需4 000~6 000元，随着日后技术的不断进步，费用会继续降低。

10.5.2 液化石油气汽车（LPG）

液化石油气汽车（Liquefied Petroleum Gas，LPG），以液化石油气为燃料的汽车称为液化石油气汽车。液化石油气汽车和天然气汽车结构类似，只是增加了一套燃气供给系统。

将汽车改装成液化石油气双燃料动力车的过程要求很高，需要很好地掌握全面的汽车系统知识才能完成。

1）选择气罐，大多数改装是双重燃料改装，也就是说，不是取代原有的燃料系统，只是新加一个系统。所以，液化石油气气罐将占据汽车一定的存储空间，通常是行李厢空间。

2）安装气罐，气罐有"鱼雷"形。鱼雷形气罐通常容量较大，但要占据汽车较多空间。气罐安装之后，需在车身钻出装气点，通常在装油点附近或者行李厢后部，连接气罐所需管道最短的地方就是理想位置。

3）电磁阀，电磁阀必须安装在燃料管道上，位于气罐和发动机之间。汽车由汽油提供动力及发动机停止时，该阀门将截断液化石油气流。

4）调节器也是装配的主要原件，也叫汽化器。它利用汽车冷却液的热量，将丙烷汽化成气体状态。

调节器的其他功能由安装在进气歧管中的混合器来执行。混合器从汽车传感器或电子控制元件（ECU）获得信息，然后控制流入气缸的气量。

最后是安装仪表板燃料切换/量表，该系统必须与汽车电气系统相连，以便进行有效的燃料测量，以及在丙烷和汽油之间进行正确的自动切换（还有装在仪表板上的手动开关）。另外，它也必须与汽车ECU相连，让发动机控制器可以根据不同的燃料设置进行调节。

10.5.3 生物燃料汽车

1. 生物燃料的定义

生物燃料泛指由生物质组成或萃取的固体、液体或气体燃料，可以替代由石油制取的汽油和柴油，是可再生能源开发利用的重要方向。所谓的生物质是指利用大气、水、土地等通过光合作用而产生的各种有机体，即一切有生命的可以生长的有机物质，包括动物和微生物。其不同于石油、煤炭、核能等传统燃料，是可再生燃料。

2. 生物燃料的种类和来源

（1）来源

传统来源是专门培植为生物质燃料原料的作物，有主要在美国出产的玉米和黄豆；主要在欧洲出产的亚麻籽和油菜籽；巴西的甘蔗；东南亚的椰子油。工业、农业、林业、一般家庭制造出的可生物分解的产物都可以作为原料，如稻草、麦梗、稻糠、木材、粪便等，这些原料经由无氧消化转换为生化气体。制成燃料的生物质，其原料常常是一些未被充分使用的废弃物，如稻秆与动物废弃物，至于木材与草的品质并不直接影响能量产生的多寡。

（2）生物燃料的种类

生物燃料种类多，其中最主要的有酒精、替代燃料、生物柴油、工业酒精，等等。

1）酒精。

有机化合物，由于含有一个羟基而与碳水化合物有明显差异。甲醇和乙醇是两种最简单的酒精。

2）替代燃料。

甲醇、变性乙醇及其他酒精；含甲醇、燃料乙醇及其他至少含有85%酒精含量的汽油混合物或酒精与其他燃料的混合物；天然气；液化石油气；氢气；煤提取的液化燃料；从生物材料中提取的非酒精燃料（例如生物柴油）。

3）生物柴油。

一种可生物降解的运输燃料，适用于柴油发电机，通过有机提取的油和脂肪之间发生酯交换反应而产生，生物柴油现在是柴油燃料的组成部分，将来也许能够取代柴油。

4）工业酒精。

含有少量有毒物质的乙醇，如甲醇或汽油，有毒物质通常不易通过化学、物理方法除去。

3. 生物燃料汽车

生物燃料汽车就是以生物燃料为能源的汽车。目前主要有甲醇燃料汽车、乙醇燃料汽车、二甲醚燃料汽车三大类。

（1）甲醇燃料汽车

甲醇燃料汽车是指利用甲醇燃料作能源驱动的汽车。甲醇作为燃料在汽车上的应用主要有掺烧和纯甲醇替代两种。

普通汽车要改装成甲醇汽车，需要在汽车喷油嘴和原车电脑之间加装一个多燃料发动机智能控制系统，把多燃料发动机智能控制系统串联在整个系统中，起到调节喷油量的作用，这样就能改变原车的运行参数，使汽油发动机能够燃烧甲醇燃料。

（2）乙醇燃料汽车

乙醇汽车是使用车用乙醇汽油作为主要的动力燃料的机动车。乙醇燃料已成为国际上公认可降低环境污染和取代化石燃料的主要原料。

车用乙醇汽油是在汽油中加入10%的变性乙醇，可使汽油辛烷值提高3%，氧含量增加3.5%，大大改善了汽油的使用性能，燃烧更彻底，是一种节能环保型燃料。美国、巴西已大量使用20多年，各方面收到巨大效益，我国为了解决能源、农业、环境问题，正积极准备试行乙醇汽油作为燃料的政策。

车用乙醇汽油是指在汽油组分油中，按体积比加入一定比例的变性燃料乙醇混配而成的一种新型清洁车用燃料。汽油醇的特性和优点主要有：首先它能增加汽油中的氧含量，使燃烧更充分，彻底有效地降低了尾气中有害物质的排放；第二，有效提高汽油的标号，使发动机运行平稳；第三，有效消除火花塞、气门、活塞顶部及排气管、消声器部位积炭的形成，可以延长主要部件的使用寿命。

（3）二甲醚燃料汽车

二甲醚作为环保、清洁、安全的新型替代能源，已经得到国际社会的公认。二甲醚是汽车发动机，特别是柴油发动机燃料的理想替代品，是柴油发动机的理想燃料，与甲醇燃料汽车相比，不存在汽车冷起动问题。它还是未来制取低碳烯烃的主要原料之一。

(1）简述核能的优缺点。
(2）简述氢能的优缺点。
(3）简述混合动力汽车的优缺点。
(4）简述纯电动汽车的优缺点。
(5）简述燃料电池汽车的优缺点。
(6）简述电动汽车对动力电池的要求。
(7）简述电动汽车用电动机的基本要求。
(8）比较异步电机、开关磁阻电机和永磁电机的优缺点。
(9）分析轮毂电机的特点。
(10）简述电动汽车的几种充电方式。